Le dico
du français branché

Pierre Merle

Le dico du français branché

nouvelle édition revue et augmentée

Éditions du Seuil

COLLECTION DIRIGÉE PAR NICOLE VIMARD

La première édition de cet ouvrage a paru sous le titre
Dictionnaire du français branché en 1986.
Il a été réédité sous le titre
Dictionnaire du français branché
suivi du Guide du français tic et toc
en 1989 dans la collection « Point-Virgule » avec une partie inédite.
La présente édition, revue et corrigée par l'auteur, comporte
une nouvelle partie inédite intitulée « Le branché fin de siècle »
et une bibliographie augmentée.

ISBN 2-02-036684-3
(ISBN 1re publication : 2-02-009424-X
ISBN 1re publication poche : 2-02-010480-6)

PREMIÈRE PARTIE

LE BRANCHÉ FIN DE SIÈCLE

AVANT-PROPOS

Des tribulations de la branchetterie en bout de siècle

Dix ans ont passé depuis la sortie du *Dictionnaire du français branché/Guide du français tic et toc*. Et treize depuis celle du *Dictionnaire du français branché* seul. Et le langage des branchés, comme les branchés eux-mêmes, a évidemment beaucoup changé. Une espèce d'explosion (on disait alors plus volontiers : éclaterie…) tous azimuts caractérisait le parler branché de la première partie des années quatre-vingt. L'influence des radios libres avec leur tchatche en liberté-patchwork-feu d'artifice, quelque part entre argot, expressions communautaires, anglicismes plus ou moins rock, improvisations plus ou moins lumineuses, verlan, et stock de tics à la « quelque part », « à la limite », « au niveau de », etc., est évidemment loin d'être négligeable.

La seconde partie des années quatre-vingt céda largement la place aux phraseurs de la pub, aux communicants « postmodernes » de tout poil et aux communicateurs en tous genres qui, par écrans de télé interposés, ont fini, à coups de « golden boys » sachant « gérer » et « intégrer » pratiquement tout, n'importe quoi, et éventuellement leur contraire, par imposer leurs préciosités. Ce fut l'ère *français tic et toc*. Parallèlement, a commencé à se développer ce qu'on a appelé *l'argot fast-food* tout simplement parce que ce langage jeune, fait du mélange d'un tas d'ingrédients divers et disparates, et légèrement sabir sur les bords, s'entendait quasi-systématiquement du côté des fast-foods, surtout quand ceux-ci se trouvaient à proximité d'une station du RER. Cet *argot fast-food* de la fin des années quatre-vingt/début des années quatre-vingt-dix, à y bien réfléchir, annonce déjà l'émergence de ce phénomène tellement propre, apparemment, à fasciner le bourgeois des années 1995-1999 (mais le phénomène « fascinatoire » des langues de la marge n'est pas nouveau...) qu'on appelle aujourd'hui *langage des cités*, voire *langue des banlieues*, quand ce n'est pas carrément, et encore plus abusivement sans doute, *langage des jeunes*.

Aujourd'hui, tandis que le verlan trouve droit d'asile dans les dictionnaires courants (voir, par exemple : beur, meuf, keuf ou ripou), la préciosité branchée a, comme de bien entendu, adopté certains mots de cette fameuse langue des cités. Là encore, le phénomène est loin d'être nouveau. Car toujours et de tout temps, en effet, les langages un rien affectés, à la mode, ont frissonné en se poudrant le museau de paillettes canailles ou présumées telles. L'argot pur et dur a bien connu ça, avec les larges emprunts qui lui furent faits. Voir, pour s'en convaincre, le parcours et la carrière que connurent par exemple « vachement » ou « pouffiasse »...

On aurait cependant tort de réduire, comme on le fait quelquefois, le parler branché actuel à celui des cités ou des banlieues, ou encore à celui des jeunes. En effet, au-delà des jeunes en général qui, aujourd'hui comme hier, sont là pour faire bouger les choses, autant sur le plan langagier que sur d'autres, certaines communautés, pas forcément ethniques, comme par exemple les homosexuels ont, en haussant le ton, également eu leur influence (voir « auto-reverse » ou

« tata-beach » par exemple). L'informatique, l'ordinateur, la technique (voir le sens, dans le présent ouvrage, de « CD Rom ») ont évidemment aussi été de la fête, tandis que l'Internet commence également à pointer le bout de son nez (voir par exemple, dans les pages suivantes, « virtuel »). De leur côté, les connivences issues du langage de la drogue, qui rappelle étrangement, parfois, celui de l'ivrognerie (hier un « p'tit verre », aujourd'hui « un p'tit rail »...), s'étalent de plus en plus au grand jour, et celles de la pub (parfois même les deux ensemble, voir à : « trois grammes ! »...) fonctionnent toujours comme de véritables chevilles de conversations branchées courantes. Il y a également les *initialites* chroniques, *siglomanies* aiguës, et autres *acronymies* galopantes, du bien connu SDF au surréaliste DRH en passant, heureusement, par les délicieuses SBAB (voir ces initiales), et les glissements-tics en forme d'affèteries (avez-vous remarqué qu'en ce bout de siècle, tout « bascule », qu'on *bascule* sa communication téléphonique alors que, dans le même temps, la France *bascule* dans l'euro...). Et puis, bien sûr, il y a surtout la grande vogue du « politiquement correct » (voir cette expression) dans lequel se vautrent souvent, bien qu'ils s'en défendent, des branchés de tous calibres et bien des branchouilleries de tout poil. Un politiquement correct qui n'a fait que croître et enlaidir depuis que l'incontournable phénomène de mimétisme qui semble décidément nous lier toujours plus à l'outre-Atlantique nous l'a fait débarquer en force voici quelques années. Les inévitables superpositions ou carrément changements de sens par édulcoration auxquels nous assistons en cette toute fin de siècle (race/ethnie, charité/solidarité, misère/exclusion, etc.) en sont d'ailleurs les conséquences et illustrations les plus évidentes. Quant au franglais, rock ou pas, il se porte bien, très bien même, merci ! D'ailleurs, voyez vous-même dans les pages suivantes, il n'y a qu'à feuilleter...

Il va de soi, et cela aujourd'hui comme hier, que « branché » ne veut pas obligatoirement dire « récent », et réciproquement. C'est pourquoi certains mots d'argot traditionnel, comme charrette (ici : voiture), chlingueur, crapoter, croûter, en mettre à plat, peser, schmitt, et quelques autres, dès lors qu'ils sont utilisés par les branchés ou prétendus tels, ont leur place ici.
Un mot encore. Si d'aventure vous ne trouvez pas, dans cette partie-ci de l'ouvrage, un nom, une expression que vous avez remarqués récemment, reportez-vous quand même aux parties 2 et 3. Il y a en effet des branchouillardises qui, en tant que branchouillardises, ont la vie dure !... Et puis il y a, là comme ailleurs, des vieux-jeunes ou des faux jeunes ! Ainsi par exemple, ne cherchez pas dans cette première partie le mot *verlan*, puisqu'il figure déjà dans le *Dictionnaire du français branché* et que, en toute hypothèse, on le trouve aujourd'hui, et depuis déjà un bon moment, dans tous les dictionnaires courants.
Ce dico vous permettra de vous rendre compte vous-mêmes de l'évolution des modes langagières, et éventuellement de vous... brancher pile-poil mouvance afin de ne pas blablater, babiller, pia-piater, tchatcher, échanger, bref, *taper la discute* grave de chez Grave et en « hors saison » dans le texte ! En n'oubliant jamais que justement, comme disait ce bon Alfred Capus, « il vaut mieux dater d'un siècle que d'une saison ».

P. M.

A

ABDAB Dans un état de grande fébrilité, d'intense agitation, ou même, dans les cas limites, proche de l'hystérie totale, qu'on soit fille, garçon, ou autre chose. Provient en droite ligne et sans ambiguïté de l'expression argotique londonienne : « it gives me the *screaming abdabs* » (ça me met dans un état pas possible). En tout cas « Ambiance *abdad* total, comme d'hab' ! » (l'ambiance était complètement hystéro, comme d'habitude !) fut happé au bar *La Distillation-Les Couleurs*, 117, rue Saint-Maur, à Paris, en septembre 1998.

ABDOS-KRO À son grand regret, avoir les *abdos-kro* n'est pas si rare chez le branché. Moins rare en tout cas que les abdos-tablette de chocolat. La chose revient en fait à avoir un bon durillon de comptoir, ou du bide si l'on préfère, en un mot : du ventre, mais uniquement à force de boire. « Mort aux *abdos-kro* ! », pouvait-on récemment lire près de la porte d'entrée d'un centre fitness. Ant., donc : *tablette de chocolat* (à cause, cette fois, de la forme « en carrés de chocolat » des abdominaux du culturiste). Utilisation très fréquente chez les jeunes.

Abdoul Turc, ou plus globalement individu originaire du Moyen-Orient et même, plus généralement encore et par extension : arabe ou beur. Ce mot, repéré en 1996, est d'origine nettement argotique, même si, aujourd'hui, les branchés semblent lui trouver quelque charme. « ...Parce que je n'étais ni chalala* ni vraiment sidi ni tout à fait francaoui, les Blackos parce que j'étais white à leurs yeux, les *Abdouls* et les Niaqs, pour se faire bien voir des Blackos, des Sidis et des Francaouis... » (Paul Smaïl, *Vivre me tue*, éd. Balland, 1997). Voir aussi *nardène**.

Abuser Réussir, cartonner, s'imposer et en imposer, en langage de tagueurs d'abord, hors-ghetto ensuite. Peut évidemment trouver son application dans n'importe quel domaine. « L'*Utopia,* ça *abuse* trop, comme rade ! » (je ne saurais trop dire combien, à mon avis, l'*Utopia* me semble être un délicieux petit mastroquet). Voir également *c'est carton plein.*

Accompagner dans la mort Le branché ne s'abaisse pas à parler d'euthanasier. Il parle d'*accompagner dans la mort* (mais pas trop loin quand même...) celui qui se meurt, même si, se prenant un peu les pieds dans toutes ses précautions langagières, il ne veut qu'évoquer, en réalité, le fait de l'accompagner *à* ou *vers* la mort. L'expression tend à gagner la jactance grande surface puisqu'elle fut entre autres repérée le 20 septembre 1998 au journal de 13 heures de TF1. Très politiquement correct, en tout cas.

Actu Actualité, au sens journalistique du terme. Et tout le monde s'y met, la preuve : « *Actu* : 50e anniversaire de la Déclaration universelle des droits de l'homme », annonce

---

* Les mots marqués d'un astérisque sont expliqués dans cette première partie de l'ouvrage.

Fémina Hebdo, supplément du *Journal du Dimanche*, du 5 décembre 1998 dans son sommaire.

ACTUALITÉ Occupation, au moment présent. « Quelle est son *actualité* ? » demande le journaliste à l'attachée de presse de la vedette qu'il s'apprête à interviewer. Traduction : « Alors, qu'est c'qu'y branle, au juste, en ce moment ? »

À DEUX VITESSES Crise ambiante aidant, il y a de plus en plus de choses (et en particulier la société) décrétées *à deux vitesses* (pour les riches/pour les pauvres ; pour les forts/ pour les faibles, etc.). Expression toute faite, donc, colportée et amplifiée à l'envi, comme tant d'autres, par les médias.

À DONF *À fond,* en verlan. Apparu vers 1994, mais officialisé dès 1995, entre autres par feu le quotidien *Info-Matin* avec ce titre : « Baladeurs discrets pour musique *à donf* » (*Info-Matin*, 13 octobre 1995). Synonyme venu en droite ligne des sports d'hiver, *tout schuss.*

AFFECT Sentiments, en plus… affecté, avec résonnances psycho-soc' à la clé. L'expression *affect de masse* recouvre un peu tout ce qu'on veut et qui se situe autour des fameuses « foules sentimentales ».

AFTER Fond de fête, bout de fête ou, si l'on veut, fête après la fête au cours de laquelle on va épuiser la nuit au moins jusqu'aux aurores avancées. Peut aussi désigner, par extension, le lieu où se fait l'*after. Alors, c'est où l'after ?* On ne vous donnera pas de liste des *afters* les plus branchés, ça change tout le temps !

AFTER EIGHT Fellation pratiquée par la ou le partenaire après le repas. Comme chacun sait, l'*after eight* est à l'origine un délicieux petit carré de chocolat fourré à la crème de menthe, qui se déguste généralement à l'heure du café. « Et maintenent, qui c'est qui va m'faire un p'tit *after eight,* là ? Hmmm ?... » Parmi les innombrables possibilités offertes par... la langue pour désigner la douce gâterie, on peut opter pour une autre, plus virile, comme « se faire gober l'œuf dur » ou pour une autre encore, plus contemporaine cette fois, version politique en dessous de table : « l'art Monica » (allusion à Monica Lewinsky, qui a souvent eu le nom – et pas seulement le nom – du président des États-Unis, Bill Clinton, au bout de la langue).

AGENT DE FABRICATION OS (ouvrier spécialisé). Seulement voilà, qui, de nos jours, se revendique comme ouvrier, spécialisé ou pas ? Personne.

AIDE-ÉCRIVAIN Nègre. Toutefois, dans l'édition, c'est bien connu, non seulement on n'est pas raciste envers certains écrivains qui ne savent pas écrire, mais, en plus, on leur fournit une plume avec, pour le même prix, la main qui la tient.

À LA MARGE « À la rigueur » ou, plus récemment (voir deuxième partie), « à la limite ». Le pluriel « aux marges » circule également beaucoup ces temps-ci.

À LA RUE Autrefois, on employait plutôt l'expression « à la ramasse », c'est-à-dire : à la traîne, en retard, ou encore : pas dans le coup, et dépassé par les événements. « Alors là, avec tous leurs cybertrucs et cybermachins, je m'sens complètement *à la rue,* moi ! » (confidence recueillie au *Royal,* un bistrot du IVe arrondissement de Paris).

ALICAMENT Mot-valise obtenu par procréation techniquement assistée, entre *aliment* et *médicament.* En pratique : *ali-*

ment qui a aussi la propriété de soigner. Pour certains, l'huile d'olive, pratiquement, en est un.

À L'INSU DE MON PLEIN GRÉ ! Malgré moi, à qui on ne dit jamais rien !... Expression lancée par *Les Guignols de l'info* de Canal Plus (comme « pile-poil », « mon boulot de dans deux ans » et peut-être quelques autres). L'original appartient à la marionnette de Richard Virenque, champion cycliste épinglé. « Virenque, mal défendu *à l'insu de son plein gré* », titre, en page 17, le *Journal du Dimanche* du 20 décembre 1998. *Le Monde* du 16 janvier 1999 en remet une couche page 23 : « Bien sûr, il y a eu l'"affaire" de l'été 1998. Et le désormais fameux *"à l'insu de mon plein gré"* de la marionnette des *Guignols de l'info* sur Canal Plus. »

ALLEZ, FAITCH ! (saisi devant le *Memphis,* une boîte du boulevard Bonne-Nouvelle). Allez, dégage ! Fous le camp ! Certains dramatisent en « Allez, foutch ! ». Pourquoi pas, après tout.

ALLUMER Frapper, réprimander. *Comment il se l'est allumé, le mec !* Syn. *cadrer**. À part ça, un *allumé* reste un allumé (voir *Le Petit Robert*).

À LOILP ! À poil ! Ce mot est, avec quelques autres comme *loirnoc* ou *lougeroc** un des derniers survivants d'un vieux code datant du milieu du XIXe siècle appelé le louchébem*, ou argot des bouchers, à moins que ce ne soit un largonji (voir *louchébem*). On prend quelquefois ce *à loilp* pour un verlan à cause de sa ressemblance avec *à oilp* qui se dit aussi, qui signifie la même chose, et qui est bel et bien, lui, un verlan.

À L'OUEST Ivre, drogué, ou les deux... ou encore, simplement, bien fatigué. Ou les trois. Remarque : il peut donc y avoir, *à l'Ouest,* et contrairement à une idée reçue, du nouveau…

ALOURDIR Ennuyer, importuner, emmerder. « Oh, eh ! Tu vas pas recommencer à *m'alourdir* avec ça, hein ? !… »

ALTERNATIF Non pas en alternance, comme c'est le cas en français courant, mais, à l'anglaise : différent, « qui propose une solution de remplacement ». Certains adeptes du politiquement correct à pleins tubes désignent les homos comme étant juste des « personnes à la sexualité *alternative* ».

AMBISEXTRE En 1999, être *ambisextre,* revient – par jeu de mot transparent sur ambidextre – à, comme on disait au début du XXe siècle, « en donner et en prendre », ou, comme dans les années… folles « être à l'huile et au vinaigre », ou dans les années cinquante « être à voile et à vapeur », ou, en 1970, « être jazz-tango », ou bien, en 1975, être « bi », ou encore, en 1985, « sucré-salé ». Synonyme éminemment branché : *AC/DC* (prononcer *essdess*) qui, d'importation récente en France, traîne aux États-Unis (*AC/DC* désigne en fait les prises de courant alternatif/continu) depuis une bonne trentaine d'années.

AMERTUMANT Bien embêtant et en même temps très décourageant. Il est intéressant d'observer que le branché (le mot fut capté dans ce sens du côté du karaoké du *Pub Saint-Michel,* à Paris, fin septembre 1998, puis entendu sur l'antenne de France Inter, 24 octobre de la même année) se préoccupe relativement peu de l'infinitif car, à l'heure où nous mettons en page, nous n'avons point encore entendu parler d'*amertumer.* Très *amertumant,* ça !

AMHA À Mon Humble Avis, en langage d'internaute francophone. « *AMHA*, tu te fourres le mulot* dans l'œil ! » (ce que tu te goures !).

ANIMATEUR D'ESPACE VERT Jardinier, mais avec particule. Appellation-gadget destinée aux candidats aux emplois-jeunes, entre autres, surgie avec d'autres, type agent de médiation, de prévention, etc., agent d'ambiance remontant, lui, à 1993.

À PLUSS ! Abréviation déjà ancienne, mais pas pour autant complètement débranchée de « à plus tard ». Dans le genre apocope aménagée, on peut aussi se fendre d'un sonore *à plute !*

ARCHÉOMANE Du grec *arkhaios* (ancien), et du bas latin *mania* (folie). Espèce, pas si rare que cela, de professionnel de la nostalgie systématique pour qui « tout fout l'camp », et tout était toujours « mieux avant ». Cliniquement, et dans les cas graves, on peut ausi parler d'*archéopathe*. Ant. *néolâtre**.

ARGLAIS Néologisme dont se servent les linguistes, professionnels ou non, pour désigner cet étrange mais envahissant jargon se situant quelque part entre argot (dans les mots ou simplement dans la forme...) et franglais, dont la presse rock, mais plus seulement elle, est devenue spécialiste. « À côté d'elle, Axl Rose ressemblait à un potache turbulent et Paul Stanley, de Kiss, à un flyer pour une rave bubble-gum » (*Libération*, 11-12 avril 1998).

ARTS PREMIERS Arts primitifs. Mais, bon ! Faut quand même pas faire primaire, surtout entre gens de qualité. Application : le fameux musée des *Arts premiers*.

ASAP Acronyme de l'anglais *As soon as possible,* donc : dès que possible. Utilisé de façon très pointue, très branchée, et surtout parisienne « Je passe* en freestyle *asap* ! » (je passerai chez toi comme je pourrai et dès que je pourrai).

ASPRO Prostituée, dans le langage branché de la capitale, ainsi que le confirme un article consacré au français tel qu'on le parle paru dans *Le Nouvel Observateur* du 15 octobre 1998. Rien à voir, bien que proche de la pastille, avec le fameux comprimé. En effet, cet *aspro*-là (masculin dans tous les cas de figure) n'est en l'occurrence que la contraction de l'anglais *ass professional*, autrement dit : professionnel du cul.

ASSASSINER Traduction française de *kill* dans le sens où l'entendaient déjà les branchés de 1986 de : sexuellement pulvérisant. À cette époque, une fille très attirante (aujourd'hui : *SBAB,* voir cet acronyme) était fréquemment affublée du nom de killer (masculin) ou killerie (féminin). Or, chacun le sait, *to kill* = tuer. « 'tain, cette go, elle m'a littéralement *assassiné,* la tueuse ! » (Dieu ! que cette fille peut être irrésistible !).

ASSISTANTE Secrétaire, en politiquement correct* contemporain. À usage de ceux qui trouvent que c'est plus classe comme ça, et surtout moins macho. « Pour le chèque, voyez mon *assistante* ! »

À TRÈS VITE ! À très bientôt !, en langage show-biz où, c'est bien connu, on s'adore, on se lèche la pomme pour un oui ou pour un non, et où on a toujours hâte de se revoir (mais sans aller, malgré tout, jusqu'à préciser quand...)

ATYPIQUE Inclassable, et souvent nouveau, le tout en version précieuse contemporaine. Alors, pourquoi ne pas dire « inclassable » ? Allons !... poser la question, c'est déjà se débrancher, voyons !

AU BLACK Au noir. Sans être déclaré. « Il y a des tas de boîtes qui ne te paient qu'*au black* ! » Europe en marche aidant, on peut aussi employer le mot allemand ce qui donne : *Au schwarz*. « Je veux bien te prendre, mais alors *au schwarz* ! » (Allons ! Pas de fiche de paie entre nous !...)

AU BOUT DU BOUT En fin de compte, finalement, tout compte fait... mais le branché, de fait, préfère *au bout du bout,* c'est tout.

AUCH Petit verlan sans prétention de *chaud*, dans tous les sens possibles de ce mot. « *Auch* grave, l'ambiance, à l'after* ! » (l'ambiance à la fête était plutôt du genre chaud).

AUTO-REVERSE Homosexuel actif ou passif, au choix, au feeling, et à la carte. En avant/en arrière, en quelque sorte. En pratique : bougre et giton, bardache et fouteur, etc.

AVOIR DE LA FOUNE Avoir de la chance, autrement dit avoir *du bol*, ou *du cul*. Foune ou foufoune étant en l'occurrence le sexe de la femme. NB : Évolution des mœurs aidant, on peut sans crainte dire d'un homme qu'il *a de la foune*. Voire (variante) de la choune. Il s'agit-là d'une variation sur le bon vieux « bol ». Et si bol, dans le sens de « chance », est courant depuis l'après-guerre, il faut savoir que ce mot est en fait, en argot, synonyme de cul (ras le bol = ras le cul, t'as du bol = t'as du cul, etc.). Dans son *Dictionnaire des argots*

(Larousse, 1965), Gaston Esnault fait remonter l'usage de « bol » dans le sens de postérieur à 1872.

AVOIR DES GOÛTS TRIMÉS Avoir plutôt bon goût, voire un sens de la recherche, chez les jeunes. « Elle a trop *des goûts trimés* » (« voilà une jeune fille au goût très sûr », phrase entendue le 19 mars 1998). Vient évidemment de l'anglais *trim* (soigné, élégant).

AVOIR LA BANANE 1° Rire, sourire. *La banane qu'on avait, j'te dis pas !* (qu'est-ce qu'on a rigolé !). Dans ce cas on peut aussi *s'accrocher* la banane. 2° Être en érection. *La banane qu'on avait, j'te dis pas !* (qu'est-ce qu'on a bandé !).

AVOIR LÂCHÉ LES ÉLASTIQUES On aurait dit autrefois *avoir perdu les pédales*. Syn. *avoir pété les plombs, disjoncté*, etc.

AVOIR LA CRED Avoir (jouir de) la crédibilité. Être *top-credibility* si on veut. « Adresse-toi plutôt à un mec qu'*a pas la cred* crade ! » (adresse-toi plutôt à un interlocuteur dont la crédibilité n'est en aucune manière entachée).

AVOIR LA HAINE Être insatisfait, ou même relativement en colère, par contagion du titre du film de Mathieu Kassovitz (*La Haine*, 1995), lui-même puisé aux sources de la banlieue bouillonnante.

AVOIR LA MÈCHE P'TITE MERDEUSE Se rabattre sur le front, de manière faussement naturelle et désinvolte, une mèche faussement rebelle, qu'elle provienne d'une « banane » frontale gominée ou non. S'utilise surtout pour les garçons. Après Jean Marais dans *L'Éternel Retour* (1943), puis Elvis

Presley, c'est David Bowie qui relança la mode à grande échelle, avant que Chris Isaak et des tas d'autres y foncent à leur tour… tête baissée.

AVOIR LA TÊTE DANS LE CUL Ne pas avoir les yeux en face des trous, être fatigué, ou mal réveillé, ou encore être franchement abruti pour une raison quelconque qu'on espère passagère. En 1960, on disait plus volontiers « être à la masse », en 1968, « être out », et en 1980 « être dans le schwarz ». Syn. *être game over.*

AVOIR LES BISONS QUI COURENT SOUS LE SCALP C'est comme ça qu'en Nouvelle Calédonie, on se plaît à évoquer, d'une manière générale et néanmoins exotique, la gueule de bois. L'expression tend à traverser les mers jusqu'à nos côtes. En version plus métropolitaine, on parle d'« avoir un fond de cuve ».

AVOIR LES NARINES EN STÉRÉO Au départ, avoir la cloison nasale détériorée à la suite d'inhalations trop fréquentes de cocaïne. Par extension : avoir juste un gros rhume et se sentir « le nez en bois ».

AVOIR LES SPHINCTERS Avoir, éprouver, une grande frayeur, où les *sphincters,* on le craint, risquent fort de lâcher, ce qui serait très emmerdant pour tout le monde. Syn. *sphinctériser.*

AVOIR LES TCHOKS Réactualisation de la vieille expression « avoir les chocottes », donc : avoir peur. Autrement dit : baliser. On dit aussi : avoir les mouilles. L'antique « avoir les miquettes », étrangement, semble revenir fort, en cette année 1999.

Avoir l'oreille Van Gogh Ne plus sentir son oreille après avoir abusé du téléphone en non-stop. On ne peut évidemment que se réjouir de cette référence culturelle au peintre à l'oreille coupée. Remarque : ne jamais dire : « l'oreille *à* Van Gogh ou *à la* Van Gogh », cela sonne très ringard. « Deux heures, elle m'a tenu au téléphone ! Deux heures ! Je l'avais pas qu'un peu, *l'oreille Van Gogh* ! »

Avoir mal aux cerceaux Se plier de rire, les *cerceaux* étant ici les côtes. On dit également : *se faire mal aux cerceaux*. Voir *se payer une vieille barre de rire.*

Avoir un peu paumé ses pilules Être enceinte. Synonyme courant chez les branchés : s'être fait planter (ou : mettre) un schtroumpf ou un nain. D'une manière générale, « avoir un peu quelque chose » est une expression euphémique employée par les jeunes pour dire qu'il y a, en réalité, un gros problème. « Sortir ce soir ? Je voudrais bien, mais j'ai un peu mon partiel demain matin, tu vois ? »

Avoir un retour Avoir des retombées, un écho, une suite, des nouvelles de quelque chose qu'on a dit ou fait, en bien ou en mal. *Alors, ton manuscrit, t'as eu un retour ? – Non, on me l'a retourné !* (Au fait, tu as eu des nouvelles du manuscrit que tu avais envoyé ? Aucune. On me l'a renvoyé !)

B

BABÉLIEN Sabir. Ce mot à l'étymologie transparente provient du milieu du doublage et des doubleurs (qu'il faut, paraît-il, appeler « artistes interprètes ») de séries et feuilletons étrangers pour la télé française. Dans chaque coproduction en effet, chaque acteur s'exprime, en principe, dans sa langue. Le résultat brut, évidemment, n'est pas triste. Le mot a rapidement évolué dans le sens de charabia, baragouin, etc. Il fut en tout cas saisi au vol à un happy-hour du *Bar du Palmier,* rue des Lombards, à Paris, dans l'été 1998 : « T'es pas obligé de me déballer ça en *babélien,* tu sais ! », s'énervait le jeune homme...

BABILLARD Serveur de messages et d'informations accessible avec un micro-ordinateur équipé d'un modem*, en langage multimédia. En argot traditionnel, le *babillard* est le livre.

BABTOU Blanc (personne de race blanche), par verlan de *toubab* qui, en ouolof, signifie « Blanc ». Très utilisé dans les banlieues. Synonymes, toujours appréciés des branchés, que le seul mot de « banlieue » fait frissonner d'aise : *anb* (verlan de *blanc,* chez les rappers), *bébert*, céfran* (verlan de *fran-çais*), *from* (de fromage blanc), *gouerre, halouf* (porc, en arabe), *loigo* (verlan de *gaulois*), *pâté-rillettes, roumi, visage-pâle,* etc.

BAISEBEIGE BCBG (bon-chic-bon-genre), mais prononcé comme acronyme. « J'ai déniché un petit troquet sympa, tellement *baisebeige* que tu pourrais y amener ta propre mère ! ». On disait plus anciennement NAP (Neuilly-Auteuil-Passy).

BALANCER DES TAILLES Vanner, taquiner, titiller, chercher querelle. Provient probablement de l'expression *tailler un costard* (médire). Syn. *cadrer.* « Comment je l'ai cadré, le mec ! » (je ne l'ai pas raté, je l'ai descendu en flammes).

BALANCER UN JAB Envoyer un bon direct au visage, au plexus ou ailleurs, au départ en terme de boxe. Origine : l'argot d'outre-Manche, où *jab* égale coup de poing. « Et le premier qui viendra m'alourdir avec l'antiracisme des jeunes, je lui balancerai un *jab* du gauche dans la chetron* » (Paul Smaïl, *Vivre me tue*, éd. Balland, 1997).

BALOURDER 1° Faire des faux. Travailler dans le faux. 2° Raconter des salades, des craques. Donc : mentir. Vient évidemment du mot *balourd,* qui n'était employé, vers 1950, que pour les faux billets de banque ou les faux faffes (faux papiers d'identité). Aujourd'hui, un *balourd,* c'est donc un faux, qu'il s'agisse d'un tableau de Picasso ou d'un blouson Chevignon, ou d'un vulgaire mensonge.

BALTRINGUE Bon à rien, lâche, faux-frère, faux dur, faux ceci, faux cela, depuis la toute fin des années soixante. Peut aussi signifier, simplement : peureux, trouillard. Pourrait provenir du verlan de *trou de balle* : *baltrou.* On dit aussi *flipette* ou *flipounette.*

BANALISATION Maître mot de la toute fin du XXe siècle, qui risque bien d'en devenir *banale,* à force d'évoquer des banalisations à propos de tout ce qui lui tombe sous la main. Entre autres et pêle-mêle : le Front national, le couple homosexuel (on a beaucoup entendu parler de cela au moment du débat sur le PACS), le téléphone portable, etc.

BANDE-À-VIDE Un *bande-à-vide* est un impuissant. Ce mot, échappé directement de la rue Blondel où la chose, en dépit des apparences et de l'argent qui s'y déverse (aussi), n'est pas rare, pénètre (mollement d'abord) la sphère branchée en 1997. C'est le moment de signaler deux autres expressions concernant les damnés de l'avant-Viagra : *bander foulard* (mou comme chique) ou *faire flanelle,* guère plus martial.

BARBIE C'est le nom (celui de la fameuse poupée) que donnent, particulièrement à l'école si on se fie à un témoignage entendu le 18 novembre 1998 sur France Inter, certains racistes aux petites filles ou jeunes filles blondes dont les traits sont décrétés trop fins ou trop fades.

BARRE Somme de dix mille francs. Comme quoi, la famille bâton (mot pas si neuf que ça, puisque Jeanne Cordelier l'utilise déjà dans *La Dérobade*, en 1976) s'est considérablement enrichie et surtout... solidifiée. On dit aussi, au seuil de cet an 2000 que l'on dit fatidique : patate, plaque, unité, boule, banane ou encore, mais plus anciennement, brique ou tuile.

BARRER EN SUCETTE Partir (barrer) en quenouille, ou plus vulgairement « en couille », de manière un peu plus sucrée. *Je suis en train de barrer en sucette, en ce moment* (comprenez : je crois qu'actuellement je ne sais pas trop où j'en suis).

BARTEK ! Apocope de *barre tes couilles !* Donc : va-t-en. *Bon, allez ! Bartek ! Et... bonjour à tes meubles !* (va donc voir chez toi si j'y suis !).

BASCULER Vous avez remarqué ? Tout, aujourd'hui, bascule tous azimuts. Non seulement on va *basculer dans le troisième millénaire,* mais on a déjà pratiquement *basculé dans l'euro.* On peut aussi, bien sûr, *basculer* sur le Web. De son côté, l'émission *Rue des entrepreneurs* du 23 janvier 1999, sur France-Inter, évoque « la possibilité (pour un salarié) de *basculer* dans la vie d'indépendant ». Mais surtout, de grâce, si une secrétaire (pardon : une assistante) vous dit que son patron *bascule* sur elle entre treize et quatorze heures, n'allez pas en déduire qu'il s'agit encore d'une vulgaire histoire de harcèlement sexuel. Elle veut très probablement dire que, à ce moment de la journée, son patron transfère les appels de son propre poste téléphonique sur le sien.

BASER Laisser tomber, arrêter les frais. *Moi, les filles, je les bise, je les baise et je les base !* (tu as devant toi un mâle comme on n'en fait plus, ma biche !).

BASIQUE 1° Fondamental et compétent, mais aussi souple cool et sans trop de fioritures si possible. « Il faut être très *basique,* dans nos métiers », rappelait Georges-Marc Benamou, directeur de la rédaction de *L'Événement*, sur France Inter le 12 janvier 1999. 2° La *basique,* c'est la petite moto, chez... les motards. Voir *basic,* dans *Le Français tic et toc.*

BASTON Synonyme bien ancré de bagarre, castagne, cogne. Au masculin ou au féminin, c'est au choix. Pas si nouveau que cela, puisque signalé dans le milieu lyonnais dès les années vingt. Néanmoins très à la mode en notre fin de siècle : « T'cherches *l'baston*, ta ? » (aurais-tu l'intention d'en découdre, par hasard ?).

BAVARD Répondeur téléphonique. D'abord parce que les gens s'y confient trop souvent dans le sens de la longueur, mais aussi parce que les propriétaires desdits *bavards* ne rechignent pas à faire de leur annonce un véritable mini-one-man-show, avec fond sonore musical, ton étudié, et tout le truc.

BAVETTE Balance, cousin (langage flic), indicateur, rapporteur, cafteur, tonton, etc. ce ne sont pas les synonymes qui manquent. Une *bavette,* finalement, c'est un qui *bave,* quoi ! On dit aussi, sans doute parce qu'elle est toujours en veille, une chouette.

BEAUTIFUL PEOPLE (prononcer les *biotifoulpipole*). 1° Les riches-z-et-célèbres dont on parle dans la presse spécialisée, qui est, évidemment, appelée la presse *people**. 2° Ceux qui font de pathétiques efforts pour ressembler aux sus-cités. Peut évidemment s'utiliser au singulier, et également à l'ironie. « Oui, mais toi, mon cher, tu es un *beautiful people,* tout le monde sait ça ! », vannait le jeune homme, ce soir de décembre 1998, devant *Le Diable des Lombards,* rue des Lombards, à Paris.

BÉBERT Français de souche et fier de l'être, jugé un peu réac par ceux qui sont un peu moins de souche et fiers de l'être. De BBR (bleu blanc rouge), bien entendu.

BÉCANE Micro-ordinateur, par pente (technologique) naturelle. *Bécane* a en effet désigné un peu tous les engins possibles, de la machine à vapeur (XIXe siècle) à la machine à écrire en passant, entre autres, par la motrice du métro, le vélo, la moto ou la mobylette. Par parenthèse, on dit aussi, pour l'ordinateur, *sac à puces**.

BÉDO Cigarette de hasch ou de marijuana, chez les jeunes consommateurs. Le *bédo* a, comme il se doit, de très nombreux synonymes, de splif à stick en passant par buzz*, pétard, et quelques dizaines d'autres. Par extension, le *bédo* peut désigner le fumeur de bédo, et, par extension de l'extension, le keum lambda des cités. *Bédave* : fumer, en forme de verbe tsigane, fabriqué cette fois sur *béda,* qui, avec clope, cibiche, cousue ou tige, désignait couramment la cigarette dans les années soixante.

BEU Un des innombrables synonymes d'*herbe* (traduisez : cannabis), dont on ne sait encore vraiment s'il est la déformation de l'argot américain *boo* (marijuana) ou l'apocope du verlan français de *herbe (beu-her)*. On dit aussi, par redoublement hypocoristique, comme disent les linguistes, *beubeu.* Et par redoublement du verlan de *shit* : *teuteuche*. Et tout ça, c'est bien sûr une histoire de cône.

BICRAVE Fourgue, revendeur en général, de drogue en particulier. *Comme il ne savait pas s'en servir, il en avait conclu rageusement que le bicrave lui avait fourgué un clou.*

BIDOUILLEUR Informaticien, dans le langage des informaticiens d'abord, et ailleurs ensuite. Rappelons que le *bidouilleur,* c'est d'abord, et dès la première moitié des années soixante-dix, le bricoleur supposé inspiré.

BIMBO Jeune fille ou jeune femme tenant à la fois de la structure gonflable peroxydée et de la créature de BD érotique. Le mot est beaucoup plus péjoratif encore en argot anglais, où *bimbo* est synonyme d'*écervelée* tout court.

BINGO ! Jeu de grattage aidant, ce cri de joie est devenu synonyme de « bravo, tu as gagné ! ». Tend à s'utiliser de plus en plus dans le registre ironique (« Eh bien tu peux dire que tu as gagné le cocotier ! », ou : « Te voilà bien avancé, à présent »).

BINOUZE Bière (par aphérèse suffixée de *bibine*). On dit aussi *mousse, semou* en verlan, ou encore *kro* (de Kronenbourg), *col blanc* (1664), ou *8/6*, qui sont en fait des marques vendues en boîtes métalliques.

BIOPIC Mot-mallette (mot-valise raccourci) formé de « bio » et de « picture ». Un *biopic* est un film reposant sur une biographie plus ou moins authentique. Mot entendu sur *Paris Première* le 24 novembre 1998, puis au bistrot *Saint-André,* rue Saint-André-des-Arts en décembre, puis…

BITE-DE-RIZ Désigne, comme tête-de-riz, dont est évidemment issu *bite-de-riz,* tout individu originaire d'Extrême-Orient. On peut aussi parler de mao, tongue, roz (terme beur désignant les Asiatiques), paic citron, ou *noiche,* par verlan de *chinois. J'ai vu passer les gosses de l'école d'à-côté : y'a que des bites-de-riz et des bites-d'ébène !* (que des Asiatiques et des Noirs). Constatation entendue dans un bar proche de la rue Au Maire, Paris IIIe, en septembre 1998.

Biz-biz Abréviation gentillette de *show-biz,* milieu où l'on est toujours plus ou moins entre bises et bisbilles. *Alors, comme ça, te voilà dans le biz-biz, maintenant ?*

Blair Aucun rapport avec l'appendice nasal puisqu'il s'agit ici de la simple apocope de *blaireau,* qui signifie imbécile, niais, ringard, bidet (voir *Français branché,* première partie). *Blaireau* existait dejà au XIXe siècle, et désignait le conscrit pas trop futé. Il devint synonyme de « cave » chez les voyous des années cinquante, et finit, en 1982, par signifier : petit bourgeois voulant se donner l'air branché.

Blaireau de chez Blaireau Vraiment très *blaireau,* vraiment très nul, quoi ! Bâti sur le modèle de grave de chez Grave* et lourd de chez Lourd. Hyper-courant chez les branchés. « 'scuse moi, mais ton cuir, il est vraiment *blaireau de chez Blaireau* ! » (ton blouson me semble un tantinet ringard, phrase entendue au *Jip's café,* rue Saint-Denis/Les Halles, en novembre 1998).

Blaster Abréviation de *ghetto blaster,* appareil stéréo que, dans les banlieues, certains jeunes portent sur l'épaule et réglé à plein pot, en pleine rue, dans le métro ou ailleurs. On dit aussi, par déformation, un *booster,* voire un *boost.* Le glissement de *blaster* à *booster* se fait d'autant plus facilement que le verbe *booster* (prononcer cette fois *bousté*), signifie entre autres : mettre la musique à fond. *Y'a des banlieues où tu peux trouver un bon blaster pour une demi-savonnette**.

Blème Problème. *T'as un blème ?* Toute la question étant de savoir, bien sûr, si ce blème-là est l'aphérèse de *problème* ou bien l'apocope de son verlan *blèmepro* ! *Ad lib.* Il n'est pas rare que, pour *problème,* les jeunes évoquent le *probzos,* ce qui tendrait à prouver que les désinences en « os » sont toujours bien là.

BLUSH-BLUSH ! De l'anglais *to blush*, rougir. *Blush-blush* est apparemment un petit raccourci complice, souvent accompagné d'un geste de l'index montrant les joues (sans doute au cas où on n'aurait pas compris où ça se passe...), que l'on fait pour indiquer que la personne dont on parle a brusquement rougi. « Quand on a fait allusion aux soirées SM cuir, alors là, *blush-blush,* le Xav' ! » (entendu aux *Marronniers,* rue des Archives, à Paris, en décembre 1998).

BO 1° Bande originale. « Carrément craquante la *BO* du film ! » 2° Boucles d'oreilles. Le contexte, en principe, doit éviter toute confusion.

BŒUFS Les *bœufs* sont ici des gros cons, des gros beaufs. *Y'avait que des bœufs, là-dedans !* Certains les appellent des *gnous,* mot cher au fantaisiste Marc Jolivet.

BOÎTE À CLAQUES Agent de protection rapprochée, autrement dit « gorille », ou encore videur. Il n'est pas si rare qu'une *boîte à claques* ait, en prime, une tête à claques. On peut encore dire, bien entendu, *boîte à gifles*. Syn. *pitbull.*

BORD-CADRE À peine recevable. Limite. Médiocre. « Je trouve que tes potes sont vraiment *bord-cadre,* depuis quelque temps » (je trouve tes fréquentations assez discutables, ces temps-ci). On dit aussi, surtout chez les jeunes, « moins le quart ». *Moi, je la trouve très moins le quart, comme meuf !*

BOTTER EN TOUCHE Métaphore sportive et même rugbystique pour signifier 1° Qu'on vous a demandé sans précautions excessives d'aller vous faire voir ailleurs, du moins pour un bon moment. *On devait se voir hier après-midi, mais il m'a botté en touche hier matin en disant qu'il avait un truc urgentissime à faire.* 2° Éluder une question, ou ne pas y répondre directement : *Quand je lui ai demandé combien il gagnait, il a botté en touche en s'inquiétant soudain de savoir si je n'avais pas trop chaud.* Voir aussi *se faire renvoyer aux 22 mètres.*

BOUGER 1° S'en aller, et vite si possible. On disait, au XIIIe siècle : *se mettre au chemin !* puis au XVIIIe : *faire un trou à la nuit !* Au XIXe, on découvrait *décanille !* En 1910, on prévenait gentiment (déjà) *casse-toi !* et en 1950, *taille-toi !* Il faudra attendre 1991 pour que MC Solaar, grâce à un tube intitulé *Bouge de là !,* mette du même coup dans le circuit cette expression toute simple, mais empreinte de ferme coolitude*. Syn. *gagedé !* (*dégage,* en verlan), *gage-dédale* !* (dégage de là !), *gèbe !* (verlan de *bouge*). 2° Être actif, « faire des choses », comme on dit en branché contemporain, jusqu'à ne plus toucher terre. 3° Danser. « Pour un type de cinquante-cinq balais, Mick Jagger *bouge* encore bien, non ? » (entendu en 1998 au moment du passage des Stones au Stade de France).

BOUILLAVE Faire l'amour, coïter, baiser. Provient du sinto *bujav*. Très en vogue parmi les jeunes, bien qu'appartenant à l'argot classique depuis des lustres (San-Antonio l'utilisait couramment dans les années soixante). Ne se conjugue pas : « Tes sœurs je les ai *bouillave* l'une après l'autre ! » (et non *bouillavées*). Les jeunes emploient aussi *charpenter, ken* (verlan de *niquer*), *jbed* (terme beur), et *tirave. Placer la longueur*, plus rude, moins typiquement jeune, va et vient. Les classiques, naturellement, sont toujours les bienvenus et d'ailleurs bien verts.

BOULDUM Double apocope de *bouleversant d'humanité,* en jargon télé où on aime bien les séries et autres feuilletons faisant dans les bons sentiments et l'humanitaire en non-stop. *C'est bouldum !* Le mot fut d'ailleurs repris, vers 1995, dans un slogan publicitaire pour une marque d'automobiles.

BOULE Postérieur. Rien à voir avec la miche, de pain ou pas, puisque ce mot, d'origine taularde, viendrait d'un dialecte tsigane. Le mot est, dans tous les cas de figure, masculin. *Ouah, dis donc !... Elle a un sacré boule !* Le giton, autrement dit l'homosexuel passif, celui, donc, qui se fait enganyméder (pour causer chic), est appelé *boulère.* Le joufflu (Apollinaire en témoigne dans *Les onze mille verges*), l'as de pique, le rond, le fion, et tous les classiques n'en continuent pas moins, bien sûr, à vivre leur vie.

BOUNTY Noir qui, comme les barres de Bounty, est « chocolat à l'extérieur, mais blanc à l'intérieur ». Donc noir honteux ou en tout cas pas fiable du tout. Ne pas confondre avec *sac-à-mâcher* qui est une façon – peu amène – dont certains Africains appellent certains Antillais.

BOURRIN Lourd, ou (en verlan) *relou,* pénible, chiant, etc., chez les jeunes. *Je trouve que Sébastien, il vire vraiment bourrin, là !* Rien à voir, donc, avec l'argot classique où être *bourrin* signifie : « porté sur la bagatelle ». En jargon foot et rugby, le *bourrin* est un joueur aussi robuste que peu susceptible de finesse.

BOUSILLAGE Tatouage. Mais pas si récent que le croient certains jeunes branchés, puisque datant en gros de 1925. Le mot a repris de la vigueur avec le retour en force de la mode du tatouage.

BRANCHER Par sens dérivé de celui qui nous intéresse ici : raconter des bobards, des craques, des histoires, des salades. « Qu'est-ce qu'elle me *branche,* celle-là ! » (*La Vie rêvée des anges*, Erick Zonca, 1998).

BRÛLURE Gros et éventuellement beau tag ou même graph (tag* dopé, survitaminé, et en couleurs), par traduction-calque de l'américain *burner.*

BRUT DE DÉCOFFRAGE Tel quel, sans retouche, avec l'attrait intact de sa nouveauté, même s'il y a encore quelques bavures à ébarber. *Il m'a balancé son hisoire comme ça, tout net, brut de décoffrage !* (il m'a tout raconté tel quel).

BRUTE Le costaud, la bête, le balaize, chez les jeunes. *Lui, c'est carrément la brute en physique !* Vient en droite ligne de la mouvance tag où, dès 1988, ce mot désigne le super champion du tag et autres graffiti muraux.

BUVARD Dose de LSD. On peut aussi évoquer le sucre ou les pills, en fonction, évidemment, de la façon dont on consomme.

BUZZ Pétard, joint de cannabis, chez les jeunes consommateurs. Si le mot *buzz* est en anglais correct un bourdonnement, il devient, en argot, synonyme de plaisir : *It gives me a buzz !* (ça me branche vraiment !). Voir aussi *Jocko**.

C

CACA NERVEUX Mini-crise de nerfs quelquefois due au stress, mais qui peut découler aussi bien d'un « coup de sang » subit que d'une hystérie chronique. On peut aussi parler de « coup de calcaire ». « Eh ! ton histoire, là, ça vaut pas de nous faire un *caca nerveux,* hein !... » (L'aventure que tu nous contes là, pour étonnante qu'elle soit, ne vaut pas la peine que tu te mettes dans des états pareils).

ÇA DÉCHIRE C'est super, très fort, de la balle, de la frappe de balle, de la frappe de balle atomique, de la bombe de balle ; c'est trop fort, trop puissant ou, en initiales, c'est TP (ou CTP), etc. Enfin, c'est très très bien, quoi !... Plutôt utilisé par les jeunes. En ce qui concerne les autres : à leurs risques et périles.

ÇA DOSE ! (ou *ça dose un max !*) Ça cartonne ! ça fait très mal ! ça ne plaisante pas ! ça barde ! ç'est un peu fort ! Peut donc s'employer en positif ou en négatif. Origine probable : la dose de drogue, supposée bien entendu très ou trop forte. « Les tunnels de pub, franchement, là, *ça dose,* et *ça overdose* ! » (entendu, entre autres, au *Banana Café,* en janvier 1999). Voir aussi *Ça pose !*

CADRE Télé. En fait, et pour être précis : poste de télévision. « Pas terrible, ce qu'y passent au *cadre*, en ce moment ! » Le *Pick-Clops,* Roi-de-Sicile percute* Vieille-du-Temple, décembre 1998. On dit aussi, à l'anglaise, *telly*, téloche, ou tube.

CAILLASSAGE Sorte de passe-temps consistant, particulièrement dans les banlieues des grandes villes, à jeter des pavés ou autre chose sur les autobus qui passent. Le mot (issu de *caillasse,* du radical de *caillou*) apparaît dans ce sens vers 1994-1995. Pour sa part, *Le Figaro* titre, dès le 6 décembre 1997, sur *L'explosion du caillassage.*

CAILLE Abréviation par apocope de *caillera,* lui-même verlan de *racaille,* à moins bien sûr qu'il ne s'agisse de l'aphérèse de *racaille.* C'est ainsi qu'en banlieue (pas seulement parisienne), se sont baptisés les gosses des cités. À défaut de *caille, caillera* est cité par *Libération* du 21 décembre 1998 dans les cent mots de l'année.

CAILLOU Crack, ou dérivé de cocaïne fumable. Son verlan *youka* est également très répandu. L'habitué est un crackeur ou encore, étrangement, un kiffeur*.

CAINF *Africain,* en verlan. Le mot, apparu dès 1994, provient sans ambiguïté de la mouvance jeunes/banlieues. « Y'avait de tout, des rebeu*, des *cainfs,* des kahlouches (noirs pas forcément africains), et même des béberts*, dis donc ! »

CAISSEUX Pour les motards, les automobilistes sont des *caisseux.* Le mot fut happé un soir de juin 1989, place de la Bastille, au rendez-vous des motards, puis entendu, entre autres, à la *Taverne Phify's,* un point d'eau (bistrot) à motards de la rue de la Roquette, à Paris. La caisse désigne la voiture depuis les années 1970-1975.

CALCULER (quelqu'un). Sentir, ressentir, prévoir, évaluer. *Lui, je le calcule trop pas!* (il ne m'inspire pas du tout confiance). *Calcule!* = fais gaffe! attention! numérote tes abattis! Bref : calcule bien ton élan avant de passer à l'acte!

ÇA LE FAIT! C'est bon! C'est bien! Ça branche bien!, en langage jeune. L'expression apparaît en 1995. Sur Europe 2, l'animateur Arthur s'est empressé d'intituler ainsi sa tranche matinale. *Arthur le matin « Ça l'fait!*, dit la pub. L'expression reste vaguement branchouillée en 1999, même si elle semble en légère perte de vitesse au profit de « ça pose!* ». Voir également *Ça va pas le faire!*

CALVICIEUX Authentique chauve à la papa, juste bien déplumé du dessus, mais qui désherbe tout afin de se faire passer pour un branché pur et dur ayant simplement décidé de se raser entièrement le crâne pour faire mode. Tâtez autour de vous, vous en trouverez sûrement.

CAMARO *Marocain,* en verlan et en banlieusard courant. Profitons-en pour rappeler qu'un Algérien est un *Djez,* ou pour les plus agressifs et par aphérèse, un *Rien,* et un Tunisien un *Tune,* un *Toune,* un *Tounss,* ou encore un *Tutune.* Voir aussi *rabza* et, en passant, *guèche.* « Un Camaro camard qui se marrait carrément... » (extrait de rap de rue, le Forum des Halles, Paris, mars 1998). On peut aussi dire : un *rocain.*

ÇA M'A SCALPÉ! Ça m'a laissé complètement KO debout, pantois, ça m'a estomaqué! En fait, ça m'a décoiffé tellement fort que j'ai bien l'impression d'y avoir laissé mon scalp ! Cette expression-trophée fut arrachée aux *Folies Pigalle,* à Paris, en novembre 1998.

ÇA ME NOSTALGE ! Ça me donne la nostalgie, ça me file un coup de blues. « Arrête de parler de ça, *ça me nostalge* trop ! », dit le garçon. Et l'autre arrêta. C'était devant le *Krokodil,* rue de La Reynie, à Paris, le 5 janvier 1999.

ÇA MOUSSE ! Ça marche ! Ça roule ! Ça va ! Succède, dès 1997, à *ça assure !* et *ça arrache !* « Alors, *ça mousse* ? » (lancé un beau matin de 1998 au *Sancerre,* bar fauné* de la rue Lepic, à Paris).

CANDIDATER Présenter sa candidature, notamment (mais pas exclusivement) en réponse à une offre d'emploi. Entendu le 7 mai 1998, sur France Inter, dans la bouche d'une jeune auditrice : « J'ai *candidaté* pour le Québec. »

CANTINE 1° Restaurant où l'on se sent bien, en quelque sorte chez soi. *Le Chien qui fume, aux Halles, c'est ma cantine.* 2° Top-case, ou conteneur fermé situé sur le siège de la moto, et où le coursier range ses plis. « Et remplir les cartons… et les glisser dans les poches iso… et les empiler dans le top-case, “la *cantine*”. Et repérer l'itinéraire sur le plan. » (Paul Smaïl, *Vivre me tue*, éd. Balland, 1997.)

ÇA POSE ! C'est pas rien ! Ça assure ! Ça le fait* ! *Tu peux y aller, ça pose !* À rapprocher, peut-être, de la vieille expression « le faire à la pose » qui signifiait, voici un siècle, « faire de l'esbroufe, faire de l'effet ».

CAPSULE Préservatif, probablement à cause de la forme avant utilisation, quand on la sort (la capote) de sa coquille. Syn. *K-way, passeport*, poteca, faux nez, capuchon, préserv', p'tit chapeau, préso,* mais aussi, en langage minitel rose : *présa.*

CAPTER Séduire, plaire. *Celle qui était assise à côté de moi, comment elle m'a capté, dis donc !* Très fréquent chez les jeunes.

CARBURE Argent, depuis 1925 environ. Bien en cour chez les branchés fin de siècle, aux côtés de l'incontournable *blé,* mais aussi de quelques autres comme *flouze, fraîche, oseille* (et son verlan *zeillo*), *thune,* et du très banlieusard *maille.* Quant à *fric,* il n'est qu'à peine familier de nos jours. À titre indicatif, il y avait, au début du XXe siècle, si on se réfère à *L'Argot au XXe siècle,* d'Aristide Bruant, pas moins de soixante-dix-sept mots pour désigner l'argent.

ÇA RINGUE ! (ou encore : *ça ringue un max !*) C'est terriblement ringard, comme truc. « Ah, non ! Je vais plus au Diable ! *Ça ringue trop,* là-dedans ! » (entendu – entre autres – au club de jazz *Le Sunset,* en octobre 1998).

CARMER Payer, en vieil argot traditionnel qui ne semble pas déplaire aux jeunes jargonneurs. « J'vais pas *carmer* une *teup,* eh, où y va, lui ! » Ce jour-là, 9 janvier 1999, le jeune black fit savoir à son copain, au cours d'une balade au Forum des Halles, qu'il n'était guère favorable aux amours tarifées (*teup* : *pute,* en verlan). Dans son *Dictionnaire de la langue verte,* en 1866, Alfred Delvau relève déjà le *carme* (l'argent). On dit aussi, et c'est également une survivance d'argot traditionnel, « envoyer la soudure ».

CAROTTER (quelqu'un) Dépouiller complètement. « Il a tout été *carotté,* le pauvre ! » (témoignage saisi au vol lors des manifestations de lycéens d'octobre 1998). Il ne s'agit là que d'un glissement de sens léger, *carotter* signifiant déjà « conquérir ou acquérir par la ruse » vers 1840, et « voler » dix ans plus tard.

CARTOPHILE Collectionneur de télécartes plus gravement atteint que le simple *télécartiste,* et moins que le *cartomane,* qui, lui, est un fou furieux.

CASQUETTE 1° Titre, fonction, occupation. *Il a plusieurs casquettes* (il fait plusieurs choses, à des titres divers). On dit aussi : « il est *multicasquetté.* » 2° Contrôleur du métro, bus, train, etc., par simple métonymie. *Auch! la casquette!* (chaud ! voilà le contrôleur). On dit aussi (en plus franchement banlieue) *leuleur,* ou *leurleur.*

CASQUETTE-BASKETS Genre jeune et un peu banlieue sur les bords, même si les bords sont larges. *Mais dis-moi ! c'est très casquette-baskets, comme musique !* (tu commences à nous faire chier, avec ton rap !)

CASSER 1° Remettre quelqu'un à sa place, lui clouer le bec : *Il voulait jouer l'épate, comment que j'l'ai cassé !* Dans ce premier cas, on peut également employer l'expression : « remettre (X...) à la poubelle » (sous entendu... d'où il s'était échappé). 2° Être cassé : être ivre, ou drogué. 3° Cambrioler. Un cambriolage se dit un *casse* (de *cassement*) ou, plus moderne bien que finalement peu inventif, un *cassage.*

ÇA SWINGUE ! C'est bon ! C'est chouette ! Ça me branche ! Vieille expression zazoute qui semble revenir plein pot (comme, du reste, le plus ancien encore : *c'est bath !*) en toute fin de XXe siècle.

ÇA UPE ! *Ça pue !* en verlan jeune, au propre (ça sent mauvais) ou au figuré (ça ne me dit rien qui vaille). Exemple : *Ça upe trop la teup, là-dedans !* autrement dit : « ça sent quand même un peu la pute, ici ! », réflexion racolée dans une boîte à partouze de la rue Saint-Bon, à Paris, dans l'hiver 1997-1998. On peut aussi utiliser « ça mouque ! », « ça daube ! », ou « ça dope ! », au choix.

CAUSER PIPI Parler sexe, sexualité, rapports hommes-femmes/hommes-hommes/femmes-femmes/bique-bouc/dicks-pacs, tout ça !... Aaaaaaaaahhhhhhhhh ! Expression employée, entre autres, par *Libération,* le 2 octobre 1998.

ÇA VA PAS LE FAIRE ! Cela ne va pas être possible ! Cela ne marchera jamais ! Mais aussi : cela ne me plaît pas !, cela ne m'enchante guère. Voir *ça le fait.*

CAVIAR 1° Belle fille (voir aussi « canon », dans la deuxième partie). 2° Excréments. Cette deuxième acception est le... propre des érotomanes amateurs de sensations fortes. Dans ce dernier cas, on peut aussi parler de *réglisse* ou de *deum* (verlan de « merde »). Glissons... 3° En terme de football, le *caviar* est une superbe passe qui, en toute bonne logique, doit trouver sa conclusion au fond du but adverse.

ÇA VOIT LE JOUR C'est une marchandise, une chose, acquise en toute légalité. L'expression s'entend d'abord aux marges des marchés aux Puces, mais aussi chez les motards où, traditionnellement, les pièces se piquent et se refauchent facilement. Inversement, une *voit-pas-le-jour* est une marchandise, un objet, une pièce d'origine pour le moins douteuse.

CD Rom Fille à tout petits seins, plate, qu'on appelait jadis une planche à pain ou une limande. « Moi, un *CD Rom,* ça ne me gène pas ! » (les filles à petits seins, ça ne me dérange vraiment pas !). On dit aussi un fax, une carte bleue, etc. enfin, tout ce qui est (relativement) nouveau et plat. Quant à *findus,* il date – déjà – un peu !

C'est avant-garage ! C'est vieux comme Hérode ! Mais pas pour autant oublié pour tout le monde... « Mais c'est avant-garage, ton histoire ! » (qu'est-ce que tu viens m'emmerder avec tes vieilles salades !). Vient du vocabulaire rock où cette expression désigne les prémices de ce qu'on a appelé le *garage rock*, ou rock américain primitif des années 1960-1970.

C'est cadeau ! Je te l'offre ! On peut aussi se contenter, en offrant l'objet, de dire : « cadeau ! », mais surtout pas « c'est *un* cadeau ! », qui ringuerait trop. L'expression circule depuis quelques années déjà. On peut aussi opter pour « c'est paupière ! » (à l'œil) et bien entendu, « gratos ».

C'est cafard ! C'est zéro, que dalle, nul, nullache*, snac (super-nul-à-chier) et encore moins que ça ! « Te laisse pas avoir par la promo. *Place Vendôme, c'est cafard,* comme film ! » (conseil donné par un spectateur échaudé, en octobre 1998).

C'est ça l'idée ?... C'est cela que vous voulez dire ?... C'est bien cela qu'il faut entendre ?... C'est là le message ?... Toujours à l'ironie, bien sûr, car le branché est souvent un *Monsieur J'-me-gausse* (ou Madame...) qui distancie tout.

C'EST CARTON PLEIN ! C'est parfait, en plein dans le mille, bref : ça cartonne ! L'expression viendrait du monde footballistique, mais se balade de fait où bon lui semble. Claironné – entre autres – par Laurent Boyer, animateur réputé branché de la chaîne M6, le 13 février 1998.

C'EST CHEUL ! C'est louche ! par apocope du verlan de louche : *chelou*. Très prisé des jeunes en priorité, et des moins jeunes à leur suite, comme il se doit.

C'EST CLAIR ! C'est certain ! c'est évident ! c'est sûr ! c'est vrai ! c'est sans ambiguïté ! il n'y a aucun doute ! etc. Mais il se trouve que les jeunes préfèrent « c'est clair ! » à tout le reste.

C'EST DE LA BALISTIQUE ! Dernière réactualisation en date (décembre 1998) de « c'est de la balle » qui, comme chacun le sait maintenant, signifie en gros « c'est formidable, génial, super, hyper, hypra, mortel, etc. » (alors qu'en argot classique *peau de balle*, ou *balpeau* signifie : rien du tout, que dalle). Très utilisé par les jeunes qui en rajoutent souvent en « c'est trop de la balistique ! ». Dire que début 1998, on disait encore : « c'est de la frappe de balle », voire « c'est de la frappe de balle atomique » ! Comme le temps passe !...

C'EST DU LOURD ! C'est du solide, du costaud ! En langage télé (niche d'origine), *tu peux y aller, c'est du lourd (coco) !* signifie : ça va faire de l'audimat.

C'EST FAUNÉ ! Il y a de la faune ! Autrement dit, beaucoup de bariolé de coloris, de patchwork de looks, des métissages bon teint, et, au total, pas mal de frime. D'où, peut-être bien, l'ambiguïté rigolarde entre *fauné,* de « faune », et *faux nez,* voire *phoney* qui, en anglais, signifie « un peu dérangé sur les bords ». « C'est drôlement *fauné,* là-dedans, dis-moi ! » : confidence recueillie en novembre 1998 à la *Taverne Baltard,* bar situé en face du tout nouveau *Dépôt,* boîte gay et branchée de la rue Aux Ours, dans le IIIe arrondissement de Paris.

C'EST FOCUS ! Tout le monde en parle, et ne parle pratiquement que de cela ! « Vu le nombre de ministres qui y défilent, le Salon de l'agriculture, c'est peut-être pas tendance, mais c'est drôlement *focus* ! » (entendu le 5 mars 1999 au *Café Charbon,* rue Oberkampf, Paris XIe).

C'EST LA LOUZE ! Ce n'est pas bon, ça ne marchera pas, c'est nul, chez les jeunes. Vient évidemment de *loser* (et non : *looser,* comme on l'écrit trop souvent) qui, en anglais, signifie le perdant. « Finie la rama, y'aura du taf pour tous/ Claque* ta pine ! tu peux pas dire que *c'est la louze* » (extrait d'un rap de rue déjà cité. NB : *la rama,* l'ennui, la poisse).

C'EST LE CLIP ! C'est formidable ! c'est le rêve ! c'est merveilleux ! S'utilise souvent, bien sûr, à l'ironie. *Te bile pas, c'est l'clip !* (on n'est pas dans la merde !).

C'EST LE WEB ! C'est le bordel ! Et que ceux qui ne nous croient pas aillent donc y faire un tour. *'tain, c'est l'Web, là-d'dans !* (Non ! mais qu'est-ce que c'est que ce bordel !).

C'EST L'HALLU ! C'est proprement incroyable. *Là, c'est l'hallu, direct!* (Mais je rêve !). Voir *halluciner,* dans la deuxième partie.

C'EST MISSION IMPOSSIBLE ! C'est impossible !... par référence à une série télévisée bien connue.

C'EST MON GRAND C'est mon frère, par contraction de « c'est mon grand frère » (en banlieue, grand frère = copain plus âgé, en qui on a toute confiance et à qui on accepte de conférer une certaine autorité). « Bernard Tapie, pour moi, *c'est mon grand* ! », révèle le chanteur Doc Gynéco sur France Inter, le 6 novembre 1998, alors qu'il vient d'enregistrer un rap avec l'ancien ministre de la Ville.

C'EST NICKEL-CHROME ! C'est bien, impeccable, parfait, c'est de la balle*, quoi. Très employé par les jeunes, surtout à Paris. L'amusant, c'est que *c'est nickel* sonne plutôt rétro puisque l'expression est repérée dans le sens de « c'est exquis » un peu avant la dernière guerre. Quant à « chrome », il désigne aussi, dès le début du XXe siècle, la mauvaise humeur (y'avait du chrome dans l'air !). Alors ? *Nickel-chrome* = méchamment nickel = méchamment bien = vachement bien est une (audacieuse) explication. L'image du métal étincelant ne gâte rien.

C'EST PAS MA BIÈRE ! Nouvel équivalent de « c'est pas ma tasse de thé », autrement dit : *my cup of tea.* Les plus hardis vont jusqu'à : « c'est pas ma dope ! ». Traduction : « c'est pas mon truc ! ce n'est pas ce que je préfère. »

C'EST PAUPIÈRE C'est gratuit, gratos. Amusante variation sur la bonne vieille expression « à l'œil ». *Rentrer paupière à* *l'UGC c'est cil, Cécile!* (Ma chère Cécile, sache qu'entrer sans payer dans cette salle de cinéma de l'UGC, c'est facile !).

C'EST PITCHOUNE ! C'est petit ! C'est mesquin ! Ça vaut pas un clou ! Cette expression d'origine marseillaise (du provençal *pitchot* = petit) bien connue fut entendue au *Self 2000,* restau rapide du quartier des Halles, à Paris, le 19 janvier 1999, où un groupe de rap qui n'avait absolument rien de marseillais, même pas l'accent, faisait apparemment son autocritique : « *C'est pitchoune,* ce que tu dis ! Et quand tu me parles comme ça, je m'en bats les couilles !... disait le chef. Écoute-moi !... Quand je dis qu'on articule pas, c'est qu'on articule pas ! » Au moins, là, y'avait du texte, et on comprenait ! Petite remarque au passage : un groupe de rap qui n'articule pas, c'est effectivement bien embêtant. Car alors, que reste-t-il ?...

C'EST PLEINE PÊCHE ! Fort, qui « monte en puissance », comme on dit si souvent ces temps-ci. Ou encore : à la mode, « porteur », « qui cartonne » comme on dit très fréquemment aussi. À noter que « c'est pleine patate » ne s'emploie jamais, bien qu'« avoir la patate » (ou la frite) se dise au moins autant qu'« avoir la pêche » (être en forme). *C'est pleine pêche, en ce moment, les sixties !* (Les années soixante sont – encore et toujours – très à la mode.)

C'EST SOUDÉ C'est très embouteillé (littéralement : pare-chocs contre pare-chocs ou, plus brutalement, bite-à-cul). Exemple : *La rue de Rivoli, la moitié du temps c'est soudé* (le moins que l'on puisse dire est que prendre la rue de Rivoli est une grande et surtout longue aventure).

C'EST SPÉCIAL-CLONE ! C'est pareil, identique, kif-kif. On peut fort bien se fendre, également, d'un « c'est carbone ! ».

C'EST TRÈS VIAGRA ! C'est très stimulant, très incitatif (entendu dans ce sens au *Banana Café* – où l'on sait de quoi l'on parle – en novembre 1998). Application hors champ du bandogène bien connu, la pilule Viagra, qui, avec le fil à couper le beurre, restera, peut-être même avant la roue, sans doute une des plus belles inventions de l'humanité. *Putain, gagner un week-end à La Courneuve, c'est pas très viagra !*

C'EST TROP DE LA TAPE ! « Ça cogne ! », « ça fait mal ! », « c'est du sérieux ! » « c'est du bon ! ». On peut évidemment se contenter d'un plus modeste *c'est de la tape !* ou même d'un franchement plus minimaliste *ça tape !* En tout cas, le jugement fut sans appel, en novembre 1998, devant *Le Cannibale. T'as vu* The Truman Show *? Putain ! C'est vraiment trop de la tape, comme film !* (*The Truman Show* me semble être un film rempli de qualités). Syn. *Ça déchire !* Remarque : *Ça tape* s'utilise aussi chez les marins pour évoquer les paquets de mer qui percutent la coque du navire.

C'EST UN FULL TIME JOB C'est un travail à plein temps. Autrement dit : il faut être là tout le temps. Par extension : il faut être constamment sur la brèche.

CHAFRAVE Travailler. Vient probablement de l'allemand *schaffen* (créer) *via* le manouche, *via* encore la banlieue. On peut aussi parler de *taffer* (avoir du *taf*, ou du travail) ou encore de *jober* (de *job*).

CHALALA Juif du quartier du Sentier, à Paris. Par extension : d'origine nord-africaine en général. Syn. *feuj*, feujon, sentier, woody** (encore que ces derniers – référence à Woody Allen – ne soient pas spécifiquement nord-africains), et *youyou.* « Les Francaouis de souche me caguaient parce qu'ils me jugeaient un peu trop sidi, les Sidis parce qu'ils me jugeaient un peu trop francaoui, les *Chalalas* parce que je n'étais ni *chalala,* ni vraiment sidi, ni tout à fait francaoui » (Paul Smaïl, *Vivre me tue*, éd. Balland, 1997).

CHAMALOW Chez les jeunes : personnage sans intérêt, fade, et mou, à l'image du fameux « gros bonbon tendre », comme dit la pub ! « C'est trop le *chamalow* de la mort, ce keum ! » (bistrot *Voltaire,* près du Lycée Voltaire, à Paris, septembre 1998).

CHAMPION DU MONDE ! Expression d'enthousiasme issue au départ des salles de boxe remontant facilement aux années vingt, brillamment et « tonitruamment » relancée en 1997 par le film de Thomas Gilou *La vérité si je mens.* Au point que beaucoup crurent bien que c'était pour les besoins du film qu'on l'avait inventée.

CHANMAX *Méchant,* en verlan orné. Méchant étant évidemment à prendre ici au sens dérivé de impressionnant, super, grave*. *Il m'a niqué chanmax !* (il s'est bien foutu de ma gueule).

CHAPELLE Probablement parce qu'on s'y agenouille, cet endroit désigne, chez les homos, ce qu'on appelait autrefois un tasse (puis, par erreur, une tasse), c'est-à-dire une pissotière, une sanisette, etc., où l'on ne pipe pas mot. Par extension, tout endroit… propice.

CHARLIE Cocaïne, en langage de la came. De la même manière, Harry (ou Henry) désignera l'héroïne. Origine british, *of course*. Le haschich, c'est chichon ou chichounet, la marijuana le foin ou la beu*, le crack le caillou, les amphétamines le TGV ou le zoom*, etc.

CHARRETTE Voiture, et cela depuis des temps immémoriaux (mettons : les années trente). Il se trouve tout simplement que c'est un des termes argotiques classiques qui, avec caisse et chiotte, revient le plus souvent à la surface en 1998-1999.

CHARTERISÉ Immigré clandestin qui traînait par là et qu'on invitait à retourner chez lui par avion-charter. Le simple fait d'évoquer le sort du *charterisé,* inévitablement, émeut encore le branché qui, toutefois, et bien que pétitionnant volontiers, n'allait pas jusqu'à en prendre un chez lui et à lui prêter sa fille pour un mariage blanc. De son côté, Daniel Mermet évoque, le 24 novembre 1998 sur France Inter, « les *charterisés* de Charles Pasqua et d'Édith Cresson ». Et c'est très bien de sa part.

CHAT Prononcer *tchatt,* à l'anglaise. Discussion en ligne, sur l'Internet. C'est une affaire entendue, ce *chat*-là est anglais et signifie : causette. Mais les usagers français ont plutôt tendance, en l'occurrence, à appeler un *tchatt* un *tchatt.*

CHELAOUAM ! *Lâche-moi,* en verlan courant. *Ch'laouam l'deuk !* (lâche-moi le coude !).

CHÉRI *Riche,* en verlan *(cheuri),* qu'on agrémente d'un accent aigu pour faire rigolo. Le mot fut repéré dès le début

1997, et non au cours des manifestations de lycéens d'octobre 1998, comme semble le croire Sylvie Caster dans *L'Événement du Jeudi* du 26 octobre 1998. Syn. *friqué, thuné*. Plus ancien, mais toujours vert : *blindé*.

CHILL OUT (prononcer *tchilaoûtt*) Espace de repos destiné à accueillir, lors d'une rave-party, les ravers les plus sur les jantes (fatigués). Vient of course de l'anglais *to chill* : rafraîchir.

CHLA Bouton dû, en principe, à l'acné juvénile, ou encore point noir. Plus anciennement (vers 1985), on disait – et on dit encore – un craquos. *Alex, il a des chlas plein la chetron !* (Alex a des boutons plein la gueule).

CHLINGUEUR Contrairement à ce que l'on pourrait croire, ce mot ne désigne pas ici celui qui pue, mais celui qui ment. C'est dans ce sens en tout cas qu'il fut reniflé, en décembre 1998, au bistrot *Le Pick-clops*, dans le quartier du Marais, à Paris. Il est vrai qu'au-delà de puer, ou par simple prolongement de sens, le verbe *chlinguer* signifiait également, dans le milieu des années soixante ainsi que dans l'argot des flics, mentir.

CHMOUZER (ou *chmoozer*) Tchatcher mondain, si on se fie au *Nouvel Observateur* du 15 octobre 1998, qui titre sur *Le français tel qu'on le parle*. Voir *washi-washa**.

CHOCOOLIQUE Intoxiqué au chocolat, sur le modèle de : *alcoolique* (entendu le 25 septembre 1998 sur France-Inter). Sans doute, hélas, le mot est-il, phonétiquement trop disgracieux pour qu'on puisse fonder en lui de durables espoirs.

CHOUNARD Chanceux, verni, dirait-on en classique vieux français popu. De *choune*, qu'il va falloir aller chercher ici à *foune*.

CHOUZES Chaussures souvent plus faites pour les fortes frimes que pour les longues marches, chez les jeunes. De l'anglais *shoes*, bien sûr. *Lou a trouvé mes chouzes vraiment cool !* (Lou m'a dit qu'elle trouvait mes chaussures très chouettes). Synonyme qui... marche aussi très fort : *peupon*, verlan de *pompe*.

CHPEU Coup, chez les jeunes surtout, et par verlan de *pêche*. *Le chpeu que j'lui ai trop mis !* (je lui ai décoché un bon jab). Syn. *blast, cacahuète, chtard, ouache*.

CHRONICISATION Fait de devenir chronique. Les dictionnaires se bornent à donner *(se) chroniciser*, et *chronicité*. *Le Monde* du 29 octobre 1998 évoque pourtant une *chronicisation* inquiétante de la pauvreté en France.

CITOYEN À chaque ère ses mots, ses expressions-fétiches. « Modernisme » sous Pompidou, « décrispation » sous Giscard, « chébran » (et pas mal d'autres...) sous Mitterrand, « fracture sociale » sous Chirac I (saveur Juppé) et « trucs citoyens » sous Chirac II (parfum Jospin). Exemples : *gouvernement citoyen*, bien sûr, mais aussi *initiatives citoyennes*, *livres citoyens*, etc.

CLAQUE TA PINE ! « Ta gueule ! », en banlieue parisienne à l'origine. Syn. *colmate !* Une préciosité nouvelle tend à réhabiliter une vieillerie argotique, autrefois très répandue chez les durs, les vrais, les poilus, les costauds, les terreurs, les tatoués : *rengracie !* *Claque ta pine* fut capté pour la première fois sur... France-Culture, au cours de l'émission *Tire ta langue*, le 8 janvier 1997.

CLONE Copain. Aux aurores de l'ère-star du clonage, ce mot commence à rejoindre la notion d'alter-ego, de copains faisant tout pour se rassembler et se ressembler, vestimentairement, surtout. « Sur le boulevard, hier soir, il y avait une sacrée bande de *clones* en goguette ! » (entendu en janvier 1998 à la *Taverne Baltard,* boulevard de Sébastopol, à Paris).

COCKTAIL DÉJEUNATOIRE On ne sait pas trop ce que ça veut dire, tout en en ayant une très vague idée quand même. Bref, on a trouvé, comme le remarque à propos de cette absconse formule le chroniqueur matutinal de France Inter Philippe Meyer, le 12 novembre 1998, l'indispensable pendant au fameux *buffet dînatoire.*

COLLER UNE PEAU Gerber, gerbouiller, coller la gerbouille, autrement dit, vomir. Il y a quelques années, on parlait de « poser un fennec ». On dit aussi, en 1999, *plaquer une peau.*

COMMUNICANT 1° Mot quelquefois utilisé à la place de *communicateur* (voir le *Guide du français tic et toc*), c'est-à-dire personne dont le métier est de *communiquer.* Par extension, personne à la parole facile, ou simplement personne habile, dont la parole suit l'habileté. Exemple : « Pour habituer l'opinion, Strauss-Kahn se fait grand *communicant* », nous explique *Libération* le 10 décembre 1998. Ant. : *non-communicant.* Ex : « ...Aimé Jacquet (qui vient d'être élu homme de l'année 1998), qui a toujours été considéré comme un *non-communicant...* » (entendu sur Sport O'FM, le 1er décembre 1998. 2° Conseiller en communication d'un homme politique, dont le boulot consiste à lui faire comprendre que l'important c'est la forme, la tchatche et le look, pas le fond.

CONFLICTUALITÉ Culture du conflit (pourquoi pas, d'ailleurs, puisque aujourd'hui, tout est « culture »...), si l'on en croit ce que rapporta Arte, le 2 décembre 1998, à propos des grèves à la SNCF.

CONNEDÈRE *Déconner,* en verlan. Utilisé par les jeunes et, par inévitable voie de conséquence, par les vieux-jeunes. *Arrête un peu de connedère, ça nous fera de l'air !*

CONTACT INTIME DÉPLACÉ Aux États-Unis : fait de « donner la gorgée » (comme on disait en France au XVIIIe siècle), autrement dit : se faire tailler une bonne pipe à fond, quand on a cinq minutes de battement. C'est du moins ce que l'on a cru comprendre lors de l'affaire Clinton/Lewinsky, en 1998. Sémantiquement, le mot *déplacé* – choisi pour la traduction – pouvait, lors de la révélation de la chose, légitimement interpeller. En effet comment fallait-il l'entendre : *moralement* déplacé ? Ou *topographiquement* déplacé (pas au « bon » endroit) ? Et dans les deux cas, on ne pouvait que s'interroger à la Montesquieu : Comment peut-on être Américain ! ?...

CONVIVIALITÉ D'IMPROVISATION S'oppose naturellement à la convivialité rituelle, convenue, prévue de longue date et donc sans grande surprise. Y aurait-il du *happening pré-XXIe siècle* dans l'air ?... En tout cas, *Le Monde,* à qui le phénomène n'a pas échappé, titre, le 25 décembre 1998, en page 15 : « La *convivialité d'improvisation* est dans l'air du temps. » D'après les sociologues, le phénomène serait évidemment lié au développement du mobile*.

COOL UP Cool (bien, super), mais en mieux. *Hyper cool up, tes chouzes* ! (tu as apparemment fait l'acquisition de chaussures franchement épatantes !).

COOLITUDE C'est l'art et la manière d'être, de vivre, de respirer et éventuellement de travailler *cool*. Remarque : *cool* ne signifie plus aujourd'hui seulement relax, décontracté, mais bien et de plus en plus : bien, agréable, kiffant*. *L'important, c'est la coolitude !* Voir aussi *être top-cool**.

COUCOUGNETTES Testicules. Normal : ça commence comme coucouilles et ça finit comme roupettes. Il y a aussi : *yeucs* ou *yocs* (verlans de *couilles*), *lebous* ou *lebs* (verlan de *boules*), sans oublier les *calots*.

COUILLAVE Duper, tromper, berner. Recette : vous prenez le verbe *couiller,* vous l'assaisonnez d'une fausse terminaison gitane si à la mode en cette fin de XXe siècle, et vous servez chaud. *Je me suis drôlement fait couillave !* (avoir).

COUILLE 1° Doseur en plastique transparent, généralement en forme de boule, accroché au goulot de la bouteille de Pastis. Se dit beaucoup en province, raison sans doute nécessaire et suffisante pour que, soudain, les branchés parisiens se mettent à redécouvrir avec délice cette acception du terme. *Et une double couille, une !* 2° Petit porte-monnaie en peau. 3° Comme chacun sait : problème, ennui (il y a une *couille* dans le potage, le pâté, etc.). Mais là, on est déjà loin du branché…

COUILLES CROISÉES Mal à l'aise, mal dans ses baskets, pas cool. C'est Coluche qui a lancé cette expression imagée à souhait qui, apparemment, tient toujours bien la route.

COUILLU Qui a du tonus, du muscle, du courage, de la vigueur, ou du coup de rein. Au propre comme au figuré. *Drôlement couillus, les mecs !* (ces garçons ne manquent pas d'audace). Le style *couillu* de Charles Bukowski.

COUP DE SUBIT Surprise, évènement tout à fait inattendu. Ne pas confondre avec le *coup de calcaire* (coup de sang). *On a sonné. J'ai ouvert. Et elle était devant moi ! Tu parles d'un coup de subit !*

COUPLE HOMO PARENTAL Couple jouant, ou souhaitant jouer le plus vite possible, au papa et au papa, à moins que ce soit à la maman et à la maman. « Le mariage n'est plus nécessaire pour recevoir un "certificat de procréation" de la société, et l'image de l'homosexualité a basculé : les *couples homo parentaux* se sont déjà engouffrés dans ces deux brèches », écrit la psychanalyste Geneviève Delaisi de Parseval dans un article intitulé : « Le non-dit du Pacs » (*Libération*, 12 novembre 1998). Voir *couple non traditionnel**.

COUPLE NON TRADITIONNEL De plus en plus employé pour « couple contre nature », mais qu'on ne doit plus appeler contre nature pour toutes les raisons politiquement correctes que l'on devine.

COUPLE TGV Non pas couple faisant l'amour à toute vitesse, mais couple séparé pendant la semaine pour raisons professionnelles, ne pouvant matériellement se réunir que pendant le week-end. On dit quelquefois de ces couples-là qu'ils vivent « l'intimité à distance », ce qui peut avoir aussi son charme !... NB : Rien ne les empêche, naturellement, de faire, en plus, l'amour en vitesse si ça les branche.

COURAVE Course-poursuite se terminant en bagarre ou même bagarre toute seule. Le mot provient de la banlieue est de Paris.

COURRIEL Courrier électronique, au Québec. Se rencontre quelquefois en France. Beaucoup plus inventif en tout cas, pour se différencier du *e-mail* américain, que le bien simplet *mel* qu'on a fabriqué chez nous pour des raisons d'assonance plate et servile avec *mail*, et qu'on n'utilise d'ailleurs jamais. Il semble bien, en effet, que les Français aient l'intention, à l'heure où s'écrivent ces lignes en tout cas, d'adopter, du moins officiellement, le mot *e-mail* (pron : *i-melle*).

CRACKER Pirate informatique passé maître dans l'art de *craquer* (entrer par effraction dans) les réseaux informatiques des entreprises ou des administrations. Le *hacker,* lui, n'est qu'un aimable bidouilleur* plus ou moins inspiré. Voir également *phreaker.*

CRAMER UN BLASE Dénoncer, balancer, cafter. Expression de structure éminemment argotique repérée en 1994 en banlieue nord de Paris (voir *Crame pas les blases*, de Boris Seguin, Calmann-Lévy, 1994). *Cramer,* qui signifie brûler depuis les années 1880, prend son sens de « dénoncer » vers 1940. Quant à *blase,* ou *blaze,* c'est, en argot classique, le nom. Et cela, depuis environ 1885.

CRAPOTER Fumer. Se dit couramment depuis une vingtaine d'années, surtout pour désigner une certaine façon de garder la cigarette aux lèvres sans trop tirer dessus, mais pas uniquement. Revient en force chez les jeunes. Syn. *bombarder, bédave, késmo, bogarter* (comme Humphrey Bogart), *tirer une latte, tirer une barre, une taffe* ou *une bouif,* s'il ne s'agit que d'une bouffée. Si on veut se distinguer un peu, on peut « pétuner », comme on disait déjà au XVIIe siècle.

CRAQUANT Billet de banque. Parce qu'il craque lorsqu'il est encore neuf, qu'il sert à *craquer* (ou à claquer), autrement dit à dépenser (et que plus il y en a, et plus on *craque*), que certains *craquent* (forcent) des coffres forts pour s'en emparer, et qu'au bout du compte tout le monde *craque* complètement pour lui, surtout quand il est accompgné de beaucoup de petits (et surtout grands) frères !

CRAVEUR Personne – les *craveuses* existent aussi – atteinte de *craving,* en l'occurrence d'un besoin de manger chronique. Vient de l'anglais *to crave* (avoir un besoin maladif de quelque chose). La ressemblance *craveur/crevard* (affamé, en argot classique) ne fait que renforcer l'implantation du mot. « Le *craveur* ne se goinfre pas et ne se fait pas vomir », explique *Libération,* le 16 mars 1998.

CRÉMER Éjaculer. En pratique *crémer quelque chose* revient à *éjaculer sur quelque chose. Crémer* la moquette revient à éjaculer sur la toison pubienne d'une dame, parce que… enfin : parce que, quoi !

CRÈME-LÉOPARD Jeu de mots sur *crème* (café-crème) servi avec le *lait à part*, ce qui fait une grande différence par rapport au vulgaire « p'tit crème ». Tend à se faire sa place dans le langage du bistrot. Fauve, suite : le pastis est un « lait de tigre ».

CRÊPEUSE Vilain garçon, autrement dit vilaine, p'tite conne, emmerdeuse, chichiteuse, chez les homos. On dit aussi, si l'on se fie à ce que l'on a pu entendre le 16 novembre 1998 au *Mixer,* bar de la rue Sainte-Croix-de-la-Bretonnerie, à Paris, où ça *crèpe* pas mal : coiffeuse.

CRESSAVE Passer un savon, remonter les bretelles (à quelqu'un), lui souffler dans les bronches, bref, le morigéner et le tancer vertement. La terminaison à la gitane en « ave » vient ici enjoliver ce bon vieil argotisme de *cresson,* lui-même dérivé de *crosson* qui, à la fin du XIXe siècle signifiait : arrogant et menaçant (se souvenir ici de l'expression popu : *t'cherches des crosses, ta ?,* ou : tu veux te faire corriger, mon petit gars ?). Au début des années soixante, on disait couramment d'un catcheur à la mine particulièrement patibulaire qu'il était drôlement *cresson* (ou *crosson*), ou encore qu'il jouait les *cressons* (ou *crossons*).

CROQUE 1° Fou amoureux, dingue (de quelqu'un ou de quelque chose) ou... mordu, chez les jeunes. *Je crois bien que je suis croque d'elle !* Croque, mordu, morgane. Mordu dans le sens de « amoureux », « chipé », remonte à la fin du XIXe siècle. Quant à *morgane,* abréviation de *morgané,* il vient de *morganer,* « mordre », (années 1835). Renaud a eu la bonne idée de le remettre à la mode avec sa chanson *Morgane de toi.* 2° Un *croque,* c'est aussi, chez les très jeunes, une bouchée. *Eh, tu me fais faire un croque dans ta pomme ?* Voir *être croque-love.*

CROSSOVERISER Faire un *cross over.* Autrement dit, traverser. Autrement dit encore, passer d'un domaine à un autre. Mot très apprécié des précieux vieillissants. Un chanteur dit classique qui chante du jazz *crossoverise.* Entendu entre autres sur France-Inter, le 29 septembre 1998.

CROÛTER Manger, et cela depuis la seconde moitié du XIXe siècle. Se dit quelquefois hors biotopes argotiques. *Bon, on va croûter où ? en face ?* (entendu en novembre 1998 à *La Belle Hortense,* bar littéraire de la rue Vieille-du-Temple, dans le Marais). Syn. popu et argotiques *croustiller, casser la croûte, la graine, briffer, morganer, bâfrer, s'affûter les crochets,* etc. Syn. plus branché que ces derniers, *damer,* qui pourrait provenir de *daller,* ou *avoir la dalle* (avoir faim).

CUIR 1° Blouson de cuir. 2° Motard, dans le jargon des... motards. 3° Homo coupe courte-moustache-blouson type TTBM/Quetzal. 4° Prostituée dominatrice, ou dominatrice non systématiquement prostituée entièrement habillée en cuir.

CUIRETTE Homosexuel fluet bien rembourré des épaulettes, ou lesbienne voulant donner dans le genre dur. *Dans le quartier du Marais, à Paris, il y a de plus en plus de cuirettes.* Pour les fragiles sans cuir, on dit une *daisy* ou une *luciole,* ou une *follasse.*

CULTURE Mode, engouement, coutume, habitude, pratique, etc. feraient la plupart du temps parfaitement l'affaire. Mais il est plus dans le ton politiquement correct de décorer toute activité humaine plus ou moins banale de galons culturels. On aura donc de la *culture hip-hop,* de la *culture vidéojeux,* de la *culture foot* (surtout pendant l'été 1998) et même, comme on dit sur M6, de la *culture pub.*

CYBERJOURNAL Journal diffusé sur canal électronique type Internet. Sur le même *cybermodèle,* il y a aussi, bien entendu, des *cyberbouquins,* une *cyberculture,* un *cybercommerce,* des *cybercafés* (cafés pourvus d'ordinateurs connectés à Internet), un *cyberespace* (univers virtuel d'Internet), des *cybercrimes* (méfaits d'une nouvelle race de criminels exerçant leurs talents, la *cybercriminalité,* sur Internet), et des *cyberguerres* qui ne sont pas autre chose que de la guerre sur l'Internet. *Libération* du 31 octobre 1998 titre d'ailleurs, en page 38 : « La *cyberguerre* bat son plein sur le Net », et évoque le piratage de sites web qui deviennent une arme courante de la lutte idéologique. Ce même quotidien nous informe en outre, le 19 janvier 1999 en page 32, de l'existence de *cyberpédophiles*. Liste non exhaustive, bien sûr.

CYCLICITÉ Caractère de ce qui est cyclique, périodique. Entendu entre autres sur LCI, le 26 novembre 1998. De son côté, un prospectif de bar prévoyait, au *Comptoir,* à Paris, en décembre 1998, une probable « *cyclicité* de l'employabilité ».

D

DAB (prononcer *dab*). Rien à voir avec la marque de bière bien connue, ni avec le mot « père » en argot (le *dabe*), puisqu'il s'agit ici soit : 1° de l'acronyme de Distributeur Automatique de Billets. 2° de celui de Digital Audio Broadcasting, qui sera, dit-on, la radio du troisième millénaire.

DADDY En langage homosexuel du quartier du Marais, à Paris, et en 1999 : amant plus âgé (en anglais, *daddy* = papa) et éventuellement généreux d'un jeune bougre. « Et si, en plus, ton *daddy* est un bon master, alors là, c'est gé-nial ! » (entendu en février 1998 à l'*Open bar,* rue des Archives, à Paris). À toutes fins utiles : *master* signifie ici maître, initiateur.

DANS LE SENS DES AILERONS D'UNE HUÎTRE En vrac, pêle-mêle, n'importe comment, à la va-comme-je-te-pousse, dans tous les sens. Savoureux et savant contre-pied fait à la contrepèterie de « dans le sens des aiguilles d'une montre » qui, comme chacun sait, signifie : au poil, comme il faut. « C'est complètement *dans le sens des ailerons d'une* *huître,* ton truc ! » Entendu pour la première fois au *Pick-Clops,* un bar du Marais, à Paris, le 29 mars 1996.

DARON Père, en vieil argot. Très fréquent, cependant, chez les jeunes des banlieues qui parlent aussi de *dareuf,* ou *grand frère* (entre *daron* et *reuf,* verlan de *frère*) autrement dit, la seule autorité reconnue au sein de la cité ou du quartier. *Dabe* (également « père », mais aussi : toute personne investie d'une autorité), en revanche, se dit moins.

DASS *Sida,* en verlan, et en banlieue. *Nique le dass, j'ai mon passeport !* (j'ai mon préservatif, je n'aurai donc pas le sida). Remarque : lorsqu'elles évoquent la question, les prostituées qui travaillent (encore...) dans les rues et qui semblent d'une manière générale assez réfractaire au verlan parlent, elles, de *sid.*

DAUBE Camelote, chose sans valeur, tromperie. Existe dans le sens de « chose de mauvaise qualité » depuis plus d'un siècle. Il se trouve tout simplement que le mot se balade pas mal, particulièrement chez les jeunes. On dit aussi : drouille, pansement, ou merguez. C'est largement grâce à la BD de la fin des années soixante-dix que le mot fut remis sur le marché. *Kescé cette daube ?* (Tramber et Jano, *Le Zonard des étoiles,* 1983).

DÉBOGUER Déconner complètement à force de faire ou dire des *bugs* (erreurs de programmation) ou *bogues,* autrement dit des choses pour le moins discutables. Voir *Y a un bug !*

DÉCHIROS Type mal à l'aise, pas mal allumé, à la dérive, à côté de la plaque. Mot apparu vers 1988-1989. Rien à voir avec une déchire, qui est une bagarre, ou encore une beuverie, question de contexte. Quant à la *déchirade,* c'est juste une bonne partie de rigolade, ou une cuite, ou les deux.

DÉCOLLER LA PULPE DU FOND 1° Comprendre. *Je n'arrive pas à décoller la pulpe du fond !* (je n'y comprends rien !). 2° Faire l'amour. *Je lui décollerai la pulpe du fond !* C'est Coluche qui, pastichant dans un de ses sketches la pub pour Orangina, lança la première acception sus-citée dès 1985.

DÉFICIT D'IMAGE En souffrir, c'est connaître une image ou un écho négatif dans l'opinion publique. « La profession (d'huissier de justice) souffre d'un *déficit d'image* » (entendu au journal de 13 heures de TF1, le 4 novembre 1998). Voir aussi *moins-image*, dans la troisième partie *(Guide du français tic et toc)* du présent *Dico.*

DÉMOULER S'en aller, et plutôt rapidement. *Allez ! démoule, maintenant !* (casse-toi !). On dit aussi *déscratcher* ou encore, plus récent : *désenclaver. Allez ! on désenclave, là ?* Plus anciennement, on parlait de *s'arracher.* Plus traditionnellement, on *se tire.* Jadis, on aurait dit : décaniller. Ant. : *faire un plan moule* (rester chez soi, pénard-plateau-télé... par exemple).

D'ENRAGE ! D'enfer ! (ou, en verlan si on y tient, *ferdan*) c'est-à-dire : génial, terrible, formidable. Un *plan d'enrage* est une bonne idée.

DÈPE Homosexuel mâle. Vient soit de l'abréviation de « dépanneuse » (on l'appelle quand on n'a pas autre chose à se mettre sous la hampe et, en plus, il accourt...), soit d'un verlan stupide : pède = *dèpe. Ad libitum.*

DÉPOTER 1° Assurer, être fiable et performant. Sens voisin, donc, du « ça dégage » des années soixante-dix. 2° Aller à toute vitesse, foncer : « T'as un tas de petites machines qui *dépotent* dur ! » (entendu à la *Taverne Phify's,* bar de motards de la rue de la Roquette, près de la Bastille).

DE PROXIMITÉ Est-ce à cause de « la crise » ? Il faut le croire. C'est en tout cas un fait : les choses dites « de proximité », se multiplient et se bousculent en notre toute fin de siècle. Troc *de proximité,* délinquance *de proximité,* tout, on vous dit, tout ! Même du « cul *de proximité* » (*dixit* Laetitia, figure de proue du vidéo-porno amateur, dans le magazine *Interview* de mai 1993).

DÉROULER UN CAKE Aller à la selle. On dit aussi : *démouler un cake, poser son kilo, chiave, poser sa pêche* ou *yèche* (verlan de *chier*), et même, pourquoi pas, *déposer le bilan.*

DÉRUSHER En langage cinématographique traditionnel : faire l'inventaire de tout ce qu'on a filmé, afin de faire son tri, son choix. Se dit aussi chez les journalistes de radio et de télé pour : faire l'inventaire de ce qu'on a enregistré. Par extension, et *via* la grande et belle famille du show-biz où pourtant, c'est bien connu, on crypte plus qu'on ne décrypte, *dérusher* devient synonyme de décrypter, mettre de l'ordre (dans des propos relativement embrouillés) : *Oh putain ! faut que je dérushe tout ce qu'il m'a raconté, là !* (il y a vraiment à boire et à manger dans toute son histoire).

DÉSINCITATION Encourager à… ne rien faire. Un reportage de LCI sur le RMI (désolé, mais le sigle se porte bien, ces temps-ci), le 30 novembre 1998, parle de « *désincitation* au travail ».

DIABOLISATION Fait de *diaboliser* (à peu près tout ce qu'on voudra, et tout le temps). Ouvrez votre journal, écoutez autour de vous. Vous verrez. Vous entendrez.

DISCRIMINATION POSITIVE Étrange oxymore, très à la mode, pilier de la bonne conscience contemporaine, calque de l'*affirmative action* américaine, incarnant l'idée qu'il est tout à fait normal d'avantager des personnes défavorisées (ou, dans certains cas, décrétées ou supposées telles...) d'une manière ou d'une autre.

DISQUETTE Blaireau, crétin. Personne connue pour n'être capable que de répéter servilement ce qu'elle a entendu. Vient évidemment du langage de l'informatique. Ne pas confondre avec le *disque dur*, bien sûr, qui désigne la tête, autrement dit la « chetron », comme disait Renaud voici... quelques années déjà.

DOCU-SOAP En langage télé : documentaire saucissonné en plusieurs épisodes de vingt-six minutes, comme un vulgaire feuilleton. On appelle aussi cela, quelquefois, « feuilleton du réel » ou encore « feuilleton-documentaire ».

DOPE Drogue en général, et depuis un moment déjà. De buzz* à zoom*. Ne pas oublier de prononcer *dôpe,* sous peine de faire tout juste « Tour de France » !

DOUBLE CUL Faux cul qui, comme de bien entendu, tient un double langage. Syn. *tavelure.*

DOUBLE FLASH Vif, malin, futé, original, intelligent, et néanmoins branché. Entendu pour la première fois devant le Forum des Halles, à Paris, le 7 décembre 1996.

D'OÙ JE RÊVE ! « J'le crois pas, ça ! », aurait-on dit au début des années quatre-vingt, autrement dit : « Non, mais… je rouèèèève ! » *Eh ! tes parents, ils t'ont pas fait, ils t'ont rêvé, toi !* (tu n'es vraiment pas croyable, pas vrai, pas possible !). On dit aussi : *c'est trop halluciné !* et, plus anciennement : *j'hallucine !* Voir *virtuel.*

DOWNERS Sédatifs. Par extension, tranquillisants. *Il comprend encore moins qu'avant depuis qu'il marche aux downers !* Ant. : *uppers* (amphètes).

DRAG 1° Drag queen, espèce de bouffon travesti très à la mode depuis 1995. « À l'Open, il y avait trois *drags* sapés en bonne sœur ! » (entendu rue des Archives, en juillet 1997). On dit aussi : *un trans* (comme transsexuel), sans savoir vraiment si, oui ou non, on lui a « coupé le téléphone ». 2° Bouffée de cigarette, comme « taffe ».

DRAP Personne (de l'un ou l'autre sexe) réputée très laide. Au point qu'il vaut mieux, si on se propose d'y goûter, rabattre le drap dessus. On dit aussi *thon, cageot, boudin, boud', gravosse, streum* (verlan de « monstre »), cratère, toujours pour les deux sexes. Voici deux siècles, on évoquait volontiers le gratte-cul, et il y a un siècle le (la) bléchard(e).

DRH Directeur des ressources humaines, comme chacun sait. Dans une entreprise, le DRH n'est rien d'autre que le directeur du personnel. Quant aux « ressources humaines » (un terme bien joli, bien élégant et tout, au demeurant…) en général et au sens large, alors là… il faudrait peut être les brancher sur les « gisements d'emplois », même s'il faut, pour cela, aller farfouiller chez les SDF.

DROIT À L'OS ! Sans détour ni précautions excessives, et droit au but ! Dérive en... droite ligne du plus explicite encore : *droit dans le cul !* En argot, en effet, l'os (en fait, le sacrum) désigne l'anus, le cul en général, et cela depuis les années trente.

DRU Métathèse bienvenue (puisque, après tout, dru existe aussi !) de : dur. *Ça cognait dru !* (les coups pleuvaient).

DRUM'N'BASS Musique fort syncopo-boum-boum, qui est à peu près au nuppie* ce que le rock'n'roll est au rocker.

DU PIPEAU ! (ou, simplement : pipeau !) C'est du vent, des bobards, du baratin, du bidon ! Certains hasardent aussi « de la flûte ! ».

DGV Délit de grande vitesse. Se dit en matière de sécurité routière, bien sûr, mais aussi à l'ironie : « Ben dis donc, tu risques pas le *DGV,* toi ! » (entendu en janvier 1999 pour, manifestement : « tu ne comprends pas vite, mon pauvre vieux ! »).

DVD Digital Versatile Disc, qui en français n'a rien de versatile, et qui ne peut se traduire que par : disque numérique à usage multiple (donc appelé à remplacer sous peu CD, cassettes vidéo, etc.).

E

ÉCOGUERRIER Défenseur de la nature et des animaux prêt à tout acte de violence si nécessaire. « Le nouveau héros des *écoguerriers* britanniques posait des bombes incendiaires sur les *lieux du crime* », explique *Le Monde* du 5 décembre 1998.

ECSTA Apocope de *ecstasy,* substance encore dite *ex, XTC, zoom** ou *magic pill.* En l'occurrence, *s'extasier,* c'est évidemment s'envoyer une dose (pilule) d'ecstasy.

ÉLECTRON LIBRE Personnage imprévisible, notoirement incontrôlable, notamment en politique. Le dernier en date est Daniel Cohn-Bendit, ex-leader de Mai 68, eurodéputé, et tête de liste des Verts aux européennes de 1999 (voir la presse du 16 novembre 1998, qui le qualifie également de « poil à gratter », de « trublion » quand ce n'est pas, comme dans *Libération*, de « rouquin terrible »).

EMPLOYABILITÉ Souplesse professionnelle, autrement dit capacité d'insertion professionnelle multipolyvalente, autrement dit encore : adaptabilité au changement d'emploi au gré des fluctuations du marché. Autrement dit toujours... bref : « Euphémisme très prisé des patrons, synonyme de flexibilité* », comme dit *Libération* du 22 décembre 1997).

ENCEINTER Engrosser, en Côte d'Ivoire, d'après *Le Monde* du 24 avril 1998, qui titre : « Les jeunes Ivoiriennes ne veulent plus être *enceintées* par leurs professeurs. » Pour rire (mais est-ce vraiment drôle, au fond ?), les jeunes Ivoiriennes appellent « ça » le système NST ou « notes sexuellement transmissibles », pratique désignant la fâcheuse manie qu'ont certains professeurs de ne donner de bonnes notes qu'aux élèves se montrant très gentilles avec eux.

EN METTRE À PLAT On disait plus volontiers, autrefois, « en mettre à gauche », donc : mettre de l'argent de côté. *Je te fais confiance, tu a dû en mettre pas mal à plat !* Toutefois, l'expression *mettre à plat* pour « économiser » est loin d'être neuve, puisque attestée dès 1942 chez les malfrats (in *Dictionnaire des argots,* de Gaston Esnault, 1965).

EN REMETTRE UNE COUCHE Insister lourdement, remettre ça. On ne va pas... *en remettre une couche* en étalant des exemples. Vous n'avez qu'à ouvrir l'oreille.

ENRHUMER Laisser un adversaire littéralement sur place. Au propre (sports) ou, de plus en plus, au figuré (joute de salon, par exemple) où *enrhumer* devient le synonyme de « moucher » quelqu'un.

ENTRE GUILLEMETS Aujourd'hui, on met des *guillemets* quand on parle comme on met des capotes quand on copule. La mode politiquement* correct, qui, en France, frappe dru* et grave* depuis 1992, implique d'établir une distance visible et palpable vis-à-vis de tout ce qui pourrait être interprété comme malveillant envers une minorité, quelle qu'elle soit. Et au bout du compte, ça en fait du monde ! En pratique : bien montrer qu'on n'a jamais de mauvaises pensées envers quiconque. Comme ça, on est tranquille. Le fait de faire savoir, de souligner au passage, et par la même occasion, que nous sommes évidemment des gens bien puisque nous montrons que nous n'avons pas de mauvaises pensées, ne mange évidemment pas de pain. Donc, on parlera, on énoncera, on s'exprimera à l'oral *entre guillemets*. Ainsi, on dira les choses gênantes ou présumées telles sans les dire, tout en les disant quand même. Ne pas hésiter, tant qu'on y est, à mimer lesdits *guillemets* à l'aide de deux doigts montés à hauteur des épaules, qu'on replie frénétiquement deux ou trois fois de suite au moment où l'on prononce le mot déjà annoncé comme étant à prendre *entre guillemets*. Mais deux ou trois précautions, sans doute, valent mieux qu'une. Les exemples surabondent à la radio, à la télé, dans la rue, partout. En voici un, particulièrement « surprécautionné », pêché le 14 novembre 1998 sur France Inter, dans une émission où il était question du travail des handicapés mentaux : « Un salarié dit, *entre guillemets,* normal. » On voulait sans doute parler d'un salarié normal, banal, courant.

ENTREPRENEUR Patron, depuis que les patrons ne veulent plus s'appeler « patrons », et que le CNPF est devenu (le 27 octobre 1998) le MEDEF.

EN VENDRE Avoir du succès, commercialement parlant. Dire à un chanteur que ça fait trente ans qu'il *en vend* (des disques, du rêve, enfin, de la note...) est beaucoup mieux perçu que si on lui dit que cela fait trente ans que « ça marche ».

ENVOYER UN SIGNE FORT (prononcer *signeufort*). Faire savoir quelque chose nettement et sans ambiguïté. Exprimer une opinion, un avis tranché, clair, net, et si possible définitif. Cette expression est à l'évidence un grand tic journalistique de la fin du XXe siècle. On dit aussi, c'est au choix, *un signal fort* ou *faire un geste fort*. Autres classiques du genre : *jouer dans la cour des grands**, *revoir sa copie**, *être sur la table de la négociation*, etc.

ÉPISTOLOPHILE Néologisme né avec la généralisation du fax (quelquefois utilisé simplement pour correspondre) qui force à constater qu'il y a indiscutablement « du Gutenberg dans le Marconi », autrement dit une sorte de revanche de l'écrit en cette fin de XXe siècle, et cela peut-être bien contre toute attente. Le mot apparaît dans le *Nouvel Observateur* du 19 novembre 1998.

ÉPONGE 1° Personne authentiquement douée pour l'« effet perroquet », autrement dit pour répéter ou carrément piquer les idées des autres et se les attribuer. 2° Alcoolique. On peut aussi dire, dans ce dernier cas : un *lavabo* ou un *tout-à-l'égout*, qu'il ne fut pas forcément confondre avec le *tout à l'égo**.

ÉQUITÉ Tend, doucement mais sûrement, à se substituer à *égalité*. Alors que, chacun le sait, les deux mots ne sont pas synonymes. L'*équité*, en effet, implique l'idée d'une justice naturelle alors que l'*égalité* se positionne par rapport à la loi.

ÉRADIQUER Mot parfaitement français, dénominal de *éradication*, systématiquement utilisé (et même surutilisé) par le branché en lieu et place de *supprimer*, sans doute perçu comme trop brutal.

ERDÈVE En fait : RDV, ou rendez-vous. « Pas d'*erdève* pour la semaine, hein ! Je suis surbooké*, là ! » (entendu en janvier 1999, à Radio-France).

ESPACE De nos jours, ils courent les rues, il y en a partout. Des *espaces non-fumeurs,* des *espaces de convivialité* (bistrots), des *espaces de vie* (là où, ben… où on vit, quoi !) des *espaces-ceci,* des *espaces-cela,* sans parler des *metteurs en espace,* comme disent quelquefois les dossiers de presse de théâtre pour parler des metteurs en scène !

ÉTHIQUEMENT CORRECT Moralement recevable, par jeu sur la formule *politiquement correct** qu'on tend d'ailleurs à accomoder un peu à toutes les sauces, de, justement, *gastronomiquement correct* (France Inter, 30 octobre 1998) ou *idéologiquement correct* (*L'Événement* du 15 août 1996) à *sexuellement correct,* en passant par tout ce qu'on voudra. « Les campagnes pour les produits *éthiquement corrects* poussent les entreprises à respecter les règles d'un "commerce équitable" avec le tiers-monde », explique *Le Monde* du 13 novembre 1998, dans un article intitulé « De la morale dans la mondialisation ».

ETHNIE Race. Mais comme le branché a intégré qu'il ne fallait plus dire « race », qu'il faut bien qu'il cause, et qu'il ne peut en aucun cas courir le risque de passer pour un facho, alors, il cherche. Et parfois, il trouve. Il trouve *ethnie,* par exemple, qui ne veut pas dire la même chose (comme le rappelle *Le Petit Robert,* l'*ethnie* s'attache aux caractères de civilisation, notamment la communauté de langue et de culture, « alors que la *race* dépend de caractères anatomiques ») mais… bon ! On peut encore parler de *groupes humains*, voire de *groupes populationnels ayant des caractères génétiques en* *commun. Libération* du 19 octobre 1998 raconte : Deux lycéennes, Loubna et Leila, discutent et, soudain, « Loubna lui demande de ne pas dire *races,* car *races* c'est pour les animaux. Nous, on est des *ethnies* ».

ET (OU) PLUS SI AFFINITÉS Petit commentaire en forme de clin d'œil (aux petites annonces à pente allusive et quelquefois coquine...) qu'on place en fin de phrase. Que ce soit ou non dans une petite annonce, d'ailleurs. « Très beau jeune homme 25 ans s'offre à jeune femme même profil pour une nuit *ou plus si affinités* », petite annonce parue dans *Nova* de décembre 1998. Le 13 janvier 1999 sort un film de Brad Anderson dont le titre français est : *Et plus si affinités.*

ÊTRE À BOUT DE FRIC Être raide, ratissé, pendu*, autrement dit : fauché. *Être à bout de fric* figure notamment dans le film *La Vie rêvée des anges,* d'Erick Zonca (1998). Rien ne vous empêche d'être également *à bout de thune,* ou même, *en tout bout de maille**.

ÊTRE À DIX MILLE Être très loin de quelque chose, voire tout à fait ailleurs. De quoi ? De ce que vous voudrez. D'une discussion, des préoccupations des autres, etc. Si vous le souhaitez, vous pouvez naturellement vous situer à *quinze* ou *vingt mille !* Voir aussi *être fly.*

ÊTRE BLEU Être indésirable, tricard, autrement dit ne pas être vraiment souhaité quelque part. *Maintenant, chez Johanna, je suis carrément bleu* (Je ne suis pas absolument certain que Johanna ait très envie de revoir ma tronche).

ÊTRE CHARGÉ Être ivre, ou drogué. On dit quelquefois, dans le premier cas surtout, *être chargé à cul.*

ÊTRE CHARRETTE Être en retard. L'expression est repérée dès 1870 dans le milieu des élèves architectes. Le jour de l'exposition, en effet, on chargeait les projets sur une charrette que tirait ensuite le benjamin de l'atelier. En 1925, ce *charrette*-là prend le sens de *coup de collier. J'suis malment* charrette sur ce coup !*

ÊTRE CROQUE-LOVE Être amoureux-fou, comme nous le confirme d'ailleurs le magazine *20 Ans* de janvier 1999 dans cette bouleversante confession de la page 83 : « J'*étais croque-love* à chaque fois que je le voyais, avec les mains moites, l'estomac qui se noue, les genoux qui font des castagnettes, etc. »

ÊTRE CULTE Être l'objet d'un culte. Au propre ou au figuré. « Karen Carpenter, elle *est culte* ! » affirma Philippe Manœuvre dans son émission *Top Bab*, sur Canal Jimmy, le 17 janvier 1999 (Karen Carpenter, du groupe Carpenters qu'elle avait formé avec son frère Richard, est morte d'anorexie en 1983). Attention : il y a les *cultes* et les *cucultes.* Et la plupart du temps, bien sûr, ce sont les seconds qui font les premiers. Voir *culte,* dans le *français tic et toc.*

ÊTRE DANS LE FICTIONNEL Affabuler, inventer des histoires. Au propre (écrire un roman) ou au figuré (mentir). *Mon pauvre ami ! Mais tu es complètement dans le fictionnel, là !* Fonctionnel ou *fictionnel,* il faut choisir.

ÊTRE DE LA PELOUSE Être lesbienne. Laquelle, lesbienne, peut elle-même être appelée (entre autres...) *pelouse.* « Quand je vois les *pelouses* qui traînent dans le quartier, ça me filerait presque envie d'être pédé ! », s'esclaffa, très probablement au second degré, le jeune homme qui feuilletait les revues de la librairie *Les Mots à la bouche,* rue Sainte-Croix-de-la-Bretonnerie, à Paris, ce jour de décembre 1998.

ÊTRE DRÔLEMENT KEP Être très habillé, élégant, chez beaucoup de jeunes de banlieue, qui utilisent aussi l'expression *avoir sorti l'étiquette* ou *avoir drôlement mis la marque.*

ÊTRE EN ACTU À CHAUD Être pressé, sur la brèche, sur les dents, sur le coup, enfin, très occupé, quoi ! Entendu, entre autres, quelque part sur la bande FM le 21 novembre 1998. « Arrête, quoi ! tu vois bien que *j'suis en actu(alité) à chaud,* là ! » On dit également *avoir une actu forte.*

ÊTRE EN BOUCLE Radoter, raconter toujours les mêmes choses, ressasser. C'est évidemment du côté du jargon de la radio qu'il faut aller rechercher l'origine de cette expression. En radio, *monter une phrase en boucle* consiste à monter un bout de bande magnétique de manière à ce qu'elle repasse indéfiniment sur le mag (magnéto).

ÊTRE EN CHIEN Se sentir abandonné, seul, se sentir un peu carpette, quoi. Ne jamais dire *être en clebs,* ça ringuerait trop grave.

ÊTRE EN STAND BY Être dans l'incertitude. En attente. De quoi ? Mais de quelque chose que l'on souhaite ardemment, bien sûr. Devenir vraiment intime avec une jolie femme, par exemple... *Je suis en stand by total avec Zoé !* (Jusqu'à maintenant, ça marchait bien avec Zoé. Et puis là, je ne sais pourquoi, ça n'avance plus).

ÊTRE EN VRAC Être un peu cul par-dessus tête, pas dans son assiette, pas net, bref : avoir la tête dans le cul*.

« Zarma* ! j'ai rien capté de c'qu'y m'a branché tellement *j'étais en vrac* ! » (*Le Shéhérazade*, rue de Liège à Paris, 10 novembre 1998). On dit aussi : *être à l'envers*.

ÊTRE FLY (on est prié de prononcer à l'anglaise : *flaï*). Planer. On dit aussi, pour cet état, *être à dix mille*.

ÊTRE LOW-TECH Contraire de : *être high tech*. C'est-à-dire n'être, au niveau technologique (ou autre, par prolongement...), pas très au point, donc : ringard.

ÊTRE NÉ Avoir pris conscience de son homosexualité, et, comme il se doit, l'assumer pleinement et si possible crânement, dans le jargon des homos. On peut donc *être né*, cela va de soi, à n'importe quel âge, ce qui est probablement, pour certains, une façon de rester jeune. Syn. *faire son coming out*, qui se dit également beaucoup, entre autres, dans le Triangle rose (quartier du Marais, à Paris). Voir aussi *outing*.

ÊTRE PAVLOVISÉ Être conditionné de manière à réagir un peu à la manière des chiens de Pavlov lors de ses expériences. Demandez aux pubeux ce qu'ils en pensent.

ÊTRE PENDU Être ratissé, raide, sans un, sans l'ombre d'un, fauché, etc. *J'suis pendu, là !* est souligné d'un geste de l'index s'enfonçant légèrement sous la gorge, comme pour figurer la marque d'une corde.

ÊTRE RACCORD Être d'accord, par simple jeu de mot. *Là, on est raccord !*

ÊTRE SCHLAG Autrefois, on disait plus volontiers *être schlass*, autrement dit : *soûl*, ou éventuellement *drogué*. Pourquoi *schlag* ? Peut-être bien aussi parce qu'on est *schlagué* (de l'allemand *schlagen* : battre). Rien ne s'oppose à ce que le *schlag* soit également affublé du nom de *ravageman*. On dit aussi *être à l'ouest**.

ÊTRE SEXE Évoquer la sexualité, la sensualité, ou du moins y faire fortement penser. On disait autrefois, plus crûment : *être cul*.

ÊTRE SOUPLE DANS SES BASKETS Être cool, détendu, ouvert au dialogue et tout. L'expression connut une certaine vogue en décembre 1998, lorsqu'elle fut employée à l'Assemblée nationale par le Premier ministre, Lionel Jospin, en contre-pied (à moins que ce ne soit pour prendre les patins, va savoir...) de celle de son prédécesseur Alain Juppé qui, moins malléable sans doute, s'était un jour déclaré « droit dans ses bottes ».

ÊTRE STRESS Être en proie au stress. Ne jamais dire *être stressé*, ça ringue* !

ÊTRE SURBOOKÉ Être très occupé, voire surmené. Ne plus toucher terre. *Je suis surbooké total pour quinze jours facile, là !* (j'ai bien peur de ne pouvoir me libérer, même pour toi, pendant les deux semaines qui viennent). On peut aussi, bien sûr, être *overbooké*.

ÊTRE SUR LA GRILLE Être sur le point d'être grillé (comprenez : « repéré »). *Je suis drôlement sur la grille depuis qu'Anne-Charlotte a trouvé le carré de Sophie-Élise* (Je crois qu'Anne-Charlotte se doute de quelque chose).

ÊTRE TOP-COOL Pratiquer ostensiblement, et en non-stop, la *coolitude** absolue.

ÊTRE TOURTEL Savoir faire la fête jusqu'au bout de la nuit. Expression inspirée, naturellement, par le spot publicitaire pour cette marque (Tourtel) de bière sans alcool qu'on peut boire jusqu'au bout de la nuit, avec ou sans flyer (voir *fly**). Mais elle ne sera pas forcément arrosée uniquement (la fête) de bière sans alcool. C'est ça le paradoxe !

EUROFLIPPÉ Personne plus ou moins flippée par l'arrivée imminente de l'Europe, de l'euro, et *tutti quanti,* d'après *Libération* du 28 décembre 1998. Pourtant, on commence à être un peu au parfum ! En effet, bien avant l'arrivée franche, massive, sonnante et trébuchante de l'euro (monnaie), les *euroquelquechoses* pleuvent. On connaissait déjà les *eurodéputés* (et certains plus que d'autres...) et voilà que débarquent des *eurogrèves* (ou grèves qui se mettent à l'heure européenne, et cela dès le 23 novembre 1998 en ce qui concerne la « grève européenne des cheminots »), les *euroretraités* (*France-soir*, le 24 novembre 1998), puis (France Inter, le 28 novembre 1998), les *eurocouples* (l'un est d'un pays européen, et l'autre d'un autre), sans parler de l'*Euroland*, ni même de l'*europhorie* (journal de France 3, le lundi 4 janvier 1999). Allez, la suite, s'il vous plaît !...

ÈVE Drogue de type ecstasy, ainsi appelée juste pour la distinguer d'*Adam* (verlan de *MDA* ou, en anglais : Methyl Di Amphetamine), chez ceux qui pensent qu'elle en est pourtant l'indispensable complément...

EVER En anglais : toujours. Mais aussi « jamais ». *If you ever see him* (si jamais vous le voyez). D'où, par exemple, en franglais branché fin de siècle : *C'est son premier spectacle ever !* (c'est le tout premier spectacle qu'il ait jamais fait, c'est son tout premier spectacle).

EXCLU Chômeur, SDF*, personne en situation d'exclusion*, sous-privilégié, personne en état de précarité, sans-papiers, sans-papières, RMIstes*, etc. Ce mot, crise aidant (si l'on peut dire...), traîne absolument partout en cette fin de siècle. Très politiquement correct, c'est-à-dire général, imprécis, flou, vague, et on en passe, il dispense d'avoir à employer des mots trop nets comme vagabond, purotin, va-nu-pied, etc. *Exclusion,* de son côté, permet de faire l'économie de mots trop précis comme pauvreté, indigence, misère, etc. Paroles de manif : « Juppé-t'es-foutu-les-*exclus*-sont-dans-la-rue ! » (entendu à Paris, pendant les grèves de 1995).

EXILÉ DE L'INTÉRIEUR Exilé pas à proprement parler exilé tout en l'étant quand même. Sorte d'oxymore qui, comme la plupart des oxymores d'ailleurs, n'est pas autre chose qu'une facilité de langage en forme de raccourci. L'expression court les rues, les bars branchés, les cafés littéraires ou aspirant à l'être, etc. Elle fut aussi utilisée, entre autres, par le *Figaro littéraire* du 12 novembre 1998.

EXPÉRIENCE Client d'une prostituée, occasionnelle ou pas, sur le Minitel, où l'on a ses exigences morales. On peut aussi parler, dans ce cas, d'« aventure » ou d'« ami d'un soir KDO ». KDO étant ici le cadeau, traduisez : le prix de la passe.

EXPLOSÉ Cassé, fichu, abîmé. On peut en rajouter une couche : ruiné, pété, marave* (et non maravé), et bien sûr : niqué. *Le naze ! il m'a complètement explosé ma chaîne* (je vais avoir du mal, à présent, à écouter le coffret de John Lennon). Exploser : 1° Détruire : *Je t'explose !* (sous-entendu : la gueule) 2° Se révéler, éclater : *Bardot a vraiment explosé en 1956 avec* Et Dieu créa la femme. 3° Dépenser : *Moi, si je* *gagne deux barres*, j'explose deux barres. Point barre*.* Syn. *claquer. Exploser* peut aussi, comme *fumer* (quelqu'un) ou *charcler,* signifier : « tuer ».

E-ZINE Fanzine (voir *deuxième partie*), 1° diffusé sur la Toile. Autrement dit : sur le web. « Ce *e-zine* consacré à la culture asiatique est la version électronique d'un fanzine sur la littérature manga et l'univers des séries animées qu'il avait créé lorsqu'il était encore étudiant » (*Le Monde*, 31 mars 1998).

F

Face de clip ! Invectivette signifiant que la personne ainsi interpellée est belle et con à la fois. Entendu à la terrasse de *La Chaise au plafond,* bistrot plein-Marais, en octobre 1998. Autres « égratignages » branchés possibles (insultes d'importation exclues) : *cake, tranche de cake, bouffon, fonbou, bourge, tache, délatté, trumeau, grumeau,* et sans doute quelques autres, *baltringue* étant devenu vraiment trop familier pour être toujours estampillé branché.

Faire arrêt sur image Prendre un temps, marquer une nette surprise. Origine immédiate : univers magnétoscopico-télévisuel, bien qu'il s'agisse en fait d'une vieille expression de cinéma. *Alors là, j'ai complètement fait arrêt sur image !*

Faire avec Traduction élégante mais minimaliste de « faire sans » (sous entendu : sans tout ce qui manque).

Faire craquer Sécher une réunion quelconque, ne pas se rendre à un rendez-vous, poser un lapin. Vient vraisemblablement de *faire craquer un cours* qui, chez les lycéens, où l'on peut également parler de *faire péter* un cours, signifie sécher le cours en question. *Tant pis ! je fais craquer le dentiste !* (j'irai chez le dentiste une autre fois, voulait sans doute dire le jeune homme qui, affolé, regarda sa montre, ce jour de décembre 1998 au *Père Tranquille,* aux Halles).

FAIRE DANS SON BAC À SABLE 1° Faire son boulot, dans son domaine, sans trop s'occuper du reste 2° S'occuper de ses oignons. *Moi, mon vieux, je fais dans mon bac à sable, et basta !* (moi, je m'occupe de ce qui me regarde, je fais mon boulot, et voilà tout).

FAIRE DE L'AIR À SES DENTS Rajeunir son parler, mais en tenant compte du dernier papier sur le langage jeune sorti dans n'importe quelle revue. Donc, souvent du vent, quoi. Et du bout des lèvres !

FAIRE DE L'HUMANITAIRE S'investir à son niveau dans des causes humanitaires. En paroles (souvent) ou en actes (quelquefois). On peut aussi faire *dans* l'humanitaire.

FAIRE DES MÉNAGES S'adonner à des activités rémunératrices en dehors de son boulot ordinaire. Autrefois, on aurait parlé de *perruquer,* surtout si l'opération avait lieu pendant les heures de travail officiellement dues à son employeur principal ou officiel. Expression hyperrépandue chez les journalistes et les animateurs radio et télé.

FAIRE DES TRIC-TRAC-TRUCS Se livrer à des trafics, tripatouillages, embrouilles et autres trucs pas très clairs, pas bien nets. *Y'en a marre de tous tes tric-trac-trucs, maintenant ! parle cash*, un peu !* Dans le cas de la drogue on parle de *faire du bizness.*

FAIRE DU LOBBYING Le *lobby* étant un groupe de pression, se livrer, avec un groupe de pression ou un personnage influent, à de discrètes et fructueuses tractations. Jeu du « un prêté pour un rendu » entre gens de pouvoir. *Lobbying :* action menée par des *lobbies*.

FAIRE ESQUIMAU Non pas essayer de faire de l'esprit (exquis mots), mais parler près du micro, chez certains animateurs radio et par allusion, bien sûr, à l'esquimau Gervais. Par extension, parler en confidence, à voix presque basse.

FAIRE FUMER LA BLUE Faire chauffer sa carte bancaire presque jusqu'à la fonte tellement on s'en sert dans tous les DABs* qui passent.

FAIRE LE (LA) CHOUCHA Se comporter en flagorneur, flatteur, hypocrite, lèche-cul. Très utilisé en banlieue parisienne dès la fin de 1997. Gagne aujourd'hui les salons ou présumés tels. On dit aussi, quelquefois, *faire le* (ou *être un*) *karcher* parce que *Kärcher* est une marque d'appareils de nettoyage qu'on dit redoutablement efficaces, donc qui aspirent, qui nettoient, qui lèchent bien tout à fond. Parallèle historique : *faire le choucha* est à la fin du XXe ce que *faire la chattemite* était voici deux siècles, comme en témoignent ces vers anonymes cités par ce bon Philibert-Joseph Le Roux dans son *Dictionnaire comique, satyrique, critique, burlesque, libre et proverbial* (édition de 1750) : *Vive la sœur Marguerite/Pour bien faire la chatemite.*

FAIRE POMME Z Rattraper une bêtise, rectifier le tir. Vient de chez Macintosh où une manipulation de ce type permet de corriger une erreur. *Je crois qu'avec Charlotte j'ai intérêt à faire pomme Z, et vite fait.*

FAIRE SENS Expression hyperépidémique en 1998-1999 exprimant l'approbation d'une idée, d'une proposition, d'un projet, en faisant doctement savoir, par cette formule dont la prétention n'a d'égale que la préciosité, qu'on juge la chose très loin d'être intrinsèquement con. Expression encore entendue à la mi-janvier 1999 au bar littéraire *La Belle Hortense,* rue Vieille-du-Temple à Paris. *Moui... mmmouais ! finalement, ça fait sens !* (au fond, tu n'as pas tort).

FAIRE STYLE Se la raconter*, frimer, chez les jeunes qui disent volontiers, aussi, *faire genre.*

FAIRE UN DÉGAGEMENT Sortir, faire une sortie, éventuellement en boîte. « On a *fait un beau dégagement* au Queen ! » (*Le Cox,* 16 janvier 1999). L'expression, si elle a légèrement glissé, est moins nouvelle qu'on le croit puisque en effet, le dégagement était déjà « un beau défilé » au tout début du XXe siècle. Et n'oublions jamais le fameux : *Allez, dégage !* (pars ! sors !).

FAIRE UN GLAIRAGE Médire, critiquer vertement et ouvertement, voire : cracher sur quelque chose. Rien à voir ici, donc, avec le verbe *glairer* qui, rappelons-le, consiste à frotter de blanc d'œuf la couverture d'un livre pour lui donner lustre et douceur. « Nous avons laissé libre cours à notre *glairage* face au film, car on *glaire* et on défèque beaucoup dans le film de Poiré » (Élisabeth Quin, critique de cinéma à *Paris Première,* à propos du film *Les Visiteurs II*, dans *Libération* du 13 mars 1998).

FAIRE UN JIGGY-JIG Faire une bonne partie de jambes-en-l'air, à deux ou à plusieurs, et en ressortir tout léger, léger... Remarque : *Jiggy-jig* appartient à l'argot anglais déjà ancien, où *jigger* (aucun rapport avec Mick, quoique…) signifie « queue, pénis », depuis deux bons siècles. L'expression *Faire un bon jiggy-jig* fut en tout cas recueillie au *Club 41*, rue Quincampoix, à Paris, en 1998.

FAIRE UN PIED À la base, en jargon radio : faire un commentaire de fin, une « chute » si on veut, après la diffusion d'un reportage (contraire du « chapo » qui en est l'introduction). Il arrive que certains, lors d'un montage, l'emploient pour désigner le commentaire de fin de première séquence se prolongeant par le « chapo » de la seconde. Dans ces cas-là, on peut évidemment le confondre avec une transition. En tout cas : « Lâche-nous le coude, ça nous *fera un pied* ! » fut capté aux *Ondes,* café proche de la Maison de la Radio, à Paris, en 1998.

FAIRE UN PLAN ROOTS 1° Se préoccuper énormément de ses racines, de ses origines, généalogiquement parlant. 2° Se montrer très écolo/retour à la nature, etc. (Rappelons que *roots,* en anglais, signifie « racines ».)

FAIRE UN SWING AU DEUXIÈME TROU Sodomiser une femme, par influence du langage golfeux. Les plus traditionalistes, et donc moins branchés, s'en tiennent (entre autres, car il y a pléthore…) à l'expression *baguer le pigeon,* ou, pour les plus modestes, à *baguer le moineau,* voire *le serin.* Autres synonymes actuels possibles : *péter (ou casser) l'élastique, casser la pastille, prendre la pastille, défriper le petit, enlécu* ou… *faire une sodome.*

FAMILLE RECOMPOSÉE Ancienne famille décomposée, puis rafistolée avec qui et comme on a pu.

FAQUE en fait : FAQ ou : *Frequently Asked Question*, que le français standard appellerait tout bonnement : question fréquente. Origine : Internet, évidemment. Commence apparemment à s'utiliser aujourd'hui hors de son milieu d'origine. *Alors ça ! c'est vraiment la super-faque !* (voilà bien une question bateau !). Précaution d'emploi : bien prononcer le mot, afin d'éviter toute confusion éventuellement dommageable avec l'anglais *fuck*.

FASHION-CAILLE Look (fringues et langage) des cailles*, lascars et autres sauvageons*. Désigne aussi ceux qui se donnent parfois beaucoup de mal pour acquérir ce look. *Gaffe ! Y'a que d'la fashion-caille, là-dedans !* (si tu n'es pas habitué à ce style, ça va craindre !).

FAST-FOUTRE Éjaculateur pressé, ou précoce, ou encore « sur le bord ». Mais *se faire un fast-foutre* est aussi se taper une petite branlette vite fait et en urgence. L'allusion au *fast-food*, où, comme chacun le sait pour l'avoir expérimenté, les sauces tièdes dégoulinent avant même la première bouchée, et où l'on ne s'attarde guère, est la bienvenue. Équivalent, en beaucoup plus laborieux : *s'usiner*.

FÈCHE ! (Ça) « fait chier ! ». On dit également, surtout dans le midi : *Ça me met les abeilles !* Inutile de préciser que le verlan de *chier !* (ça fait), *yèche !*, est également très conseillé.

FENNEC Type rusé, méchant, faux-cul, retors, pas-franc-pas-net. Et puis souvent, en prime, un peu rat (avare) sur les bords.

FEUJ *Juif*, en verlan. On peut aussi dire *feujon*, comme on dit *beuron* pour « beur ». Voir *chalala**.

FÈVE Fashion Victim, ou FV (ou fe-ve, ou fève) autrement dit : victime de la mode.

FITNESS Gym, la forme et pas les formes, et santé. Les clubs et instituts abondent. *Quelques grammes de fitness dans un monde de putes ?*

FLASH-BACK Effet à retardement du LSD, qu'on appelait plus volontiers, du côté de 1980, *retour d'acide.*

FLEXIBILITÉ Revient, au bout du compte, pour un salarié, à envisager la possibilité d'avoir éventuellement à travailler plus pour gagner moins. Beaucoup de politiques préfèrent le mot souplesse, plus valorisant.

FLIP-FLOP Hip-hop de très mauvaise qualité avec des pratiquants infoutus de tenir une figure. *Les tordus du flip-flop* fut un bien peu charitable surnom donné à un petit groupe de jeunes gens qui s'entraînait en vain du côté de la bibliothèque des Halles, à Paris, vers l'été 1998. Par extension, et vers la fin de l'année 1998, toute chose qui se révèle être de la daube. *C'était flip-flop total, comme soirée.*

FLOPPE Bagarre. Moins utilisé que *baston* ou *marave,* ce mot, qui traîne dans les boîtes, n'est pas si récent que le croient certains, puisqu'on trouve déjà *floppée* pour « volée de coups » dans le *Dictionnaire de l'argot parisien*, de Lorédan Larchey (1872).

FLUX TENDU Terme de business indiquant qu'on achète ce qu'on sait devoir ou pouvoir vendre, et qu'on ne fait pas de stock. L'étonnant est que ce mot est un de ceux du monde des affaires qui ont aujourd'hui rejoint le monde des gros dealers de drogue qui, donc, pratiquent la *vente au flux tendu.*

FLY (prononcer à l'anglaise : *flaï*). Carton d'invitation branché, par apocope de *flyer* (invitation à une soirée ou à une rave). Le mot proviendrait des premières soirées de rave où l'on avait pris l'habitude de lancer en l'air des cartons d'invitations multicolores pour les sauteries à venir. Remarque : En présence de britishes, soyez quand même vigilants, dans la mesure où *fly* signifie aussi braguette et où *tu as un bon fly pour demain ?* est une question qui pourrait dégénérer.

FOG Brouillard, en anglais. En franglais : déprime. Le mot serait importé de l'argot des taulards, chez qui certains ont tellement le *fog* que parfois ils on envie de « faire l'araignée » (se pendre).

FOMBLARD Ringard, rigolo, minable, nul, zigoto, etc. Dans certains cas : allumé*. Obtenu par verlan resuffixé à l'ancienne de *bouffon,* mot qui, par parenthèse, marche toujours très fort chez les jeunes, de banlieue ou non. « C'est vraiment les plus *fomblards* du bahut, cette classe ! » Entendu au *Bistrot Voltaire,* près du lycée Voltaire à Paris, en mars 1996. On peut aussi verlaniser en *blarf.*

FONCEDÉ *Défoncé* (drogue) ou ivre, en verlan. Voir *à l'ouest**. On dit aussi *foncedar* et *foncedaré. Ils étaient tous foncedés comme des bêtes, là-dedans !*

FONCTIONNEMENT SÉMANTIQUE Façon de parler, de tourner ses phrases, et, plus généralement : façon de s'exprimer.

FORMATÉ En langage informatique, avoir donné un format à un système de données. Ce langage ayant tendance à faire tache d'huile, ces temps-ci, *formaté* signifie souvent, dans le langage courant « fait pour », « programmé », voire « catalogué ». « Je suis pas *formaté* pour vivre à quatre dans un appart', moi ! » (bout de converse chopé au *Cactus,* rue des Archives, à Paris, en novembre 1998).

FOUFOUNE Sexe de la femme. *Founette* est déjà utilisé dès 1983 par Alphonse Boudard dans *Le Café du pauvre.* Pourrait bien, à la réflexion, provenir de *fouindé,* lui même extrait de *figue* (cul, dès 1880). *Elles étaient toutes en ras-la-foufoune !* On peut aller jusqu'à *foufounette.* On dit aussi *fri-fri,* qui n'est pas sans rappeler le vieux (XVIIIe siècle) mais peu galant *fripe-lippe, fisse* (de fissure), *schneck,* mot typique faux jeune, puisque dérivant de *schnock,* qui date du début du XXe siècle, et quelques autres.

FOUILLADE Fouille au corps. Chez les jeunes du 93 (autrement dit la Seine-Saint-Denis puisqu'on a de plus en plus tendance, du moins en région parisienne, à désigner un département par son numéro) et peut-être bien ailleurs.

FRACTURE SOCIALE C'est, et cela depuis 1995, la misère, « la pauvreté et l'exclusion », mais sans (politiquement correct exige) avoir à prononcer ces derniers mots qui, dirait-on, effraient nos dirigeants politiques.

FUEGO En espagnol : feu. Bien qu'il faille toujours se méfier des braises, le *fuego* n'a rien de bien flamboyant. Il est même, en réalité, bien proche de la cendre puisque c'est, chez les jeunes, le ringard tendance vieux beau.

FUMER LA MOQUETTE Comme fumer la garrigue, revient à fumer énormément, et pas uniquement de l'herbe à Nicot. *Lui ? Ça fait vingt ans qu'y fume la moquette !* S'emploie aussi pour désigner l'excès de fumette agrémenté d'un côté « prêt à tout ». *Lui ? Il fumerait la moquette !*

FUMIGÈNE Devinette : qu'est-ce qui se fume et qu'on ne trouve pas (encore ?) en vente au bureau de tabac du coin ? Ben... ce qu'on appelle globalement le *fumigène,* justement. *T'as du fumigène, là, non ?...*

FUSION FOOD (prononcer *feujeunefoude*) Cuisine basée sur les mélanges les plus hétéroclites et les plus inattendus.

G

GÂCHETTE Clitoris, par métaphore martiale interposée. Parce qu'il se trouve que, bien souvent, « c'est ça qui déclenche », comme on dit. Voir la chanson à double sens de John Lennon (1968) *Happiness Is A Warm Gun : « When I hold you in my arms and I feel my finger on your trigger »* (quand je te tiens dans mes bras et que je sens mon doigt sur ta gâchette/détente). Synonyme à l'ancienne (XVIIe siècle) : *lampe amoureuse.* Synonymes actuels : *clit, cli-cli.*

GADJO Homme, garçon en général. Au départ le *gadjo* désigne, chez les gitans, le non-gitan. Au féminin : *gadjie.*

GAGE-DÉDALE ! *Dégage de là !,* en verlan. Difficile de déterminer si l'expression (qui fut captée pour la première fois au *Sélect,* un bar de la rue Saint-Denis, à Paris, en 1995) est plus branchée qu'argotique, ou l'inverse. On dit aussi, simplement : *gagedé !* Et encore : *gratte-toi !, cassos !, bartek**, etc.

GAI Adjectif à manier, par les temps qui courent, avec la plus grande prudence. Depuis 1993 (le 7 janvier de cette année-là, en effet, *Libération* évoque *la presse gaie* en lieu et place de *la presse gay*), le *gay homo* peut s'écrire comme le *gai luron,* ce qui peut renfermer à l'arrivée une relative ambiguïté, même si l'on ne voit pas pourquoi, au fond, ils ne seraient pas aussi bien lunés l'un que l'autre. Sera-t-il bientôt indispensable de préciser si on l'est (gai) comme un pinson ou comme une fauvette ? *Gai* dans le sens de *homo* est aussi, bien sûr, un nom.

GAME BOY Une Game Boy (certains disent *un* Game Boy) est, c'est une affaire entendue, une console de jeu portable. Mais c'est aussi le nom que donnent, depuis quelque temps, les caissières des magasins ou les serveurs de restaurants à l'appareil enregistreur de carte bleue sur lequel le client est prié de pianoter son code après y avoir introduit sa carte de paiement.

GANG-BANG Éclaterie partouzarde tous azimuts, DPV (double pénétration vaginale), et DPA (double pénétration anale) à répétitions évidemment incluses. « Perverse 29 ans mariée mais libre tous les après-midi a envie de s'éclater avec lecteur très viril ou groupe de copains pratiquant *gang-bang* », disait la petite annonce de *La Vie parisienne*, en juin 1996. Voir *multiprise**.

GAS-OIL Kebab ou merguez-frites consommé vite fait, dans la rue. Et cela à cause, évidemment, du côté éminemment dégoulinant et gras de la chose. Autrement dit : « Casse-dalle ou *gas-oil* (prononcer *ouale*), il faut choisir ! », comme disait le jeune homme en sortant du restaurant *Les meilleurs chiens chauds en ville,* situé rue Saint-Denis, à Paris, ce jour d'octobre 1998.

GAZEUSE Bombe lacrymogène. « J'ai toujours la *gazeuse* derrière le comptoir, au cas où... », disait le videur.

GAZIER Gars, garçon, particulièrement du côté de Marseille, chez les rappeurs dans un premier temps, et un peu partout ensuite. Pourrait trouver ses racines dans le verbe *gazer,* dans le sens de « la ramener », hausser le ton.

GAZON 1° Herbe dans le sens de *marijuana.* 2° Toison pubienne, voire cheveux. En 1994, sortit *Gazon maudit,* de Josiane Balasko, autour du thème de l'homosexualité, au moins féminine. Voir *être de la pelouse*.*

GÈNE-GÈNE ! (ou : gène-gène, là !). C'est embêtant ! C'est bien ennuyeux, ça ! *Ouh, là, là ! gène-gène !* (attention, prudence !). Quelquefois, c'était au fond inévitable : *Gégène !*

GLÈRES *Règles,* en verlan. On dit aussi *glérouches,* et, il fallait s'y attendre, *glérouges, glouches,* et dans les cas d'abondance : *avoir l'hémorragie à la cheville. Elle avait ses glères, et grave !* (elle était vraiment très indisposée). Tradition oblige, les fameux *ragnagnas* coulent toujours des jours heureux.

GLOBALEMENT (ceci ou cela) Globalement positif. C'est ainsi que Georges Marchais jugeait le bilan de l'URSS. La formule, chahutée, brocardée, mais reprise, est entrée aujourd'hui dans le langage courant pour dire, avec un tout petit clin d'œil : « Pas si mal que ça ! » Et les *globalement* ceci ou *globalement* cela se sont mis à plaire et à pleuvoir.

GLOBAPHOBE Qui se méfie de la globalisation latente (utilisé par *Libération,* le 26 septembre 1998). À l'opposé, bien sûr : le *globaphile.*

GO Fille, femme. Fréquent chez les jeunes des banlieues. Provient soit de l'apocope de *gonzesse,* soit du monde rock et d'une certaine façon de prononcer *girl* à la Elvis Presley, ou bien de la région de Dakar (Sénégal), ou bien encore un peu des trois à la fois. En tout cas : *Téma* la go !* c'est « mate un peu la gonzesse ! » autrement dit : « regarde cette fille ! ». On dit aussi : *belette, faoua, gadgie, gorette, minnche* (mot d'origine tsigane qu'on entend surtout en banlieue et qui signifie aussi « vulve »), *quatre-heures, soua* (en arabe maghrébin), etc.

GOLD En musique, ou plutôt dans l'industrie du disque : grand classique, ou morceau de choix, indiscutable et indiscuté, se situant au-delà des modes. La référence au « disque d'or » est limpide. On parlait, il n'y a pas si longtemps encore, d'un *collector* ou *collector's* (voir *Dictionnaire du français branché*). *C'est top-gold, comme sillon !* (ce vieux 33 tours vinyle c'est vraiment du top !).

GOMME-GOMME Fusil antiémeute tirant des balles en caoutchouc. Ne pas confondre avec le *goumi,* qui est une matraque. « Ils nous braquaient avec un *gomme-gomme* » (*Libération*, 16 mars 1998).

GORE Sanglant, terrifiant, horrifiant, et un peu dégueu sur les bords. Au figuré, cet anglicisme signifie : pénible, ennuyeux. *C'est un plan gore, ton truc !*

GOTH-ROCK On parlait déjà, au début des années quatre-vingt, de *gothic rock,* pour désigner cette tendance musicale de type violent-lourd-guignol. Eh bien « le *goth-rock* a de nouveau de belles nuits devant lui », annonce triomphalement le magazine *20 Ans* de janvier 1999. Voir *corbeaux,* dans la partie *Tic et toc.*

GRAFFEUR (ou grapheur) Artiste spécialisé en gribouillage rupestre urbain, autrement dit en *tag* ou *graph* (*tag* plus travaillé). Il y a des *graffeurs* gaffeurs.

GRAISSEUX 1° Amateur, fan, ou même pratiquant de hard-rock, look jeans-tube, coupe de cheveux Louis XIV, tatouages, tricot de corps fluo, etc. On désigne aussi le *graisseux* sous le terme de *hardos,* qui n'a strictement rien à voir (en principe, du moins) avec le *hardeur* (comédien de film porno). 2° Motard marchant au cambouis.

GRANDE DAME Chez les homos, le pédé snob et qui la joue grande classe. S'oppose tout naturellement à la *p'tite conne.*

GRAVE DE CHEZ GRAVE Encore plus grave que grave, dans le sens de « gravement atteint » (complètement abruti, pénible), chez les jeunes qui emploient aussi, très fréquemment *gravetrop* (verlan de *trop grave*). Précautions d'utilisation : *grave* peut aussi s'employer en positif. *On a déliré grave !* (qu'est-ce qu'on s'est fendu la gueule !). On peut évidemment décliner en *lourd de chez Lourd, blaireau de chez Blaireau**, etc.

GRENAILLE En fait : pistolet à grenaille, aujourd'hui introuvable en vente libre. *Coup de bol que j'aie acheté une grenaille avant l'interdiction !*

GRIFFER 1° Agrafer, alpaguer : *Kamel s'est fait griffer par les kisdés* !* 2° Voler. *Je ne sais pas pourquoi, mais il avait l'air très fier d'avoir griffé un paquet de boîtes d'allumettes !* On dit aussi, bien sûr, *chouraver,* mais aussi *barber.* 3° Supporter : « La prof d'anglais, elle peut pas m'*griffer* ! » (entendu dans le métro le 19 février 1996).

GROOVY Dans le coup, dans la mouvance, branché, quoi ! Employé à la branchados depuis 1990 et toujours vaillant, d'après l'enquête du *Nouvel Observateur* du 15 octobre 1998.

GUÈCHE Portugais, par aphérèse de *portuguèche,* prononciation schématisée de « portugais » en… portugais. Circule surtout chez les jeunes, où *papatos* (très banlieue…), et surtout *portos* semblent s'essouffler quelque peu.

GUN Pistolet, revolver, chez les Anglais. Très prisé des branchés français lorsque, pour une raison ou une autre (généralement pour parler cinéma…), ils évoquent l'objet. Le gitano-banlieusard *pouchka* marche bien également, ainsi que *outil.*

H

HABILLER En fait, et en entier, *habiller pour l'hiver,* qui signifie : dire du mal de quelqu'un ou, plus simplement, la vérité toute-crue-toute-nue. *Comment je te l'ai habillé, le mec ! Il va pas s'enrhumer, crois-moi !* (je ne l'ai pas raté !).

HACKER Pirate informatique. En anglais, *hacker* peut ne vouloir dire que : mordu, dingue, passionné d'ordinateurs. *Courrier international* titre en page 50, le 26 novembre 1998 : « Internet. Quand les *hackers* se transforment en agitateurs politiques. » Voir *hacktivisme**.

HACKTIVISME De l'américain *hacktivism,* formé sur *activism* (militantisme). C'est l'art et la manière qu'a le *hacker* (voir ci-dessus), pour qui la révolution « sera numérique ou ne sera pas », d'utiliser ses compétences pour pénétrer par effraction certains réseaux informatiques afin d'y semer politiquement la panique.

HAIRDO (prononcer *hairdou*) Coiffure, coupe, en anglais *(hair-do).* Semble également pouvoir s'utiliser impunément de ce côté-ci du Channel, si on se fie à *Nova* de décembre 1998 où, page 73, il est question de « films de Kenneth Anger à la Scorpio rising, les moues et *hairdos* des mods, l'unisex à la Bowie-Bolan, etc. ».

HAMSTER Gars, citoyen Lambda, quidam moyen et peut-être même un peu moins que moyen. L'image de la petite bestiole prisonnière qui fait tourner frénétiquement sa cage en grattant mécaniquement est assez parlante…

HARD-CRAD Film porno particulièrement crapoteux dans un genre qui, il faut le souligner, n'est ni des plus aériens ni des plus aérés. Le terme est employé par les *hardeurs* (acteurs spécialisés dans le *hard*) eux-mêmes. Alors, pourquoi ne pas leur faire confiance ?… *Dans les charmes t'as que des coucouilles et des hard-crad* (globalement, la qualité des films pornos laisse à désirer).

HEROIN CHIC (prononcer, bien sûr, *héroïne*) En anglais, donc en franglais : élégance d'héroïnomane. Maigreur squelettique, cernes bleuâtres, regard glauque, etc. Tombée en légère disgrâce vers 1997, on dirait bien que l'expression s'est fait une bonne injection d'EPO dès le début de 1999.

HÉTÉROTE Femme hétérosexuelle (puisqu'il devient indispensable de préciser, le politiquement correct gardien en toutes circonstances des minorités étant là pour rappeler qu'il en existe aussi qui sont homosexuelles, et que… washi-washa*, patati-patata…). Dernier avatar en date, donc, de la gigantesque partie de polochon cache-cache-coucougnettes-foufoune-sous-la-couette qu'est devenue, en fin de XXe siècle, la guerre des sexes. « C'est toi qui as un problème, l'*hétérote* ! » (Lucie de Boutiny, *N'importawaque*, Fleuve noir, 1998).

HOMEGROW Culture individuelle personnelle, et peut-être bien portative du cannabis, en anglais franglicisé. *Il te propose un homegrow comme un coup de Juliénas !*

HOMO-MOBILIS Utilisateur inconditionnel, voire forcené, obsessionnel, du téléphone portable, ou mobile*. « L'avènement de l'*homo-mobilis* », titre en page 24 *Le Journal du Dimanche* du 20 décembre 1998.

HÔTESSE DE CAISSE Caissière, en langage administrativo-politiquement correct contemporain. À quand les *hôtesses de cuisse ?*

HYPERTEXTE En multimédia courant : texte à mots-clés actifs, sur lesquels on clique afin d'accéder à d'autres documents. Dans le langage courant, ce mot tend parfois à signifier : « explication, éclaircissement, ou approfondissement ». *T'as compris ce que je t'ai dit ou il te faut de l'hypertexte, en plus ?*

HYPRA Encore mieux que *hyper* et bien plus que *super*. Superlatif à ranger aux côtés des méga, giga, supra, etc. *Hypra-cool, ton plan !*

I

IL (ELLE) EN FOUT PAS UNE DATTE ! Remotivation plus ensoleillée de « il (elle) en fout pas une rame, pas une ramée ; il (elle) en branle pas une ! ».

IL (ELLE) PASSE BIEN AU TUBE Il (elle) a un visage qui « passe » bien à l'écran télé, ou tube cathodique. Autrement dit, bien *passer au tube* revient, ni plus ni moins, à être télégénique. Expression immigrée du jargon télé, bien sûr.

IMMOBILISME ACTIF DOPC (Dernier Oxymore Politique Connu) signifiant qu'on parle beaucoup mais qu'on ne fait rien. Jean-Louis Debré s'en est gargarisé, sur l'antenne de France Inter, le 19 octobre 1998. Il parlait du ministre de l'Éducation, Claude Allègre.

INFICHU Incapable. L'amusant est que le mot apparaît en 1988, alors qu'*infoutu* lui est antérieur de deux ans. Il garde en tout cas, dix ans après, une évidente petite touche branchouillarde par rapport à tous ses synonymes possibles. « Je suis *infichue* de faire un reportage ! », lance Christine Bravo, le 4 novembre 1998, dans l'émission de France Inter *Dans tous les sens.*

INFOSPHÈRE Le milieu, la *sphère* (comme on dit maintenant) de l'information et des médias en général.

INFORMEL C'est fou ce qu'il y a de tête-à-têtes, déjeuners, réunions, discussions *informels,* ces temps-ci. Ainsi, pour ne prendre que cet exemple, la réunion des Quinze, à Pörtschach, en Autriche, le 24 octobre 1998, fut-elle, qu'on s'en souvienne, certes pas *informe* mais... *informelle.*

INFUSETTE Casse-pieds, personnage pénible et ennuyeux. Regardez autour de vous, il doit y avoir ce qu'il faut en magasin.

INSOMNUIT Nuit sans dormir, mais pas forcément nuit d'insomnie, puisque personne n'a dit, en l'occurrence, qu'on était resté allongé tout seul dans son lit à compter les moutons. « Deux *insomnuits* de suite, faut quand même t'accrocher ! », expliquait le fêtard, apparemment pas mécontent de lui, ce 9 janvier 1999 au *Café Frangins* (Paris XIe), près du « fauteuil du dentiste » du bout du bar.

INTERFACE Au départ : élément de jonction, surface de séparation entre deux éléments. Par prolongement : lien, liaison, connexion, intermédiaire. « Il a confié au RPR Henri Cuq un rôle d'*interface* avec les parlementaires » (*Libération,* le 7 septembre 1998).

INTERNOUILLE C'est comme cela que les Québécois surnomment ce type (assez répandu...) d'utilisateur d'Internet qui, de toute évidence, est beaucoup plus frimeur que compétent.

INTUITER Avoir une intuition – ou même des intuitions – à répétition. Verbe gag dont le moins qu'on puisse dire est qu'il est loin de déplaire aux jeunes, mais qu'on entend aussi quelquefois dans le vocabulaire des commentateurs sportifs.

IRRÉGULOMADAIRE Revue ou fanzine paraissant de manière très irrégulière ou fantaisiste, voire, dans les cas limites, exceptionnellement.

J

J MOINS... Façon très fin de siècle d'évoquer un compte à rebours. En 1999, donc, il n'est plus question de se situer à tant de jours d'un événement quelconque, mais à *J moins (x...)* d'un événement donné. Et cela depuis un moment déjà. « *J moins* treize avant la Coupe du monde » (RTL 2, 28 mai 1998).

JETÉ Un peu bizarre sur les bords, même et surtout quand, de toute évidence, les bords sont larges. *Complètement jeté, ce mec-là !* Syn. *chtarbé.*

JETTE TES PLANS ! Arrête les frais ! laisse tomber, on t'a vu venir ! Cette expression, très prisée des jeunes, apparaît en 1993. Six ans après, apparemment, elle court encore.

JEUNES Souvent utilisé pour « jeunes issus de l'immigration ». Mais le politiquement correct exige, quand c'est le cas, qu'on fasse l'impasse, et que les *jeunes* dans leur ensemble trinquent. Exemples superflus. Ouvrez le journal.

JIMBO Dose de crack pour grande personne (autrement dit : éléphantesque, géante). Le mot est bien évidemment d'origine junko-américaine.

J'IMPRIME PAS ! Je ne comprends pas, je ne te suis plus, par allusion à la tâche d'une vulgaire imprimante. L'expression « Là, *j'imprime plus* ! » fut lancée au début des années quatre-vingt-dix par Muriel Robin. Syn. *j'ai pas percuté.*

JOCKO C'est comme cela que, du moins à l'heure où nous mettons sous presse, il est de bon ton d'appeler le joint. Voir aussi *buzz**.

JOINTÉ Qui a manifestement carburé au joint. « Tu parles ! Il était déjà *jointé* en 66, à l'époque du *Cristal* ! » (il marchait au shit bien avant que ce soit de saison, du temps où on fréquentait le *Cristal,* en 1966. Souvenir recueilli chez *Mélac,* rue Émile-Lepeu, à Paris, en octobre 1998).

JOUER DANS LA COUR DES GRANDS Être (enfin...) pris au sérieux, passer dans la catégorie au-dessus. Cette expression est, au départ, un des clichés journalistiques les plus connus parce que les plus rabâchés.

JOUR BLANC Jour sans rien, ni en positif, ni en négatif, sans courrier ni coups de fil. « Je commence à en avoir marre d'enfiler les *jours blancs.* J'existe plus, moi, à force ! » Désarroi d'un esseulé du *Café Beaubourg,* exprimé moitié à l'intention du barman (qui n'en avait d'ailleurs rien à foutre) moitié à son verre, qui d'ailleurs n'était qu'à moitié plein, à la mi-avril 1998.

JUDICIARISER Tirer vers la sphère judiciaire, si l'on se fie aux propos d'Élisabeth Guigou, ministre de la Justice, tels qu'ils ont été captés le 29 novembre 1998 sur LCI.

K

KEN Verlan de *niquer**, dans tous les sens qu'on voudra, de *faire l'amour* à *briser, casser, endommager. Le con ! y m'a ken ma chaîne !*

KEUP Apocope de *keupon,* lui-même verlan de *punk.* Et cela, depuis le milieu des années quatre-vingt. Les espèces à crêtes longues sont souvent appelées *Iroquois*, qu'il ne faudrait point confondre, en l'occurrence, avec les Mohicans (voir *se faire le Mohican**).

KEUTCHI Rien, que dalle. De l'expression *que tchi* qui signifie « que dalle », autrement dit : « rien du tout ». « Rien, t'auras ! Pas un *keutchi* ! » (entendu à *L'Escale,* 34 bis rue Blondel, à Paris, en 1996). Au départ, un *entrave-que-tchi* est un imbécile, dans le langage des forains des années cinquante. Étymologie : du romani – langue tsigane – *tchî* (rien) » (puisé dans le *Dictionnaire des argots*, de Gaston Esnault, Larousse, 1965).

KIFFANT Chouette, agréable, super-ceci, hyper-cela. Dérive naturellement de *kif,* produit lui-même naturel. En version dramatisée, on dira : *moulto-kiffant. Vraiment kiffant, ton sillon !* (ton vieux disque est vraiment très chouette !). Syn. *groovy**, qui, en plus, insiste sur le côté branché de la chose, présumée ou réputée sympathique. Autres synonymes : c'*est dèf, de la balle, de la balistique, double flash**, *mortel, pur, puissant,* etc.

KIFFEUR Consommateur régulier non point de kif, comme on pourrait logiquement s'y attendre, mais de caillou*. Qu'y faire ?...

KILLERIE Ce mot (bâti sur l'anglais *kill*, tuer) recouvre tout ce qui peut *a priori* être ressenti comme formidable, incroyable ou terrible. Plutôt positif, en général, mais pas forcément, le contexte se chargeant de la différence. *Ouah ! la killerie que c'était, cette soirée !* (cette soirée ne fut pas banale, crois-moi !). On peut, dans la phrase précédente, faire à la fois dans l'emphase et la redondance en employant *la killerie de la mort que c'était*.... À rapprocher, en tout cas, de l'expression : *ça tue !* ou encore *ça tue trop !*

KISDÉ Flic. Pourrait être le verlan limé de « déguisé » (c'est-à-dire, pour les principaux intéressés : en civil). S'entend beaucoup chez les jeunes, mais aussi en banlieue, où l'on continue d'évoquer le bien connu *keuf* (verlan de *flic*). Il est bien vu de dire aussi les *decs,* par verlan de *condé* ou les *chtars* (voir le rap de Doc Gynéco et Bernard Tapie dans le disque de Doc Gynéco *Liaisons dangereuses*).

KISSMAN Type bien, épatant, super, sympa et tout, et ne manquant pas, de surcroît, d'élégance.

KOP Bande. Clique. En langage de football, ce mot désigne un ensemble de supporters plutôt du genre enthousiate, massés derrière les buts. Par contagion post-Coupe du monde 98, le *kop* devient, et de plus en plus fréquemment, synonyme de : bande de copains liés à la vie/à la mort/à la bière ou autre chose. *Tu viens tout seul ou tu te pointes avec ton kop ?*

KOSHOKU (prononcer *cochocou*) Repas solitaire, chez les Japonais, comme le révèle *Courrier international* du 26 novembre 1998. Le mot semble plaire, en tout cas, si l'on se réfère à ce que l'on a pu entendre au *Lizard Lounge,* rue du Bourg-Tibourg, à Paris, le 7 décembre 1998, où l'on parlait même de *cochocouter à côté, avec ou sans sushis.*

L

LÂCHE L'AREUF ! *Lâche l'affaire*, en verlan codé. Autrement dit : lâche-moi le coude, le froc, la grappe, les baskets, les claouis, les dés, bref : fiche-moi la paix, laisse-moi tranquille. Très répandu chez les jeunes depuis 1995. *Alors, je lui ai dit : « lâche l'areuf, crâne d'œuf ! »*

LÂCHER UN GLISSANDO (ou jouer un glissando) Péter, émettre un vent, un doux zéphir ou encore, plus rude, larguer ou lâcher une caisse. *Il y a de plus en plus de mecs que ça ne gène pas de lâcher un glissando en pleine rue, tranquillos !*

LAISSEZ-PASSER Billet de cinq cents francs. Souvent plus efficace pour s'ouvrir une porte, il est vrai, que la plus fine des clés. Et puis, délier la bourse, il est vrai aussi, est souvent radical pour délier les langues.

LANCER Demander un rendez-vous, prendre un contact, en vue d'un reportage, d'une interview, en jargon journalistique. S'atteler à un sujet en vue d'un article. *Qu'ess' t'attends pour* *lancer la fesse ?* (il faudrait qu'on obtienne sans tarder une interview de la petite actrice).

LA SARDINE BAT DE L'AILE ! Ça ne va pas très fort, les affaires sont à marée basse. Expression pêchée en septembre 1998 au bistrot *La chaise au plafond,* rue du Trésor, à Paris. Elle est évidemment à rapprocher de *dans le sens des ailerons d'une huître,* ramassée, elle, pas si longtemps auparavant, et pas si loin de là.

LASCAR Petit gars des banlieues pas obligatoirement recommandable. Le mot, d'origine soit arabe (*ascar* : soldat), soit hindoustani (*lachkari* : mercenaire) est attesté peu avant la moitié du XIXe siècle dans le sens de « costaud » ou de « malin ». Il est souvent utilisé par antiphrase (donc : pauvre type, minable), et ne voit aucun inconvénient à être verlanisé en *carlasse* ou *scarla.* « Doc Gynéco, prince des *lascars* », s'enhardit *Libération* du 25 mars 1998.

LATINO Personne d'origine ibérique ou sud-américaine. Rythmes idem. Il n'est pas rare qu'on décore d'un *s* final et prononcé, même au singulier.

LA TOILE C'est ainsi que, de plus en plus, on désigne le web, ou *toile d'araignée mondiale,* facette la plus connue d'Internet, partie multimédia du réseau mondial. Rien à voir, donc, avec *se payer une toile* qui consiste à aller au cinéma, ni avec « faire une toile » qui, en football notamment, revient à faire une grossière erreur.

LA TOTALE Abréviation de « la totalité ». Faire *la totale* : mettre le paquet, et cela depuis environ 1985. Rien à voir ici, on l'aura compris, avec ce que ce mot recouvrait autrefois :

l'ablation de l'utérus et des ovaires. *La Totale* est le titre d'un film de Claude Zidi, sorti en 1991.

LA TUEUSE ! 1° Raccourci, chez les jeunes, de « la vanne qui tue ! » (la remarque désobligeante qui peut faire très mal). Se place en commentaire, ou bien au premier degré, ou bien à l'ironie (quand quelqu'un vient de sortir une vanne particulièrement idiote). 2° Fille au charme ravageur. Peut également, dans ce second cas, s'utiliser par antiphrase et à l'ironie.

LA VÉRITÉ ! Expression d'origine « pied-noir » à peu près équivalente à « ma parole ! », « j'te jure ! », etc. Fut relancée et rebranchée grâce au film *La vérité si je mens !* (Thomas Gilou, 1997).

L'AVOIR DANS LE BOUT L'avoir dans l'os, dans le cul, et donc : s'être fait posséder, et copieusement. Origine : le jargon des coursiers, ces derniers titis. « De la came qu'a pas vu l'jour, *je l'ai dans le bout* ! » (Paul Smaïl, *Vivre me tue*, éd. Balland 1997).

L'AXE (avec un grand A, s'il vous plaît). C'est, à Paris, l'axe Bastille-Étoile, censé couper la ville en deux. Rive droite-rive gauche, en somme ! Mais en plus branché. Alors, suivant que tu es branché ou pas, t'es *axé*, ou t'es *désaxé*, quoi !

LÈDGE Façon jeune et branchée de dire que quelque chose est bien léger, voire quasiment négligeable. *Excuse-moi, mais ça fait un peu lèdge, comme excuse !* (tu aurais pu trouver autre chose à me raconter). À rapprocher, en tout état de cause, du très officiel *lège*.

LECTURE ZAPPING Exercice consistant à parcourir machinalement un magazine, voire un livre, sans le lire et presque, quelquefois, sans le voir.

LÉGUMISER Ne rien faire de spécial, rester chez soi, allongé, l'œil terne et les cheveux en pétard, à glander et à grignoter, en zappant mollement d'un pouce fatigué. Sacré programme quand même !

LE NEZ DANS LE GUIDON Expression évidemment d'origine cycliste, pour dire qu'on fonce en ne pensant qu'à son but, sans regarder autour ni s'occuper (par exemple...) du chapeau de la gamine.

LES NERFS ! Ça m'énerve, et dur ! Mais je me retiens, quoi qu'il m'en coûte ! Tend à prendre doucement le relais de *les boules !* et *les glandes !*, quoique *les nerfs* n'induise jamais, contrairement à *les boules,* la notion de peur.

LENNON Petites lunettes rondes à monture métallique, à la John Lennon. *Tiens, papa, t'as mis tes lennon, aujourd'hui ?*

LE RETOUR Commentaire de fin de phrase pour montrer (et cela en clin d'œil à un titre de film « suite », genre *Aliens, le retour*, film de James Cameron qui est la suite de *Alien,* de Ridley Scott) soit qu'on va nous resservir quelque chose qu'on a déjà vu, soit tout bonnement le retour de quelqu'un ou de quelque chose. C'est ainsi que « Jean-Pierre Chevènement, *le retour* ! » fut préféré à un bien banal, il est vrai : « *le retour* de Jean-Pierre Chevènement », le 4 janvier 1999 au journal de 23 heures de France 3. Peut bien sûr, d'autre part, s'utiliser aussi à l'ironie, genre : *Marcel, le retour !* (et voilà que ce con de Marcel va revenir me faire chier !).

Les plus démunis Façon très politiquement correcte, donc très mode et très branchée, de désigner les pauvres et les purotins, sans avoir à prononcer LES mots qui défrisent. On peut aussi jouer du sous-privilégié, précaire, exclu, personne en état de précarité, etc. L'expression est utilisée jusqu'à la surdose dans les médias. Un exemple au vol, à l'heure où l'on écrit ces lignes : Patrick Poivre d'Arvor, le 3 novembre 1998, au journal de 20 heures, sur TF1. Mais il y en aurait tant et tant... Voir *précarité**.

Le trans-Maghreb Surnom amusé donné à la ligne de bus 304, si l'on se fie à ce que l'on a entendu le 22 octobre 1998 sur France Inter. Aux dernières nouvelles, d'autres lignes d'autobus traversant la banlieue parisienne revendiqueraient cette appellation... contrôlée.

Lézard Problème, ennui, difficulté, gène. Vient de l'expression bien connue *y a pas de lézard,* issue, elle, de l'argot des musiciens de studios des années 1975-1980 où le *lézard* désigne un son parasite qui « bouge » sur la bande, et oblige à procéder à une nouvelle prise. *Y a pas de lézard* commence par se promener d'abord sur les antennes des premières radios libres, vers 1980, puis apparaît au cinéma dans le film *Marche à l'ombre,* de Michel Blanc, en 1984. Enfin, l'expression se répand à la vitesse grand V dans le public après 1986. Nous avons volontairement laissé cohabiter le *lézard* de la troisième partie (voir *Guide du fançais tic et toc*) et celui-ci parce que c'est entre-temps que fut découverte sa véritable origine. On dit aussi, par apocope, un *lez.*

Lisibilité Clarté, visibilité. Très répandu dans le monde politique où l'on ne se gène pas pour faire remarquer que les propositions des adversaires *manquent à l'évidence de lisibi-*

lité. Travaux pratiques : « Un manque de *lisibilité* sur le poste de travail à occuper » (France Inter, le 19 novembre 1998).

LOIRNOQUE Noir (la personne, mais aussi le café), en louchébem moderne. Le louchébem (ou loucherbem) ou largonji des louchébems, ou encore argot des bouchers de la Villette datant du milieu du XIXe siècle, a pratiquement disparu, à quelques exceptions près (en plus de *loirnoque,* il faut signaler aussi *lougeroque,* ou ballon de rouge). Technique : on enlève la première lettre d'un mot (quand c'est une consonne), et on la remplace par un L. On prononce ensuite cette première consonne rejetée en queue (on a alors un *largonji*) ; puis on suffixe en « em », « uche », ou « oque ». Boucher = louchébé = louchébem. Le mot *loufoque,* même si on l'a oublié, est tout simplement le louchébem de *fou.*

LYNCHÉ Variation sur : cassé, pété, autrement dit : ivre, raide, bourré. *Hier soir, y'avait pas mal de lynchés !*

M

MAC 1° Abréviation de *Macintosh* (le micro ordinateur). 2° Peut aussi désigner, sous l'omniprésente influence british, l'imperméable.

MAFIEUSES Lunettes franchement noires, ou simplement à verres teintés. « Je ne comprends pas comment on peut supporter les *mafieuses* en plein hiver ! » (entendu au café *Le père tranquille,* à Paris, en janvier 1995, et ailleurs ensuite).

MAILLE Argent, en langue des cités de banlieue, au même titre que *bail* (de l'anglais *buy*), *caillasse* (« allez, fais voir un peu ta caillasse »), *zeillo* (verlan d'*oseille*) et quelques autres, dont l'inusable vieux-jeune mot *thune,* qui date quand même un peu puisqu'il signifiait, au XVIIe siècle : « aumone ». Il est de bon ton de s'extasier sur une pseudo-redécouverte, quasi-miraculeuse, de ce vieux *maille* qui désignait déjà la menue monnaie dès le XIIe siècle, et dont, au XVIIe siècle, Furetière rapporte que c'est une « petite monnaie de cuivre valant la moitié d'un denier ». Même si, en l'occurrence, il n'est pas impossible non plus que notre contemporaine et banlieusarde *maille* provienne à la fois d'une dérive de *bail*, peut-être un peu huilée par le fameux slogan publicitaire pour une marque de moutarde : *Il n'y a que Maille qui m'aille.* Quant au mot « blé », il est tellement entré dans les mœurs qu'on ne saurait le considérer autrement, aujourd'hui, que courant, banal.

MAIS BON !... Commentaire de fin de phrase en lassitude majeure mâtinée de sous-entendus incrédules latents, indiquant qu'on ne s'étendra pas davantage sur un sujet, bien qu'il y aurait, n'en doutons pas, beaucoup à dire. *Il m'a encore raconté qu'elle couchait avec tout le monde, qu'il le savait, qu'elle savait qu'il le savait, qu'il n'en avait rien à foutre, tout ça. Mais bon !...*

MALADE EN FIN DE VIE Mourant, agonisant, en politiquement correct contemporain. Utilisé notamment sur France 2, le 23 septembre 1998.

MALMENT Vachement, drôlement. Pourquoi pas, d'ailleurs, puisque, après tout, on dit bien, sans même y prêter attention, *salement*. *J'étais malment excité, l'autre soir !*

MANIP Manipulation. Pas vraiment nouveau, mais semble revenir assez fort (tiens !...) en fin de XXe siècle, témoin cette « une » de *Marianne*, le 14 septembre 1998 : « L'affaire des sans-papiers ; le démontage d'une grande *manip* », ou encore cette autre de *Libération :* « La *manip* du rapport Butler », le 18 décembre 1998.

MARAVE Bagarre, en provenance directe du romani *marav* : « battre » ou « se battre ». Le mot se fait sa place chez les forains juste avant la Seconde Guerre mondiale. Il est de nos jours très répandu chez les jeunes et est généralement invariable. *On s'est fait marave grave !* (on a perdu).

MARCHÉ PORTEUR Marché en expansion, ou simplement qui *porte* et qui rapporte, ce qui après tout est ce qu'on lui demande. Les exemples pullulent.

MARQUEURS IDENTITAIRES Tatouages, piercings en tous genres, ou tout autre signe extérieur de différence volontairement et ostensiblement affiché (comme nous le confirme *Le Monde* des 25 et 26 octobre 1998).

MC JOB (ou macJob) Petit boulot pour jeunes, par allusion aux emplois proposés par les restaurants *McDonald's,* bien entendu. Agent d'ambiance, par exemple, en est un... Globalement, donc : boulot dont le jeune devra bien se contenter, ou même, si possible, se réjouir.

MÉGA Superlatif qui, après avoir connu un colossal succès hexagonal dans les années soixante, revient apparemment en force en fin de siècle, après que *giga,* très typé années quatre-vingt, ait nettement commencé, lui, à battre en retraite. Les choses seront donc, par exemple, *méga-groove,* et un type bien sera décrété *méga-mec,* voire un *sauvage-méga-mec.*

MÉGA-GROOVE Se dit encore de quelque chose qui est réputé très top-délire*.

MENTAL Moral. Origine : jargon sportif. Élie Baup (entraîneur de Bordeaux) le 13 décembre 1998 dans *L'Équipe* : « S'il existe un titre qu'on est sûr de remporter, ce sera celui du *mental.* » Le branché emploie souvent *le mental* car, bien que peu sportif, il s'est probablement, et comme tout le monde, laissé draguer par l'effet Coupe du monde... On peut dire *le* mental ou *la* mentale (influencé, cette fois, par *mentalité*).

MÉTEG Ça m'est égal, je m'en fous, en version compressée-convulsive. Ex : *Cheouat ou chéouam, méteg !* (peu me chaut que cela se passe chez toi ou chez moi). Variante : *Je m'en beurre les noisettes !*

METTRE EN PANIQUE Affoler, paniquer. Pour le plaisir ou pas. *Se mettre en panique :* perdre un peu les pédales, souvent pour pas grand-chose. En janvier 1999, les avant-gardistes hasardent, très astucieusement il faut le souligner, *mettre en nique.*

METTRE LA TÊTE EN 3 D Équivalent du bien connu *mettre la (ou une) tête au carré,* autrement dit : copieusement corriger son prochain.

METTRE LES ABEILLES (à quelqu'un) Énerver passablement, prendre la tête (à) son prochain. On dit aussi, en s'inspirant de ce qui se dit en banlieue parisienne, *mettre le démon* et, si l'on est soi-même exaspéré : *avoir le démon.* Synonymes possibles : *avoir les abeilles, gonfler, vénère* (verlan de énerver), *criser* et, si l'on veut se la jouer vulgaire, ce qui peut être délicieusement délictueux : *manger les couilles* (à quelqu'un) ou *mettre* (à quelqu'un) *les couilles à l'envers.*

METTRE UN CP Mettre un coup de pression (ou CP) ou, plus classiquement, mettre la pression. 1° Causer du stress, de l'anxiété, du tourment, du tracas, *Ils vont nous mettre un CP, à tous les coups.* 2° Remettre quelqu'un à sa place. On peut aussi dire, bien sûr, *faire un CP.*

METTRE UN VENT Ne pas répondre à quelqu'un qui vient de vous adresser la parole. L'ignorer superbement. Mais aussi, carrément le remettre à sa place de la manière la plus méprisante possible. On dit aussi mettre une porte à quelqu'un, le remettre dans la poubelle, le casser. *Ouah ! le vent qu'il m'a mis !* (Paris, avril 1995, quand le monsieur a regardé sans voir la jeune fille qui venait de lui demander une cigarette).

METTRE UNE DISQUETTE 1° Façon imagée techno-mode de dire : faire du rentre-dedans, draguer dur et ferme. *Je vais pas lui mettre une disquette pour me faire recracher tout de suite ! OK ?...* (je vais calculer mon élan avant de l'aborder avec des chances raisonnables de succès). 2° Par extension, pénétrer sexuellement.

METTRE UNE FIÈVRE Passer un savon à quelqu'un. On dit aussi quelquefois, d'ailleurs : passer une fièvre à quelqu'un. *'tain ! la fièvre que je lui ai mise !* (je lui ai passé un de ces savons !).

METTRE UNE TRACE Déguerpir. Partir à toute vitesse. Le très élégant *partir comme un pet sur une toile cirée* se glisse encore assez souvent dans les converses, mêmes chez les branchés.

MIAULER Chanter, surtout comme le fait Zazie de nos jours ou comme le faisait Françoise Hardy en 1963. À la fin du XIXe siècle, ce verbe s'employait souvent pour : pleurnicher. Quelquefois utilisé pour les longs solos de ballades exécutés à la guitare électrique. *Dans* Wonderful Tonight, *qu'est-ce qu'il sait faire miauler sa guitare, Clapton.*

MICHTO ! Impeccable ! Nickel-chrome ! Super ! Ce mot d'origine romani *(misto),* sorti de son milieu d'origine *via* les forains, a commencé par beaucoup circuler chez les joueurs de bonneteau, et chez les petits casseurs, avant de passer dans le langage des jeunes, *via* la banlieue. Syn. *dèf' ! mortel ! hypra ! carton plein !*, etc.

MILITER Non pas s'engager pour (ou contre) une cause quelconque mais, sans doute par banalisation*, simple fait de pester contre quelque chose. « J'ai passé la journée à *militer* contre lui et ses conneries ! » (*Le Palmier,* 11 décembre 1998). *Ah, non, alors ! Là, j'milite !* (je proteste énergiquement !).

MIMILE Le *mimile* est un bon vieux macho à l'ancienne, à bedaine et moustache, portant marcel (maillot de corps échancré). Il est en principe marié avec une simone ou une yvette. Le *mimile,* on l'aura compris, n'est jamais très éloigné du bien classique (et très officiel) *beauf.*

MINIMALISTE Officiellement : qui vise le minimum. Souvent, en pratique : chiche, mesquin, mesquinoïde, voire minable. *Une table en bois, une chaise, un matelas ? Dis-donc, c'est très minimaliste, chez toi !* Voir également *zen.*

MOBILE Téléphone portable. « Le *mobile* se cherche une place au coin du feu », titrait *Libération,* en page 19, le 5 novembre 1998. « L'explosion des *mobiles* superstars de Noël », renchérit le *Journal du Dimanche* du 20 décembre 1998. Utiliser son *mobile* (qu'on peut prononcer à l'anglaise *mobaïle*), c'est évidemment *mobiler* (ou *mobaïler*). On dit aussi *un portable,* bien que ce dernier nom, *de facto,* s'applique plutôt aux micro-ordinateurs portatifs.

MODEM En version officielle, le *modem* (modulateur-démodulateur) sert au transport d'information d'un ordinateur à l'autre par, comme chacun sait, le réseau téléphonique. Mais, par glissement de sens, *modem* est souvent employé pour : indic, donneuse, ou simple cafteur. Syn. *bavette, poucave, ticave.* Voir aussi *cramer un blase**.

MONDIALISATION Le mot n'est certes pas nouveau (voyez votre dictionnaire préféré). Mais alors là, côté fréquence d'utilisation, on frôle carrément l'overdose !

MOTIVÉ Dans certaines petites annonces, ou sur le Minitel, un monsieur *motivé* est un monsieur prêt à carmer (payer) les prestations sexuelles ou parasexuelles d'une dame ou d'un autre monsieur si affinité. « Dominatrice passionnée et exigeante. Débutant OK si *motivé* », disait la petite annonce (*La vie parisienne*, février 1997).

MOULE-BOULES Jean, ou, d'une manière générale, pantalon très ajusté, pour les garçons. « C'est pas un jean, qu'il a ! C'est un *moule-boules* à manches longues ! » (entendu au café-théâtre *Le Point-Virgule,* à Paris, en 1993). On peut aussi parler sans crainte de *moule-burnes.*

MOULO Défoncé plus ou moins grave, à l'ouest*. Par extension, *dingue.* Ne pas confondre avec *pilo* (simplement ivre).

MOUTRAVE Pisser. Ce mot d'origine rom s'entend surtout du côté de la banlieue est, et en particulier vers Montreuil. Bien sûr, les *lancequiner, lancebroquer, gauler* (qui signifie également « bander »), *vidanger,* et même *pissave* inondent toujours le marché du langage. *Moutrave,* comme *pissave,* reste invariable : *Une gueule à moutrave contre.*

MUG Petite tasse de ce qu'on voudra. Il est vrai qu'en anglais *mug* signifie gobelet ou timbale, et que le branché résiste mal à l'anglais. En tout cas : « T'en reprends un *mug* ? » demanda le jeune homme à sa copine, ce 15 décembre 1998 aux *Marronniers* (IVe arrondisement). Une pub pour les fast-foods Quick (avec personnage surgi de l'univers des Simpson) n'est sans doute pas étrangère à l'émergence de ce *mug*-là.

MULOT Souris de l'ordinateur (à la suite d'une hésitation de Jacques Chirac lors de l'inauguration de la Bibliothèque nationale de France en 1996, hésitation aussitôt mise à profit par les *Guignols de l'Info*) chez les adeptes du micro-ordinateur. « Un jour viendra où nous cesserons de *cliquer le mulot* », annonce pour sa part et à la une le journal *Le Monde* daté du 7 janvier 1999.

MULTIPRISE Fille peu farouche, robuste, inépuisable, réputée pour être prête à toute éventualité avec gang-bang* passant à sa portée.

MURGE Cuite sérieuse, sinon sévère. On parle couramment aujourd'hui de *se murger,* ou *se murger la gueule*. Une bonne murge est une *murge force 8*. On peut aussi parler de *se repeindre* (la gueule).

MUSÉOGRAPHIÉ Vieillot, toc, empaillé, faux. « Tout cela semble *muséographié* », s'exclame Philippe Lançon, le 2 décembre 1998 dans *Libération*, à propos d'une interview du nouveau chancelier allemand Gerhard Schröder par Anne Sinclair.

N

NAME-DROPPING Technique déjà bien connue consistant, pour faire chic, à parsemer négligemment son discours de noms de gens connus mais supposés familiers. À signaler par ailleurs que, si les *name-droppers* sont tout naturellement en anglais, ceux qui se livrent au *name-dropping*, les *droppings* tout court ne sont pas autre chose que des chiures.

NARDÈNE Beur (ou, en verlan relou : *rebeu…*), ou même Arabe en général, par dérivation de l'expression injurieuse arabe *na'din'mok* (orthographe non garantie). Ce mot est attesté dès 1996. Florilège. « En bicot, en beur, en arbi, en craoui, en rat, en raton, en sidi, en *nardène,* en melon, au choix » (Paul Smaïl, *Vivre me tue,* éd. Balland, 1997). On dit aussi *gris, rabza,* qui est un autre verlan de *arabe (s), bledman, bledos,* ou *tête grillée.*

NARVALO Ringard, pauvre type, bouffon. Mot d'origine manouche qu'on entend souvent, notamment, du côté des puces de Saint-Ouen, mais également ailleurs.

NATCHAV ! On se barre ! on met les voiles, les bouts, les adjas (qui a d'ailleurs la même racine que *natchav*) ! Ce mot romani (*natchav* : je pars !) est loin d'être récent, puisque repéré dans le milieu des camelots vers 1937, mais à haute fréquence encore de nos jours, et pas uniquement en banlieue. Contrairement à ce qui semble être la règle pour beaucoup de mots d'origine rom, on peut dire *natchaver* à l'infinitif. Par parenthèse, tel est également le cas pour *chouraver* (voler).

NAZEBROQUE Naze, suffixé branque ! Idiot, ringard, abruti chronique mais aussi : cassé, foutu. Dérive, comme *naze* (voir Deuxième partie), de cet autre *naze* (ou même : *nazi*) qui, au XIXe siècle, désignait la syphilis. Une *nazerie*, c'est une erreur, un lézard*, un « bug », diraient les informaticiens.

NÉMO Monnaie. Donc : argent en général. « T'as d'la némo, cap'taine ? » (subtil jeu de mots capté place Saint-André-des-Arts, à Paris, dans les années quatre-vingt).

NÉOLÂTRE Atteint de *néolâtrie,* ou obsession de tout ce qui est neuf, nouveau, perçu comme forcément mieux, uniquement parce que, précisément, c'est nouveau. Voir *le beaujolais,* et plein d'autres choses. Ant. *néophobe, archéomane**.

NERD Abréviation de *hacker* nerd* (dingue de computers et autres logiciels en tous genres, voire de piratages de logiciels). Rappelons quand même que si le *nerd* n'est pas forcément un *nerdeux,* le mot signifie, au départ, et en anglais : ballot, pauvre type.

NETFRIENDS Amis, rencontres plutôt, faits sur le Net. Se dit surtout chez les homos, mais pas uniquement.

NITRO En langage de motard, le *nitro* est une bonbonne d'azote augmentant la puissance d'un moteur, comme nous en informe *Libération* du 12 décembre 1998.

NO PROBLEMO Aucun problème, comme on dit chez les Simpsons, cette série de dessins animés télé qui a tant enthousiasmé les jeunes vers 1993-1994. Contrairement à ce qu'avancent certains, il ne s'agit nullement là d'un retour de flamme de l'esperanto, puisqu'il faudrait alors dire « neniu problemo ». En tout cas : « Vous avez oublié un cadeau ? *No problemo* : 173 flacons du parfum V1, fabriqué par la marque britannique Gianni Vive Sulman, sont encore disponibles », claironne le magazine *VSD* dans sa page crypto-branchée « Pas possible ? ! », le 7 janvier 1999.

NUIGRAVE Cigarette. Et pourquoi donc ? Parce que, on vous le laisse clairement entendre sur les paquets, elle peut *nuire gravement* à votre santé. On dit aussi, de nos jours, *garetci, garo, garos, clopo* et, toujours, l'inusable *clope.* On peut également parler éventuellement de *clous de cercueil.*

NULLACHE Apocope de *nul-à-chier.* Très employé par les jeunes, et naturellement par les moins jeunes. *Fun-Radio, c'est devenu complètement nullache.*

NUMERNAUTE Téléspectateur se lançant, ou prêt à se lancer, télécommande *ad hoc* en main, dans la grande aventure de la télé numérique.

NUPPIES Nineties Urban Professionals. Comme les « yuppies » (voir Deuxième partie) des années quatre-vingt, ils sont jeunes, riches et surtout branchés. Le culte de l'argent a, chez eux, dit-on, été remplacé par celui de l'épanouissement. Ils furent d'abord anglais et traînaient plutôt du côté de Hoxton Square. Le produit, dirait-on, s'exporte plutôt pas mal en direction de Paris. Look ? « Ils portent une doudoune sans manches, des chaussures de randonnée, un sweat Carhartt (fabricant américain de vêtements de travail) et un treillis. Les hommes sont nombreux à arborer un bouc » (description relevée dans *Courrier international* du 26 novembre 1998).

O

OFF ZE RECORD (*off the record*, prononcé à la française). De toi à moi, de vous à moi, entre nous, quoi. Et, je dirais même plus, tout à fait confidentiellement.

OGM Organisme génétiquement modifié. En fait : maïs transgénique et autres douceurs en compote, comme l'explique déjà *Le Monde* du 28 novembre 1997. Pas de quoi en faire, pour le moment, une TS (tentative de suicide).

OINJ Verlan très disgracieux, mais encore plus répandu que disgracieux, de *joint* dans le sens de cigarette de cannabis. *Passe un peu l'oinj, au lieu de le bogarter !* Précisons que *bogarter,* c'est conserver pour soi tout seul, et mine de rien, la cigarette. Un peu comme Humphrey Bogart dans ses films. Syn. *bédo, buzz*, cône, pétard, splif, stick, stickos,* etc.

ON LINE Branché, en franglais *on line,* c'est-à-dire... branché. Vient en droite ligne, comme de juste, du langage Internet. On dit aussi *en ligne.* « Pour être *on line*, faut-il être *Hallo-*

ween ou *cucurbit-assez* » s'interroge déjà Michèle Stouvenot dans *Le journal du Dimanche* daté du 2 novembre 1997.

ON PEUT DIRE ÇA COMME ÇA! Véritable tic de conversations fin de siècle signifiant soit qu'on est d'accord avec ce qui vient d'être dit, mais sans avoir pour autant envie d'en rajouter ; soit qu'on n'est pas d'accord et qu'on tient à montrer, mais sans faire d'esclandre, qu'on prend ses distances. Question d'intonation.

ON VA DIRE Un des derniers grands tics (en date) de langage. Et les *on va dire* dégringolent comme hier les *à la limite*. Le branché, qui, comme chacun sait, a mille choses à faire et donc pas de temps à perdre, en remet souvent une petite couche en ajoutant : « pour parler vite ». Pas la peine de donner des exemples, vous n'avez qu'à ouvrir l'oreille, et la bonne, entre autres dans les émissions de radio et de télé. C'est, on va dire et pour parler vite : envahissant !

OPTIMISER Améliorer. Mais *optimiser* est tellement plus... optimiste. *Il serait bon d'optimiser le rendement* (faudrait peut-être en mettre un coup).

OSB On s'en branle ! On dit aussi, à égalité, surtout chez les jeunes, *OSF,* autrement dit : « On s'en fout ! »

OUF Verlan bébète, mais courant, de *fou. Eh ! t'ouv, l'ouf ?* (Eh bien ! Tu ouvres, mon pauvre ami ?).

OUPS! Interjection éminemment britannique (*oops !,* ou *woops !*), probablement importée par BD interposée, dont il est étonnant de voir avec quelle facilité elle s'est glissée dans le français courant alors que nous avons pourtant ce qu'il faut à notre disposition. Nettement plus utilisée par les femmes que par les hommes. « On a le portrait de cette femme qui dit *"oups !"*, elle est plutôt un peu angoissée et, en général, elle mange des yaourts ! » (Orlando De Rudder, auteur de *Ces mots qui font du bruit*, Lattès, 1998, sur France Culture le 18 septembre 1998).

OUTING Fait, pour une personnalité, d'avouer publiquement son homosexualité... ou de révéler celle de quelqu'un d'autre ! Le sénateur PS Bertrand Delanoë avoua la sienne en novembre 1998 sur M6. « Les politiques face au *outing* » titre le mensuel *Ex-Aequo* de décembre 1998. Vient évidemment de l'anglais *to out* (révéler l'homosexualité de quelqu'un).

OÙ TU HABITES, TOI ? Où te situes-tu ? À quoi t'apparenter et comment te définir ?... *Oh, mais dis-moi !... finalement, où tu habites au juste, toi, politiquement ?* (tu ne serais pas un peu facho sur les bords, des fois ?).

OUVERTURE À LA VIE CULTURELLE Enseignement artistique à l'école, pour faire plus simple.

OUVERTURE DU CAPITAL Privatisation qui ne dit plus son nom. Il en fut question, entre autres, dans un débat sur LCI, le 3 décembre 1998.

OVERNIQUÉ S'être fait niquer, c'est-à-dire, ici, abuser, duper, dans les grandes largeurs. *Neuf mille balles pour un seau à champagne en verre, là c'est vraiment se faire overniquer.*

OVERSTYLE (prononcer *overstaïl*) Maniéré, qui en fait beaucoup trop pour être honnête. Gens, endroits, conceptions, idées, tout. *Je trouve ça un peu overstyle, si tu veux mon avis !*

P

PACHAVE Dormir. Ce mot, d'origine tsigane, est surtout utilisé par les jeunes, majoritairement en banlieue parisienne. *J'ai pachave grave !* (j'ai bien dormi).

PACSER Passer un Pacs (Pacte civil de solidarité), c'est-à-dire s'unir officiellement sans s'unir officiellement tout en s'unissant officiellement entre hommes, entre femmes, entre hommes et femmes, etc. Au figuré, et ainsi utilisé dès la fin 1998 alors que le Pacs en soi n'a pas (encore) d'existence officielle mais que les débats autour du Pacs ont apparemment marqué les esprits : passer un accord, un contrat, un pacte moral, établir un lien quelconque. « C'est une sorte de *Pacs* entre ceux qui font la radio et ceux qui l'écoutent » (entendu sur France Inter, 18 novembre 1998). De son côté, Thierry Ardisson animant, au cours de son émission *Tout le monde en parle,* sur France 2, un mini-débat sur les touzes* le 21 novembre 1998, évoque la possibilité de se *pacser à trois ou quatre* dans le sens clair et net de « s'entremêler ».

PANÉLISTE Désigne, chez beaucoup de branchés ou supposés tels, toute personne qu'on invite dans une soirée histoire de faire du nombre. Explication : En jargon télé, le *panéliste* (dérivé de *panel*) est quelqu'un (appartenant au milieu du show-biz) qu'on invite un peu dans toutes les émissions de variétés, et qui touche un cachet pour faire acte de présence conviviale, chaleureuse, éventuellement spirituelle, et un tantinet « faire-valoir », même s'il n'a rien à défendre ni aucune promo à faire à ce moment-là. Des noms ? Regardez la télé, vous verrez.

PARACHUTE Dose d'héroïne, chez les junkies. C'est une dénomination parmi beaucoup d'autres.

PARLER À LA MISSIONNAIRE Pas d'ambiguïté : il ne s'agit nullement, ici, d'une position quelconque. L'expression désigne seulement, chez les jeunes, une façon de parler très bas, presque, ou même totalement en confidence.

PARLER CASH Parler net, parler clair, dire sans détour et sans finasserie ce que l'on pense. *Eh, je parle cash, là !* (attention, je ne déconne pas, là !).

PARTIR DANS LE ZAG Prendre, lorsqu'on zigzague (un peu comme on le fait, par la force des choses, dans la vie), la direction « zag » alors qu'il eût évidemment fallu prendre l'option « zig ». Bref : partir dans la mauvaise direction, mal emmancher son affaire, et donc : déconner. L'expression part, elle, du langage footballistique d'après-Coupe du monde 98, où *partir dans le zag* revient effectivement à choisir la direction opposée à celle de la passe qu'on vient de vous adresser. « Je crois vraiment que Ludo est complètement *parti dans le* *zag,* là ! » (entendu au *Frog and Rosbif,* pub de la rue Saint-Denis, en novembre 1998).

PAS FRANCHEMENT Variation sur ce bon vieux « pas vraiment », euphémisme à l'anglaise, où *not really* signifie souvent, pour être franc : *not at all,* c'est-à-dire « pas du tout ». Comme nous n'avons pas notre pareil pour calquer servilement l'anglais, nous avons fait de *pas vraiment,* dès les années 1985-1986, et de *pas franchement* un peu après, la traduction branchée de *pas du tout.* Exemple : « Elle était *pas franchement* équipée », en fait « pas du tout » (pub pour Décathlon, novembre 1998).

PASSEPORT 1° Préservatif. Indispensable, par les temps qui courent si l'on veut aller et venir tranquille. 2° Chez les échangistes : prostituée rétribuée par un consommateur désireux de pénétrer, cette fois, dans un club échangiste où l'on ne peut entrer qu'accompagné. Nombreux sont les clubs de rencontre où il faut être impérativement muni d'un *passeport...* et d'un passeport.

PASSER DANS LE TROU Métaphore sportive, et singulièrement tatamistique (du monde du judo, plus exactement) au départ, pour dire de quelqu'un qu'il a eu un sacré passage à vide et qu'il est, pendant un moment du moins, un peu « passé à la trappe », quoi !

PASSER EN FREESTYLE Passer chez quelqu'un en vitesse et à l'improviste. Semble se dire, bizarrement, davantage chez les vieux jeunes que chez les jeunes. *Freestyle* égale figures libres (en rollers, par exemple).

PATATES DE SOFA Équivalent français, courant chez les publicitaires, entre autres, de ce que les Américains appellent des *couch potatoes,* qui sont des gens dont le seul vrai but dans la vie est de regarder le plus possible la télévision, mollement allongés sur un divan, à grignoter n'importe quoi.

PATIENT Homo passif lors du rapport, chez les homos qui donnent à l'actif le nom de *master,* d'*agent* ou de... *spécialiste.* Mot saisi au vol devant le *P'tit Gavroche,* rue Sainte-Croix-de-la-Bretonnerie, en octobre 1998.

PAY PER VIEW (prononcer *pépère viou*). Télévision à la carte, système de paiement à la séance, pour ceux que ça intéresse. « Les tribulations du *pay per view* », titre *Télé Obs* du 19 novembre 1998.

PAYS AYANT EN COMMUN L'USAGE DU FRANÇAIS Pays francophones, mais dont il ne faut pas dire qu'ils sont « francophones » pour cause d'égocentrisme sous-jacent. Le politiquement correct a encore à sa disposition les *pays ayant le français en partage.* Même schéma édulcorant que ces *pays en voie de développement* qu'on appelait jadis les *pays sous-développés,* et qu'il ne faut pas confondre avec les *pays émergents.*

PÉDALER (dans la choucroute ou la semoule, dans le yaourt ou dans ce qu'on voudra). Ne plus savoir très bien ce que l'on raconte. Voire carrément divaguer.

PELLE Guitare *solid body* extraplate. On peut également parler pour la guitare en général, de *râpe,* de *gratte* (voir Deuxième partie), de *guitoune,* de *gimbarde* ou de *meuble* (d'où l'expression *essuyer le meuble* pour : jouer de la guitare) si elle est espagnole.

PENSÉE EN AGIR Pensée qui se laisse deviner dans l'action. À moins qu'il s'agisse d'action dont on devine qu'elle a été mûrement pensée. À moins que... Enfin, il faudrait demander aux galeristes qui, probablement, savent de quoi ils parlent chaque fois qu'ils emploient cette formule.

PENSÉE UNIQUE 1° Comportement déterminé par des exigences économiques, où le marché régit tout. Le journaliste Jean-François Kahn a publié, en 1995 (date de l'apparition de l'expression dans ce premier sens), un livre portant ce titre. 2° Auberge espagnole où chacun apporte, comme il se doit, tout et n'importe quoi. *Le Monde* du 7 janvier 1999 titre, pour sa part : « M. Jospin contre la *pensée unique* internationale ». En résumé, et pour tout le monde en 1999 : conformisme.

PERCUTE À l'angle de telle et telle rue. L'Iguana ? *C'est à Roquette percute Daval* (le café *L'Iguana* se situe à l'angle de la rue de la Roquette et de la rue Daval).

PERCUTER Comprendre vite et fort. Avec la soudaine révélation de l'évidence. Se démarque nettement de *intégrer* (voir troisième partie), qui insiste davantage sur une progression dans la compréhension.

PERFOREX Nom dont on affuble un préservatif, de quelque marque qu'il soit, dont on s'aperçoit, généralement un peu tard, qu'il a craqué. « Allez, bonne bourre ! Et gaffe de pas chausser un *perforex* ! » Conseil de bon sens prodigué un soir de décembre 1998 au *Cœur Couronné,* bistrot des Halles.

PERSONNE EN SITUATION DE GRANDE DÉTRESSE Pauvre. Clochard, vagabond, nécessiteux, etc. À employer d'urgence quand, pour une raison ou pour une autre, on a peur de ces mots. Cette expression à rallonge et à vaseline fut utilisée entre autres au journal de 20 heures de TF1 le 3 décembre 1998. Voir également ci-dessous.

PERSONNE EN SITUATION D'EXCLUSION Un des innombrables euphémismes périphrasés politiquement corrects, donc à la mode, pour désigner des pauvres. Entendu entre autres le 13 octobre 1998 sur France Inter.

PESER Jouir d'une grande influence, et s'en servir. Le mot a été directement exhumé du langage du « milieu » d'autrefois, où l'on parlait d'*hommes de poids,* ou encore d'*épées.* Un homme qui pèse est encore appelé une *pointure.*

PÉTER LES PLOMBS Perdre le sens des réalités, déconner. Généralement à pleins tubes. L'expression est aujourd'hui bien connue, mais très utilisé par ceux qui se raccrochent aux branchés. Exemple : « Michel Rocard a manifestement *pété les plombs* », déclare Jack Lang au journal *Le Monde*, le 21 novembre 1998, après les déclarations de l'ancien Premier ministre sur François Mitterrand qui « n'était pas un honnête homme ». On dit aussi *péter un plomb,* ou *disjoncter.*

PET-FOOD Nourriture pour animaux familiers (en anglais : *pet*). Par extension : mauvaise bouffe pour êtres humains. « Avant, c'était super-bon. Maintenant, ils te refilent carrément du *pet-food* ! » (entendu en décembre 1998 près d'un restaurant des Halles autrefois réputé).

PÉTITION ILLISIBLE Tag considéré comme message et non comme gribouillage. Déjà, dans *Le Monde* du 10 novembre 1990, un chercheur de l'Institut de l'enfance et de la famille se plaçait dans cette perspective hautement optimiste et philanthropique.

PHREAKER (prononcer *frikeur*) En jargon cyber : pirate informatique spécialisé dans les réseaux des compagnies de téléphone, afin, bien sûr, de téléphoner gratuitement, comme nous en informe *Le Monde* dès les 22-23 décembre 1996.

PIA-PIATER Parler aussi mondain et pince-fesse/raout que possible, un peu beaucoup pour ne rien dire, sur fond de futilité.

PIÈCE Disque, ou, simplement, morceau de zizique, chanson. « À noter que cette *pièce,* tant décriée à l'époque, figure encore aujourd'hui dans le classement des chansons préférées… », etc. (*Les Inrockuptibles* du 18 novembre 1998, à propos d'un disque des Beatles).

PIERCÉ Adepte du piercing, autrement dit : personne ayant décidé d'orner certaines parties de son corps (langue, prépuce, grandes lèvres, paupière, scrotum, oreilles, nombril ou autre chose…) en y implantant de la quincaillerie.

PILE-POIL Au poil ! impeccable ! parfait ! Expression forgée à partir de *pile* et *au poil* par l'équipe des *Guignols de l'Info,* sur Canal Plus. Tellement surutilisée qu'elle tend à se classiciser vite fait.

PISSE-MENU Chiche, mesquin, faiblard, médiocre. Rien à voir avec un *pisse-froid* (personnage sinistre). Quoique…

PLACER Faire l'amour, baiser (par abréviation de la tournure argotique *placer la longueur* ; longueur de quoi ? de son sexe, bien sûr). « Deux heures à me faire chier à la baratiner, et j'ai pas *placé,* dis-donc ! » (Bien que je me sois échiné à lui faire la cour deux heures durant, j'ai dû rentrer chez moi la queue en bandoulière !, émouvante confidence volée au *Petit Fer-à-Cheval,* dans le Marais, un soir de janvier 1999). Équivalent plus ancien : *conclure.*

PLANTER 1° Faire l'amour. *J'ai planté trois fois de suite en une heure !* 2° Donner un coup de couteau. On dit aussi, entre autres : *piquer.* 3° Faire la plante, verte, verdâtre, ou pas. Autrement dit : ne rien avoir à faire de ses dix doigts ou d'autre chose, suivant sa spécialité. « Ça fait deux heures que *j'plante* ! », entendu en passant devant le 229, rue Saint-Denis, le 6 janvier 1996. Il était clair qu'en l'occurrence, la dame employait le mot au sens 3 et non au sens 1.

PLOMBER Ennuyer grave, et même grave de chez Grave* ! Application édulcorée du sens premier de *plombé,* qui, dès la moitié du XIXe siècle, signifie : atteint par la syphilis. Le verbe s'enrichit en outre de l'impression de lourdeur que l'ennui confère autant que le plomb. On peut même aller jusqu'à : *ça me plombe le cul !* Syn. *ça me gonfle, ça me vénère*.* Ant. : *ça me pulpe !* (cela me met en joie, ça me stimule).

POCHETRON Personne atteinte de la maladie alcoolique, dirait-on en politiquement correct fin de siècle. En français : alcoolique ou ivrogne, au choix. Dans son excellent *L'Argot du bistrot* (1989), Robert Giraud, qui connaissait la question, donne, comme synonymes de pochard, *pocheton* et *pochardin.*

POINT BARRE Point à la ligne. Autrement dit : « et *basta* ». Il n'y a rien à ajouter. « Les gens ont dit qu'elle l'avait bouclé à la maison. C'est faux. John Lennon ne voulait plus sortir, *point barre* » (*Rock et Folk*, décembre 1998).

POLITIQUEMENT CORRECT Traduction-calque de l'expression américaine *politically correct,* qui se répand en France à partir de 1993, mais qui – hélas – explose plein pot dès l'année suivante. But de la chose : la culture systématique de l'euphémisme, de la litote, de l'imprécision, etc., officiellement pour ne choquer personne, mais surtout pour évoluer dans un état béat, et sans doute nécessaire, de bonne conscience élégante. Les dégâts sont connus : plus d'aveugles mais des non-voyants, plus d'infirmes mais des personnes à mobilité réduite, plus de putes mais des travailleuses sexuelles*, plus de clochards, mais des SDF*, plus de nains mais des personnes de petite taille, plus de races mais des groupes humains, etc. Les exemples abondent dans ce livre. NB : Tout en ayant apparemment pour elle le plus profond respect, il n'est pas rare que l'on joue, de nos jours, avec l'expression. Et on la décline presque à l'infini, de : *éthiquement correct,* à *jazzistiquement correct,* en passant entre autres par *sexuellement correct,* etc. De son côté, *Le Monde* des 10 et 11 janvier 1999 nous apprend qu'il existe à présent du tourisme *politiquement correct.* Ce sont les *reality tours* ou « tours de la réalité » proposés par Global Exchange, une association à but non lucratif de San Francisco, vers les lieux de misère ou d'exploitation de la planète. Après la *charity business*, l'*indignation business* ?...

PORTAIL Traduction littérale de l'anglais *portal,* provenant lui-même du latin *porta*, porte. Ce *portail*-là désigne la page d'accueil qui apparaît sur l'écran de l'internaute, dès que celui-ci se connecte.

PORTEMANTEAU Mannequin, top model. À cause de la maigreur, mais aussi de l'expression extraordinairement absente, ou vide, comme on voudra, arborée lors des défilés.

POSER QUESTION (ou poser problème). Poser une question ou un problème. Certains préféraient se dire, au début des années quatre-vingt, « interpellés ». *Ça pose question !*, encore (mais c'est juste un exemple comme ça, en passant...) entendu à la revue de presse de France Inter de 8 h 30, le 19 novembre 1998.

POSER UNE FRANGE Coller dans la rue, généralement sur un mur, une gouttière, un rebord de fenêtre, une petite annonce autorédigée comportant, sur son bord inférieur, une frange de petits rectangles prédécoupés où le demandeur d'emploi a écrit son numéro de téléphone. Si ça t'intéresse, tu détaches, et tu appelles.

POST IT ! Façon branchouillée de réactualiser (par application du fameux petit *post it* autocollant/aide-mémoire) ce bon vieux « fais un nœud à ton mouchoir ! », ou encore « penses-y ! ». Entendu devant le *Banana* en janvier 1999 : « Bon, on se call (téléphone) cette semaine, hein, *post it* ! »

POST ROCK Courant rock apparu aux USA, postmoderne peut-être, à moins que ce ne soit *postfarce*, expérimental sûrement, un peu glauque aussi qui, disent les plus enthousiastes, pourrait bien un jour être au rock ce que le Nouveau roman fut au roman. On fera avec en attendant de voir...

POT BELGE Coke + héro + amphés + caféïne + antalgiques... à 1 500 F le flacon, révèle *Le Monde* du 3 décembre 1998. Expression originaire des pelotons cyclistes, se répandant après le scandale spécial-dopage de l'édition 1998 du Tour de France. Par extension : *cocktails came* en tous genres.

POUFFEUX Pourri, peu fiable, minable. Bien entendu dérivé de *pouffe* qui vient lui-même de *pouffiasse,* mot fort dévalorisant comme chacun sait. « Lui ? C'est le vrai *pouffeux* ! » On dit aussi : *pourrave* ou *perrave.*

PRATIQUE ÉMERGENTE Nouvelle(s) habitude(s). Bah !... il *émerge* un tas de trucs, ces temps-ci : les fameux *pays émergents,* entre autres... les couples-TGV* et leurs *pratiques émergentes,* etc. Mais, au fond, que va-t-il... sortir de tout cela ?

PRÉCAIRE « Personne en état de précarité », dirait le politiquement correct. Abréviation de *travailleur précaire.* « Depuis, de RMI en CES, de chômage en CDD, il a connu l'un de ces itinéraires de *précaires* », explique *Le Monde* du 29 octobre 1998, dans un article intitulé : « L'itinéraire haché d'Alain, un précaire *juste au bord de la rue.* »

PRÉCARITÉ Succédané de tout ce qu'on voudra, s'étendant de dénuement à mistoufle en passant par pauvreté, misère, etc. *Les plus démunis vivent dans l'exclusion et la précarité.* Cette tautologie très fin de siècle se traduit, en français, par une autre : *Les pauvres sont dans la merde.* La *précarité* de l'emploi se cache souvent derrière la plus dynamique *flexibilité.*

PRENDRE UNE RESPIRATION Le branché ne se repose jamais. C'est tout juste si, quelquefois, il lui arrive d'avoir besoin de *prendre une respiration* au milieu de cet univers stressant qui est le sien. Il en profite alors pour aller « se ressourcer » parmi les « vraies gens », dans un « trou » qui..., etc.

PRENDRE UNE RUE EN LEVRETTE Enfiler une rue en sens interdit, éventuellement sur le trottoir, en langage de coursier. Questionnement : on ne voit toujours pas ce qu'il peut y avoir d'interdit dans la pratique de la levrette... « Quand c'est soudé*, faut bien *prendre les rues en levrette,* gamelle (casque) sur le crâne et poignée dans le coin (à toute vitesse) ! » constatait à *L'Athénien,* rue François-Ier à Paris (près d'Europe 1), en 1990, Alain-le-coursier.

PRESSE PEOPLE (prononcer *pipole*). C'est ce qu'on appelait traditionnellement la presse du cœur, ou à sensations, ou encore la presse à scandale. Voyez votre kioskier habituel.

PRISE DE GAUFRE Prise de tête. *Arrête de nous prendre la gaufre, un peu !* (arrête un peu de nous casser les pieds, lâche-nous la grappe, le coude, les revers, arrête de nous prendre la tête en rappel, etc.). La jouer *prise de gaufre,* c'est aussi jouer à l'intello. Friandises : *Les émissions prise de gaufre me cassent les bonbons.*

PROBLÉMATICITÉ Caractère de ce qui est problématique, ou supposé tel. Évadé du jargon philosophique, si l'on en croit ce que l'on a entendu de ses propres oreilles dans une galerie de la rue Quincampoix, à Paris, fin 1998, où il était sérieusement question d'une *problématicité de l'agir...*

PROUT-PROUT Extrêmement ennuyeux. S'emploie surtout, apparemment, pour les films. Bien qu'il y ait aussi des soirées drôlement *prout-prout,* avec ou sans coussins péteurs.

PUCÉ Pourvu, ou même littéralement bourré, de puces informatiques. « L'hôtelier de quarante-neuf ans a en effet été pourvu du premier bras artificiel *pucé* au monde », nous informe *Le Monde* du 1er septembre 1998, dans un article intitulé : « Le premier "homme bionique" goûte aux joies du parapente. »

Q

QUATRE BANDES Deuxième, troisième et surtout... quatrième degré, par abréviation de *billard quatre bandes*. On dira donc *J.-G. se la joue quatre bandes non-stop,* pour expliquer que Jean-Gérard ne s'exprime jamais autrement qu'au x-ième degré. On est donc prié de s'accrocher.

QUEER C'est comme ça que, depuis toujours, à égalité avec *fairy*, *fag* ou *faggot*, *pansy* ou même *bent* (courbé), l'anglais moyen appelle les pédés. *Les Inrockuptibles* du 20 au 26 janvier 1999 nous informe utilement, cependant, du fait qu'un *queer* ne saurait être assimilé à un *gay*. Et de théoriser : « *Queer* : un courant qui, à la différence de la culture gay, se veut anti-assimilationniste, provocateur, subversif. Pendant que les gays revendiquent le droit au mariage et à l'adoption, les *queers* réunissent tous ceux qui s'opposent à la norme », explique sans rire l'hebdomadaire. On forme des vœux pour qu'ils n'en viennent quand même pas aux griffes.

QUÉNAR *Arnaquer,* en verlan limé, qui s'utilise chez les jeunes depuis 1997. Jusque-là, *arnaquer* se disait plutôt :

carna. *Quénar* offre l'immense avantage de se rapprocher phonétiquement de *ken,* verlan de *niquer**.

QUÉRER Se soucier de, par transcription en français d'un verbe fabriqué sur l'anglais *care* (prendre soin de). *Ça j'quère pas ! Mais alors, pas du tout !* (je m'en fous royalement, de tout ça !).

QUEUE Verlan arrangé de *sac* (keuss) dans le sens de : somme de dix francs. Une *pute à trente queues* n'est donc pas autre chose qu'une *travailleuse sexuelle** qui se met en branle à partir de trois cents francs.

QUINCAILLE Micro-ordinateur, moto, mobylette, voiture, enfin toute mécanique qui ne donne pas entière satisfaction à son possesseur qui, donc, n'en est pas autant maître qu'il le croyait au départ.

QUINQUA Quinquagénaire. Le mot découle – fort logiquement – de *quadra,* apparu vers la fin des années quatre-vingt dans le monde politique pour désigner les politiciens dits « émergents » ! Le *sexa* suit, ça c'est sûr.

R

Rabasse Prostituée généralement occasionnelle qui racole en se faisant passer pour une auto-stoppeuse, par exemple sur les marèches (boulevards des Maréchaux), à Paris. « Dans leur jargon, les policiers de la BRP (Brigade de répression du proxénétisme) les ont surnommées les *rabasses,* parce qu'elle rabattent sans cesse les conducteurs » (Jean-Baptiste Drouet, *Les Nouveaux Visages de la prostitution*, 1997). On dit aussi, plus classique, *occaso* ou *étoile filante*.

Raide dingue Très, très amoureux (euse). À en tomber raide. *Il est raide dingue de toi !* En l'occurrence, vous pouvez toujours donner à ce *raide*-là la forme de votre choix.

Raillou Petit rail, reniflé vite fait bien fait. Autrement dit : 'tite ligne. Ligne de coke, bien sûr ! *Me f' rais bien un p'tit raillou, moi !*

Raisonner court terme Ne pas voir plus loin que le bout de son nez. Cette expression vient en droite ligne du jargon des boursiers et des boursicoteurs. Ne jamais dire

« raisonner à court terme », ça sonnerait grave ringard. *Arrête ! tu raisonnes court terme, là !* (*L'Oiseau bariolé,* rue Sainte-Croix-de-la-Bretonnerie, décembre 1998.)

RAMEUX Musicien du métro exerçant ses talents davantage dans les rames que dans les couloirs. Le côté galère de l'entreprise ne fait qu'en alourdir encore le sens.

RAMONER En langage rock : faire un backing d'enfer derrière le soliste ou le chanteur. Traduisez : produire un accompagnement puissant, solide, généralement à la guitare. « Tu peux y aller, les Stones, ils *ramonent* encore dru ! » (entendu à l'hippodrome de Longchamp en 1995). Dans ce cas, par parenthèse, *ramoner* ramène (rapporte) dru aussi. *Ramoner* (la cheminée), dans le sens sexuel, est prié de rester sur le pas de la porte.

RAPODINARS Argent rapporté par le rap et gagné par les rappeurs, symboliquement exprimé en dinars, un peu comme il existe – par exemple – des *narcodollars* pour désigner l'argent en dollars rapporté par la drogue.

RAS-LA-TOUFFE-T'AS-QU'À-TÂTER Court. Courte, même, puisque l'expression s'applique plutôt à la jupe et, par métonymie, à celle (ou… celui, car on vit une époque de libération) qui la porte. *Sabrina, c'est une ras-la-touffe-t'as-qu'à-tâter* (Seigneur ! Que la jupe de Sabrina est courte, ce soir).

RATISSER LARGE Rassembler le plus de voix possibles sans trop avoir à avaler de couleuvres ou à manger son chapeau. Expression évadée du milieu politique.

RATTE Femelle du fennec*, ou peut-être bien du blaireau*. On ne nage pas franchement*, ici, dans le haut de gamme.

RAVE (de l'anglais *rave* : délirer) Grande fête techno pour jeunes et un peu moins jeunes, improvisée (réellement ou pas) dans des endroits pas forcément prévus à cet effet. Au hasard : usines désaffectées, vastes hangars, etc. Remarque : la *free party* insiste, comme son nom (également anglais) l'indique, sur le côté gratuit de la chose.

REBONDIR Réagir en prenant la balle au bond, sans forcément contredire pour autant. Ce qui confère à celui qui prétend *rebondir là-dessus* (répondre à telle ou telle opinion qui vient d'être assénée...) toutes les apparences d'une authentique vivacité. Terme-coqueluche d'origine médiatique qu'on entend absolument partout en 1999. *Je voudrais rebondir sur ce qui vient d'être dit.*

RÉCLAME ! Pub ! (pour dire, dans une émission de radio par exemple, qu'il est maintenant l'heure de la publicité). Mais l'animateur ou le présentateur branché (ou qui se voudrait tel) la joue forcément complice et *quatre bandes* *. Et dire « pub », ça ringue* vraiment trop grave de chez Grave*. NB : Il pourra également s'écrier : « Promotion ! », voire « Message (à caractère) promotionnel ».

REFONDATION La droite, dès mars 1998, *refonde* (ou tente de le faire...). Un peu comme les communistes, voici une bonne dizaine d'années, rénovaient. « L'heure est à une *refondation* de notre formation », constatait d'ailleurs Hervé de Charette le 26 mars 1998.

RELUTIF Les patrons de groupes cotés en Bourse parlent sans arrêt de ces fameuses *opérations à effet relutif,* c'est-à-dire qui augmentent, en fait, les bénéfices par action. *Relutif* est un néologisme fabriqué à partir de *dilutif* (autre néologisme). Bon, on ne va pas y passer la nuit. Sachez qu'il s'agit de pognon, de profit, tout ça, quoi !

REMIX Sorte de réorchestration, de relecture plus branchée, si on veut, d'une chanson connue de tous. Par extension : se rejouer une scène du passé à travers le prisme du souvenir. *Je l'avais pas revue depuis des années. D'un coup, paf : je tombe sur elle par hasard au coin de la rue ! 'tain, le remix ! Remixer* signifie aussi, chez les jeunes : changer les (des) choses. On peut *remixer,* par exemple, son vocabulaire ou son look.

RESPECT ! Cette expression, qui, en langue des cités, dit (et répète, répète...) bien ce qu'elle veut dire, semble avoir été adoptée, voire même adoubée, par les jeunes branchés. « Eh ! Attention, là !... *Respect,* hein ! *Respect !...* S'il te plaît ! », souriait le jeune homme en s'adressant à son pote, ce 16 janvier 1999, au tout beau-tout neuf *Columbus Café,* rue Vieille-du-Temple, à Paris.

REVERS DE FOND DE COURT Contrairement à ce qu'on pourrait croire, l'expression ne concerne pas que les *garrolandiens* (habitués de Roland Garros). Il s'agit ici d'un argument renvoyé « par retour de courrier », c'est-à-dire immédiatement, à la réplique. *Je me le suis pris en revers de fond de court !* (je lui ai drôlement cloué le bec !). On peut dire aussi « revers *en* fond de court ». Voir *se faire renvoyer aux 22 mètres*.*

REVOIR SA COPIE Non pas simplement affiner un projet, reconsidérer quelque chose, mais bel et bien recommencer (à plancher...) à zéro. Avec *jouer* dans la cour des grands, envoyer* un signe fort* et pas mal d'autres, *revoir sa copie* est un des tics journalistiques historiques et hystériques majeurs de notre fin de siècle.

RIOULE Déformation de *arioul* (âne, donc : imbécile, chez les beurs). En pratique, *rioule que tu es, va !* du côté de Marseille correspond à *s'pèce de rioule* en région parisienne. Fin 1998, les branchés l'aimaient bien, en tout cas, ce mot.

RIPA Consternant verlan de Paris, hélas pas si rare que cela ! Et pourtant, de *Paname* à *Laripette,* en passant par *Pantruche, Parouart,* et quelques autres (jugés sans doute trop ringards), on a le choix !

RITUEL DE LA FIN DE VIE *Le Monde* du 24 septembre 1998 annonce que Bernard Kouchner souhaite inventer un *nouveau rituel de la fin de vie.* Euh… bon !…

ROCARDISER Marginaliser, mettre sur une voie de garage, au rancard, voire : ringardiser. Du nom de l'ancien Premier ministre de François Mitterrand, pour qui tout ne fut pas toujours si rose que cela et qui se retrouva, très vite, bien isolé, même et surtout au sein de sa famille politique. Synonyme déjà bien connu : *placardiser* ou *mettre au placard.* « M. Le Pen entreprend de *rocardiser* M. Mégret. » (*Le Monde,* 2 octobre 1998).

ROCKUMENTAIRE Documentaire rock, ou sur le rock. « Le *rockumentaire* de Nick Broomfield va-t-il doper les ventes timides du dernier album de Hole ? » s'angoisse *Rock et Folk* de décembre 1998.

RODAVE 1° Surveiller, en banlieue, certes, mais plus uniquement. On dit aussi, plus traditionnellement, *choufer.*

2° Repérer, simplement. *Ça y est, j'l'ai rodave* (et non *rodavé*) ! Syn. *chouffe !* et *piste !*

RODÉO Course poursuite en bagnole, volée si possible, à la tombée de la nuit et plutôt en banlieue. Voir également *run**.

ROLLER Patin à roulettes sur un axe, évidemment beaucoup plus branché que le patin classique. S'applique également et par prolongement au patineur qui utilise les *rollers*. *Le roller y allait à fond sur ses rollers.*

ROUILLE Ennui collant, gluant, viscéral. Synonyme plus banlieue encore : *la rama.*

ROULER UN SUSHI Rouler une pelle, en version exotique. *Je me suis pas bridé pour lui rouler le sushi du siècle* (ça ne m'a pas trop gêné de lui rouler la pelle de l'année). Syn. *guélan,* par verlan de *languer.* Au XVIIIe siècle, on employait une expression qui ne manquait point d'allure : *faire capture.*

RUINER Flinguer, péter, niquer, autrement dit, ici, mettre hors d'usage. *C'te disquette*, y m'a ruiné ma pelle* !* (ce crétin m'a abîmé ma guitare).

RUN (de l'anglais *run*, courir). À l'origine (vers 1995), un *run* était une course sauvage de deux motos (au moins) sur une distance de cinq cents mètres (environ) et sur une portion de route qu'on espérait peu fréquentée. *Libération* du 12 décembre 1998 nous apprend que le terme est désormais officiel et désigne des compétitions encadrées et planifiées, afin d'éviter les rodéos* en tous genres, voitures incluses.

RURAL PROFOND « Profond » comme les débiles du même nom, peut-être, aux yeux de ce citoyen de la France superficielle (qu'il faut bien opposer à la France dite, précisément, *profonde*) qu'est le branché, amateur de terroir par ouï-dire. *Le Monde* l'évoquait déjà officiellement, pour parler des « bleds paumés », en février 1993. En tout cas, *Libération* des 26-27 décembre 1998 nous informe que « Ségolène Royal se penche sur l'école en milieu *rural profond* ». Diantre ! qu'elle prenne surtout bien garde d'y choir, et de s'y heudrir !

S

SAC À PUCES Mico-ordinateur, ou ordinateur, plein de puces informatiques. Le micro-ordinateur connaît d'autres surnoms comme *bécane**, voire, étrangement, *machine à café*. Indispensable, de nos jours, si l'on veut gratter dur.

S'AGRAPPER S'agripper en grappe, par exemple au comptoir d'un bar. « Chez Costes, il n'était pas question de rester *agrappé* de neuf heures du matin à neuf heures du soir ! Ça aurait fait désordre ! » (propos d'un nostalgique des Halles des années quatre-vingt, en novembre 1998).

SANISETTE Prostituée plus ou moins occasionnelle officiant vite fait mal fait dans les sanisettes ou, par extension, dans tout recoin aussi pro… pice. *Cours de Vincennes, le soir, c'est dingue ce qu'il y a comme sanisettes !* On dit aussi, fort élégamment, une *braguette*, un *traînard*, ou une *chiasse*.

SANS « Sans-papiers », bien sûr, mais aussi, plus largement : celui qui n'a plus rien. Et cela, qu'on préfère l'appeler *personne socialement fragilisée, personne en état de précarité, démuni,* ou autre chose. On a parlé des *sans,* en mars 1998, lors d'une manifestation des pauvres.

SATURER En avoir marre et plus que marre de quelqu'un ou de quelque chose. Vient évidemment, en l'occurrence, du monde musicos et des sons dits *saturés.*

SAUVAGEON Ce mot désignait, dès la fin du XIXe siècle, l'enfant qui a grandi sans éducation, comme un petit animal. Sans doute parce qu'il signifie également *jeune arbre fruitier poussé sans avoir été cultivé* et *jeune plant ayant poussé en forêt,* il a finalement conservé, à tort ou à raison, comme un arrière-goût éminemment attrayant de fraîcheur et de liberté. « Cette *sauvageonne* habituée à se vêtir de loques, à courir en cheveux, à marcher pieds nus », écrivait Richepin. Il semblerait que beaucoup de *sauvageons* urbains et suburbains de la fin du XXe siècle, si on se fie à certaines déclarations du ministre de l'Intérieur Jean-Pierre Chevènement, ne soient ni tout à fait du même bois, ni vraiment de la même sève. Le ministre n'évoqua-t-il pas, après l'assassinat bien réel d'une épicière au 357 Magnum par un gamin de treize ou quatorze ans, en mars 1998, les « petits *sauvageons* qui vivent dans le virtuel » ? Largement repris par les « observateurs » (et par le ministre lui-même) et commenté, ce mot que l'on croyait peut-être un peu vieillot, repartit en tout cas pour une belle carrière qui, apparemment, dure encore dans les premiers mois de 1999.

SAVEUR Sauce. Seulement *saveur* rime avec minceur, tandis que *sauce* rime avec grosse. Voilà pourquoi, dans beaucoup de restos branchouillards, vous avez beaucoup de plats *saveur ceci ou cela* et non *sauce ceci ou cela.*

SBAB (prononcer *Zbab*) Acronyme de *super-bonne-à-baiser.* Façon peu galante mais explicite de désigner une belle femme appétissante. *Je me suis levé une sacrée SBAB* (j'ai séduit une fort avenante créature). Remarque : le marché de *l'initiale-et-de-l'acronyme-réunis* est toujours en pleine expansion, témoins les *OSF* (on s'en fout), *CP* (coup de pression), *SNAC* (super-nul-à-chier), *SBF* (sans bureau fixe), *JVSD* (jeudi-vendredi-samedi-dimanche) dans l'expression : *Je me ferais bien un JVSD !* (sous entendu : une fête non-stop), etc. qui pleuvent un peu partout. Voir aussi *DAB** (prononcer *dab*).

SCHMITT Flic, kisdé*, keuf. Encore un mot qui revient de loin, puisque, comme le rappelle Gaston Esnault dans son *Dictionnaire des argots* (1965), il signifiait déjà gendarme chez les camelots, avant la dernière guerre mondiale ! Et pourtant : « C'est comme les *schmitts,* dès qu'on en croise, ils nous bousculent exprès », confie Sélim, un jeune*, au journal *Libération* des 2 et 3 janvier 1999.

SCOOPER Faire savoir haut et fort qu'on est toujours au courant de tout avant tout le monde. *Faut tout le temps que tu scoopes, toi !* (reproche adressé plein pot au *Baiser Salé,* rue des Lombards, à Paris, le 2 décembre 1998).

SCORER 1° Marquer des points, se montrer fort et performant (origine : vocabulaire du sport *via* les reportages sportifs à la télé). 2° Se mettre en quête de sa dope, en langage de junkie.

SCOTCHÉ 1° Ne pas (plus) pouvoir s'arracher à quelque chose, comme si on était collé avec du ruban adhésif. *Pendant la Coupe du monde, j'étais scotché à la télé !* 2° Par extension, être en état de prostration, par exemple après avoir grillé quelques joints. *Il avait tellement fumé la moquette qu'il est resté scotché deux jours.*

SDF Sans domicile fixe. Un des piliers du politiquement correct contemporain, succédané tout honteux mais (au départ) administratif, comme sans-logis ou sans-abri, de clochard.

SE FAIRE BALAYER AVEC LES MÉGOTS Avoir si bien tapé l'incruste* à une teuf* qu'on se fait virer en tout bout de soirée, alors que tout le monde est parti, avec mégots et miettes. Entendu pour la première fois au bistrot *Le Petit Fer-à-Cheval,* rue Vieille-du-Temple, à Paris, en avril 1995. Et souvent depuis.

SE FAIRE BRONZER LA TÊTE Fumer du kif, un petit stick de cannabis en général.

SE FAIRE BUGSER Se faire avoir. L'expression *je m'suis fait bugser* (certains prononcent carrément : boxer) semble bien plaire aux branchés depuis qu'ils on appris que ça se disait (de même que *se faire carotte*) dans les cités, de banlieue ou pas. Délicieux !... Cette expression qui, dit-on, pourrait avoir un rapport avec Bugs Bunny (qui, comme chacun sait, aime les carottes...) ressemble quand même furieusement à *se faire bugger,* petit anglicisme branchouille qui se baladait de-ci de-là, du côté de janvier 1997, pour mieux passer à la trappe dès février de la même année. Voir *se faire zaibluc.*

SE FAIRE LE MOHICAN Façon très branchée, pour les femmes de 1998-1999, de se raser les poils pubiens en n'en laissant subsister qu'une toute petite et mince bande qui grimpe péniblement à la verticale sur le tout bas-ventre, dans le prolongement des grandes lèvres. On dit aussi : *se faire la taille mohican*. Rien à voir, donc, avec l'expression *scalper le Mohican,* qui est un des nombreux synonymes de *se masturber* (au masculin).

SE FAIRE LOUCHER LE CYCLOPE Se masturber. Comme chacun sait, les synonymes sont presque aussi nombreux que les spermatozoïdes dans une gouttelette de sperme. Signalons quand même, parmi les plus récents, *se faire un fast-foutre* et *zapper* manuel.* Au XVIIIe siècle, l'on parlait de se corrompre puis, plus tard, de *se fréquenter,* et cela pour les deux sexes. Joli, non ? On commence à dire également, sous l'influence québécoise, *se donner un up' n down.*

SE FAIRE RENVOYER AUX 22 MÈTRES Métaphore rugbystique induisant qu'on a reporté votre cas... *sine die.* Le *renvoi aux 22 mètres* consiste en effet, en rugby, à botter en touche à partir de sa ligne des 22 mètres... le plus loin possible.

SE FAIRE RÈS Verlan (partiel) de « se faire serrer », autrement dit se faire arrêter, coincer, dans le langage des policiers qui parlent aussi, dans ce cas, de « sauter » un suspect. Par extension, se faire juste surprendre, ou se faire mettre le grappin dessus par un indésirable. *J'ai tout fait pour l'éviter, mais au moment où je descendais dans le métro, paf! Et c'est là qu'il m'a rès !* On dit aussi *se faire baguer* ou, version langue des cités, *se faire bugser.*

SE FAIRE SOUFFLER DANS LES BRONCHES Se faire copieusement engueuler, passer un savon, remonter les bretelles. *On va encore se faire drôlement souffler dans les bronches !* (qu'est-ce qu'on va prendre !).

SE FAIRE ZAIBLUC Se faire *baiser le cul,* en verlan, autrement dit : se faire avoir, posséder, niquer, gruger. *T'as raison, la vie c'est choucard. Dommage qu'on soye pas toujours de la classe ! Alors attention de pas t'faire zaibluc !*

SEIZE K Vient de l'expression *seize K de mémoire vive,* ce qui est peu. Donc : crétin, connard, disquette*. *C'est le vrai seize K, ce mec* (ce type est un cas).

SE LA DONNER 1° Se donner le change en se donnant, non-stop, « la représentation », donc : se raconter des histoires, se prendre pour ce qu'on n'est pas vraiment, ou pas du tout. Dans ce cas, on dit aussi *se la péter, se la jouer, se la gonfler, se la raconter,* ou *taper la flambe.* 2° Se taper, se bagarrer (se donner la baston, une bonne peignée, la correction). Remarque : plus anciennement, dans le « milieu » : *se la donner* revenait à *se douter de quelque chose, se méfier.*

SE LA PÉTER Faire le fier-à-bras, le malin, frimer, se prendre pour ce qu'on n'est pas. *Se la donner* au sens 1 (voir ce mot), en quelque sorte. *Comment qu'il se la pète, depuis qu'il a sorti son bouquin.* Syn. *taper la flambe.*

SE LA SENTIR Il ne s'agit ici que d'être en forme, performant, voire même inspiré, chez les branchés de 1999. *J'me la sens bien d'aller à la Cinquième dimension, soirce* !* (Tiens ! J'irais bien en boîte, ce soir !).

SE LA TOUCHER Être top, haut de gamme, fort, compétent, chez les jeunes. Variante de *toucher* dans le sens de *toucher sa bille.* Donc : pas de contresens si on vous dit que votre fils *se la touche* drôlement, en anglais, cette année.

SE MANGER LES DENTS Se casser la figure. On dit aussi *se manger* (tout court), *se manger la face, la gueule, se manger une boîte, se scratcher, se péter, se croûter,* ou *se vautrer.*

SE PAYER UNE VIEILLE BARRE DE RIRE Se fendre la gueule, la poire, se marrer, se poiler, se faire une poilade, etc. La barre en question (qu'on peut aussi « se prendre »), c'est cette sensation ressentie du côté du diaphragme, et qui vous fait, *ad litteram,* plier en deux… de rire.

SE PRENDRE UN RÂTEAU Se casser la figure, mais aussi : se faire mettre* un vent. *Putain ! le râteau qu'il s'est pris ! comment il a tapé l'affiche* !* (La honte ! J'aime mieux être à ma place qu'à la sienne !)

SE SENTIR CARPETTE Être en pleine grosse déprime. Syn. *avoir le noir dedans, le fog,* ou plus classiquement, *flipper.*

SEXYGÉNAIRE Vieux beau. Pas forcément très vieux, d'ailleurs, ni obligatoirement bien beau. Par jeu de mots sur *sexagénaire,* bien sûr.

SHERPA Guide, appariteur, dont la mission est de conduire jusqu'à un bureau, et à travers des dédales de couloirs, le visiteur perdu. À la Maison de la radio, contrairement à celui d'animateur, *sherpa* est un boulot stable.

SHITMAN Client connu et reconnu sur le marché de la vonce*, autrement dit : consommateur de sticks de *shit* (double anglicisme pratiquement incontournable).

SHOW OFF (prononcer *cho-off*). Démonstratif, clinquant, tape-à-l'œil et tout, si on s'en réfère au *Nouvel Observateur* du 15 octobre 1998, qui présente une étude sur le français (oui : le français !...) tel qu'on le parle. Rappelons que, dans cette autre langue qu'est l'anglais, *to show off*, c'est crâner, poser.

SHUNTÉ Qui a disparu progressivement, mais sûrement. Origine : jargon radiophonique, où *shunter* signifie, techniquement, baisser progressivement le volume sonore d'une chanson, par exemple. Souvent employé dans le sens d'éviction en douce. C'est ainsi, par exemple, que l'animateur Frédéric Lodéon l'employa, le 11 mai 1998 sur France Inter, à propos du compositeur italien Luigi Boccherini (1745-1805). Autre exemple : « Ils m'ont pas viré ! Ah, non ! Ils m'ont juste *shunté,* tu vois ?... » (confidence recueillie au « carrefour des putes », lieu-dit de la Maison de Radio-France, où se retrouvent, entre autres, beaucoup d'acteurs en mal de cachets).

SIGNATURE Texte, marque de fabrique des spots publicitaires télébranchés, plus chiadés que les bons vieux slogans type « du Boursin, du Boursin... du Boursin-du Boursin-du Boursin », etc., mais dont on n'est pas tout à fait sûr qu'ils s'imposent avec autant de force et d'évidence, au fond, à l'inconscient du consommateur.

SKEUD *Disque,* en verlan. Les jeunes le disent autant pour les CD que pour les vieux vinyles. *T'es équipé, en skeuds ?* (as-tu de bons disques, au moins ?).

SLAM Rap sans musique. Un film de Marc Levin portant ce titre sort en France en novembre 1998. *Slammer,* c'est aussi, chez les « hardos » (ou pratiquants de hard rock), faire de la musique qui claque dur. *Faire un slam* peut aussi vouloir dire, quand on est rock star ou présumé tel : se jeter en pâture dans la foule de ses fans en pamoison !... Voir *rap,* (Deuxième partie).

SLURPER 1° Avaler large, sans se soucier vraiment des bruits de déglutition ainsi produits. 2° Aspirer, au propre comme au figuré. « Le temps s'étire, me *slurpe,* me carambole et me branle » (belle envolée de *Nova*, en avril 1996).

SM Sado-maso. Tout le monde sait cela, voyons ! Vous pouvez aussi dire « cuir* » (« Il est très cuir, Marcel ! »). Par parenthèse : n'utilisez jamais « sado-maso » et encore moins « sado-masochiste » chez les branchés ; ils trouveraient que ça fait terriblement province... et ne vous le pardonneraient pas.

SMACK Héroïne. Directement importé des États-Unis, comme tant de choses, ce *smack*-là proviendrait en droite ligne du yiddish *schmeck* (bouffée, prise de quelque chose). On dit aussi *harry.* Voir *parachute**.

SNUFF Cocaïne. Direct USA, *idem* ! Remarque : en british english, *snuff* signifie d'abord et avant tout : tabac à priser.

SOCIALITÉ BOURGEOISE Toute manifestation de convivialité conventionnelle, suivant scrupuleusement les règles établies par la société. « Les boîtes sont toutes devenues des émanations de la *socialité bourgeoise*. Les raves*, pas encore ! » (entendu le 2 janvier 1999 devant l'*Open,* rue Sainte-Croix-de-la-Bretonnerie, à Paris).

SOHO Travailleur indépendant ayant fait de son chez-lui son bureau. En effet, ce *soho*-là n'a rien à voir avec le cœur de la capitale britannique, mais est simplement l'acronyme, cette fois, de *Small Office Home Office* qui, en anglais, peut se traduire par : petit bureau à la maison.

SOIRCE Verlan, apparemment assez amusant pour être répandu, de « ce soir ». On peut prononcer *soirsse* ou *soirçeu,* c'est *ad lib.*

SOLEIL Pièce de dix francs (celle de cinq est une « roue de carrosse »). Provient du langage des musiciens du métro qui, quel que soit le sens donné à ce mot, en sont rarement inondés. Spécial frissons : en langage des prisons, c'est ainsi qu'on surnomme le parloir.

SOLIDARITÉ Charité, en politiquement correct contemporain, où l'on appelle quelquefois une aumône une *pièce de solidarité* (expression entendue pour la première fois rue de la Verrerie, à Paris, en avril 1993).

SORTIR COUVERT Avoir bien percuté* sur le fait qu'il faut systématiquement utiliser une capsule*, chaque fois qu'on fait, comme disait Montaigne (humaniste XVIe siècle), « la congression ». *Sortez couvert !,* conseillait Christophe Dechavanne (humaniste XXe arrondissement) en conclusion de son émission *Du fer dans les épinards.*

SOUS ACIDE Une version sous acide de quelque chose est forcément un peu plus allumée (événement, film, roman, etc.) que la version courante, l'acide en question faisant référence au LSD. Exemple cette critique spontanée, entendue en novembre 1998 à la sortie d'un cinéma : « Putain, *The Truman show*, c'est complètement *sous acide* ! (ce film, qui aurait pu être traité plus zen*, me semble vraiment très, très allumé). Voir aussi, dans le même ordre d'idées : *trois grammes* !*

SOUTIF Soutien-gorge, qui pourrait bien devoir sa suffixation en *if* à une sorte de souci d'*équité* (comme on dit beaucoup de nos jours) avec *calcif* (caleçon, slip). On évoque aussi très souvent, et pour faire british, le *bra*. Remarque additionnelle, rayon sous-vêtements : le slip, qu'il soit d'homme ou de femme, reste le *slibard*.

SPACE (prononcer *speiss'*). Spécial, particulier (plutôt positif, mais peut s'employer au négatif), vaguement déconcertant, et relativement étonnant, en prime. *Space, ton traquenard !* (ton appartement n'est pas banal !).

SPÉCIAL K Kétamine. Nouvelle drogue, nouvelle *love drug* même, née, comme beaucoup d'autres, avec ce qu'on appelle la culture techno. S'absorbe sous forme de pilules et sans (se) poser trop de questions.

SPEED Amphétamines. Du *speed*. Cela dit, dans la pratique, on peut se déclarer *speed* (ou *speedé*) tout simplement parce qu'on est un peu énervé, rien de plus. *Speeder* revient souvent à s'activer un peu, ne pas mettre les deux pieds dans le même sabot, ou encore, comme diraient les *Guignols de l'Info*, « se retirer les doigts du cul ». *Allez, speede un peu, quoi !*

SPÉLOCHES Spécialités, dans le jargon des prostituées et de leurs habitués, qui sont souvent appelés, justement quand ils réclament des *spéloches*, des « mecs-à-passions » ou des « spéciaux », à cause précisément de leurs goûts et desiderata un peu... hors piste, dans le langage des prostituées. « Y'en a, on peut pas les essorer sans leur faire la panoplie *spéloches* ! » (*L'Escale*, rue Blondel, à Paris, 2 octobre 1998). Quel rapport avec le branché ? Eh bien ceci : on entend de plus en plus le mot *spéloche* parmi les branchés et dans les lieux branchés.

Mais après tout, pourquoi pas *mec-à-passion* le jour et *branché* la nuit, ou le contraire, hein ?

SPHÈRE PRIVÉE Contraire de la sphère publique, un peu comme la vie privée tourne le dos à la vie publique. Mais *sphère,* c'est mieux. Voilà.

STABILER On aurait dit autrefois « souligner ». Mais depuis qu'il y a cette merveilleuse invention en couleurs qu'est le Stabilo, évidemment, ça change tout. *T'as compris ou faut que je stabile ?* (Faut-il que j'insiste davantage ?)

STOMB *Bagarre,* en verlan contemporain. Très utilisé chez les jeunes. Détail : si *baston* est masculin ou féminin, au choix, *stomb* est impérativement féminin.

STONE (ou *stoned*) Abruti, sonné, étourdi, peut-être bien sous l'effet de l'alcool, à moins que ce soit sous celui de la drogue. Par extension : distrait, dans les vapes. *Eh ! je te cause ! t'es stone ou quoi ?...*

STRATE Couche, catégorie. Versant commercial : cible. « Nous avons de nouvelles *strates* de lecteurs qui nous achètent » (Philippe Gloaguen, directeur-fondateur du *Guide du routard*, le 24 mars 1998 sur France 2, à l'occasion de la sortie d'une nouvelle édition de son guide).

STREETWEAR Mode de la rue, telle qu'on la constate, mais surtout telle qu'on essaie, souvent, de l'imposer (et ça marche !).

SUBLIMISER Rendre sublime, si l'on se fie au langage des galeristes, sans pour cela sublimer ou magnifier quoi que ce soit, du moins si l'on en croit ce qu'on voit.

SUCER Pomper, copier les autres. Ou simplement s'en inspirer de manière évidente. Le propre des xérox* est de passer leur temps à *sucer* les autres. *T'arrêtes un peu de me sucer, oui ! ?...* (arrête un peu de m'imiter, quoi !). Le *suceur,* c'est bien le moins, fait des *pompes* (il copie de manière éhontée). « Ce film, dans sa construction et la façon dont l'épilogue est organisé, est une *pompe* manifeste d'un autre documentaire » (*Rock et Folk*, décembre 1998).

SUPPORTER Soutenir, par anglomanie endémique. « Les cadres de son mouvement sont prêts à le *supporter* » (TF1, le 28 septembre 1998). On espère bien, en effet qu'ils « le » supportent, leur leader ! Quant à *le* soutenir...

SURFER À CONTRE-COURANT (des conventions, de la mode, de la pensée unique, de ce qu'on voudra...). Se poser en s'opposant, parfois pour le meilleur, et quelquefois pour le pire. Mais sachez qu'il est généralement bien vu de le faire.

T

TACHE Ringard, mickey, nul, con, etc. *Ce keum, c'est la vraie tache.* Inutile de traduire. On dit aussi : *C'est une erreur.*

TACHYCARDISER S'énerver, s'affoler, voire s'exciter ou simplement être en proie à une émotion qui, comme chacun sait, active le rythme cardiaque.

TAG Étiquette, marque, en anglais. Application en franglais contemporain, et cela depuis le début des années quatre-vingt : signature codée à vocation plus ou moins décorative. Dans 95 % des cas : gribouillage baveux, mono ou multicolore. Le *mauvais tag* est un *puage,* et le spécialiste du *tag,* bon ou mauvais, est un *tagueur.* Une grossière copie de *tag* connu et reconnu est une *morsure.*

TANJOS *Gitan,* en verlan suffixé. On peut naturellement s'en tenir à *tanj* ou *tange* (qui se disait encore majoritairement jusqu'à la fin 1998). *Il y a eu embrouille entre des tanjos et des reubeus* (les gitans et les beurs en sont venus aux mains).

TAPER DU SALADIER Refouler du goulot, autrement dit : avoir très mauvaise haleine.

TAPER LA BARRE De *se barrer,* autrement dit : s'esbigner, et fissa. « Quand j'ai vu les nosks qui se raboulaient, comment *j'ai tapé la barre* ! », autrement dit : « J'ai tout de suite pris la tangente dès que j'ai vu que des skins rappliquaient » (bout d'aventure recueillie en décembre 1998, au bar *Les Piétons,* rue des Lombards, à Paris).

TAPER LA DISCUTE Discuter, argumenter. *Bon, on va pas passer trois heures à taper la discute là-dessus !* (brisons là !).

TAPER L'AFFICHE S'afficher, dans le sens de se faire remarquer, attirer l'attention, mais pas forcément de la meilleure façon qui soit. *Il a pris le maître de maison pour un domestique, a étalé de la merde de chien sur le tapis, s'est cassé la gueule en entrant, et a juré comme un charretier en se relevant... Comment qu'il a tapé l'affiche grave, ce blair* !*

TAPER LA FLAMBE Faire le malin, autrement dit encore : taper la frime, se la jouer, se la péter, ou se la raconter. *Y'a vraiment pas de quoi taper la flambe !*

TAPER LA GRUGE Gruger, autrement dit : tricher, frauder, chez les jeunes. *J'ai tout tapé la gruge à mon contrôle d'histoire !* ou *j'ai tout grugé mon contrôle d'histoire !* Remarque : cette acception diffère finalement assez peu du sens officiel de gruger (duper quelqu'un). Attention, emploi particulier et néanmoins glissant : au Québec, *se gruger le shaft*, et même *se gruger* tout court, c'est se masturber.

TAPER LA MATE 1° Mater, autrement dit : regarder en douce, souvent dans le but de retirer de ce que l'on reluque une satisfaction d'ordre plus sexuel que purement esthétique. On *tape* beaucoup, en notre fin de XXe siècle. Ainsi les SDF et autres exclus, démunis, ou autres sous-privilégiés (en français : pauvres, mendiants, vagabonds, etc.) *tapent* la manche plus qu'ils ne la « font ». 2° Par élargissement du sens : regarder, *chouffer,* tout simplement.

TAPER L'ANGUILLE Se glisser, se faufiler aussi habilement que possible entre les voitures, les feux rouges, les feux orange, les piétons qui traversent au vert, et les sens interdits, dans le langage des coursiers parisiens qui parlent aussi de... *taper la débarbote* (la débrouille). Commence à s'entendre chez les deux-roues en général.

TAPER LE DÉFI Façon très *in,* et quelque peu banlieusarde au départ, de dire qu'on sait (ou que quelque chose a le pouvoir de) inspirer le respect. *Ça tape le défi, grave !* » équivaut au bien classique : « chapeau ! »

TAPER L'INCRUSTE S'incruster à tout prix, dans une fête ou ailleurs. S'inviter, s'imposer chez les autres, de manière générale. Regardez autour de vous...

TAPER UN DÉLIRE Délirer dans le bon sens : bien s'éclater, bien se marrer. *Hier soir au Sunset, on a trop tapé un délire !* On peut aussi *taper « le » délire.*

TARAUDER À SEC Avoir soif. Et même une soif quasi-inextinguible, mais qui s'étanche généralement plus au kir, ou au tequila sunrise ou au black bull (ça dépend des endroits où on écluse) qu'à l'eau de Vittel, en toute hypothèse. L'expression, plutôt popu au départ, semble se faire une placette au soleil du côté de la branchetterie, puisque repérée en octobre 1998 au *Skeud,* rue Sainte-Croix-de-la-Bretonnerie, dans le quartier du Marais, à Paris.

TARTINE DE HOUBLON Demi pression avalé en matinée. L'expression n'est pas neuve, mais semble se refaire une belle santé début 1999. On peut aussi parler plus généralement, lorsqu'il s'agit de bière, de *mousse* (ou, en verlan, de *semou*), de *kro,* de *col blanc,* de *8/6,* etc., si on préfère évoquer d'entrée la marque.

TATA BEACH Bords de Seine où les homos de nuit, amateurs de parties de cache-cache avec récompense sucre d'orge, vont jouer avec leurs petits camarades. Par extension : piscines spécialisées, et par extension de l'extension : tout lieu de rendez-vous de *tatas* (ce sont eux qui, apparemment, ressortent cette vieillerie qui n'avait plus cours).

TCHAO-TCHAO ! (qu'il est conseillé de prononcer très vite, limite-convulsif, *tcha'tchao !*) « Allez, salut et à bientôt ! », entre autres au mobile*, quand on veut conclure rapide, ce qui peut arriver.

TCHATCHEUR Personne douée d'un bon bagou, d'un bon caquet, qu'on appelle plus volontiers, de nos jours : *tchatche.* Peut également signifier : baratineur, entortilleur, engraineur.

TCHO-TCHO Postérieur, cul. Dans ce cas, on dit aussi : *seffes* (verlan de fesses), *uc* (cul), *tarpé* (pétard), *cavu* (tiens : un javanais !, celui de *cul*) ou encore, un zeste plus vulgos : *casse-dalle.* Quelquefois : sexe de la femme : *J'aimerais mieux que tu m'en présentes une qui ne soit pas trop coincée du tcho-tcho, tu vois !...*

TCHOUTCHES Seins, peut-être bien par déformation de *totoches,* encore que certains préfèrent donner à ce mot une origine tsigane. On dit aussi : nibs, nibouzes, airbags, rovers (par déformation de ce bon vieux « roberts »), touf-toufs et, bien bêtement, *einsses* (désespérant verlan de *seins*). Remarque : fin 1998, on évoque souvent les *tchoutchasses* (ou *toutchasses*) pour parler de celles que, plus classiquement, on nomme, et depuis plus d'un siècle, des pétasses.

TECHNO Son « tsssi-poum-tsssi-poum », dont une des particularités est de donner très vite mal au crâne sans pour autant relever de la sphère intellectuelle. Très choyée des homosexuels qui, comme chacun sait, aiment la fête bruyante et bariolée. *Techno hardcore* (frange extrémiste de la techno), *techno-ambient* et Cie suivent.

TEJ (ou *tège*) *jeter* en verlan, autrement dit : mettre dehors, à la porte, virer. On peut aussi hasarder sans crainte du ridicule, surtout si on a moins de vingt ans, *téjos. Ses remps sont rentrés plus tôt, y'nous ont tous tej !* (ses parents sont revenus plus tôt que prévu, et ils ont aussitôt fait place nette).

TÉMA ! *Mate !,* en verlan. Donc : regarde ! chouffe ! (de l'arabe *chouf !* : regarde). *Téma la go* !* (regarde un peu la gonzesse).

TEMPÉRÉ Pas trop frais (fraîche). Autrement dit : 1° Un peu, ou même très fatigué. 2° Plus très jeune. « Je veux pas dire, mais elle est plutôt du genre bien *tempéré,* sa gonzesse ! » (entendu en novembre 1998 à *La Fabrique,* rue du Faubourg-Saint-Antoine, près de la Bastille, à Paris). Il est à remarquer que, dans ce dernier sens, *tempéré* se rapproche du plus classique *amorti* (voir Deuxième partie).

TENDANCEUR En langage de pub : pubeux qui est aussi un peu styliste et pas mal sociologue sur les bords. Bref ! son boulot est de sentir l'air du temps et de savoir le mettre à profit. Au féminin, naturellement, le *tendanceur* est *tendanceuse.*

TERRIBLEMENT TENDANCE Très à la mode. L'expression semble devoir supplanter le plus ancien *furieusement tendance* (1996), ainsi que le plus classique *très tendance.*

TÉTARD Débutant. En référence naturelle au bébé qui débarque et qui, comme de bien entendu, tète sa mère. « Non mais j'ai vraiment affaire qu'à des *têtards,* en ce moment », disait le barman du *Royal,* ce 11 décembre 1998.

TEUF *Fête*, en verlan. Hyperutilisé, par les jeunes surtout. Ces derniers, lorsqu'ils évoquent une toute petite *teuf* à la sauvette, parlent alors d'un *squat,* de *faire un squat,* voire d'un *p'tit squat.*

TEXTILE Pour les naturistes, personne ne pratiquant pas le naturisme. Par extension, *textile* peut désigner tout simplement le vêtement. *Pas mal, ton textile !* (tu es sapé sympa, je trouve !).

TILTER Mourir, après avoir vécu comme on aurait fait une vulgaire partie de flipper, vif ou mollasson, inspiré ou terne, plein de rebondissements et d'audace, ou au contraire tout plan-plan, en virtuose ou complètement empoté. Les jeunes parlent aussi de *rirmou* (verlan bien mécanique de mourir) ou d'*être deadman* parce que, il faut le croire, une larmichette de franglais ne mange pas de bread. Parmi les synonymes les plus pittoresques, rappelons que l'argot classique, traditionnel, propose : *rendre sa clé, remercier son boulanger, fermer* *son parapluie, éteindre son gaz, frapper au monument,* ou tout simplement, *tourner le coin...*

TIRER UNE SÉRIE DE UN N'être notoirement capable de tirer qu'un seul et unique coup par prestation sexuelle. Viagra viendra vraisemblablement vous grandir grave !

TISER Boire sans (trop de) modération. Assez répandu chez les jeunes (le mot, heureusement plus que la pratique...), *tiser* est peut-être à rapprocher prudemment de l'expression *être de tisane,* qu'affectionnait Albert Simonin. On dit aussi : *pillave.*

TOM Menteur, grâce au verlan de l'apocope de *mythomane,* c'est-à-dire de *mytho. Mytho,* ou *mito,* donne *tomi,* donc *tom.* Chez les jeunes, le *tom,* comme d'ailleurs le *mytho,* est souvent aussi l'œuvre du menteur, c'est-à-dire le mensonge. *Mythoner,* ou, pour faire plus simple, *mitonner,* revient, ainsi du reste que le banlieusard *barber,* à mentir.

TOP-DÉLIRE ! Vraiment très délire, very exciting, trop fou comme truc ! *'tain, smoking-baskets, t'est top-délire, là !* (ta tenue ne manque pas d'audace).

TOUT-À-L'ÉGO M'as-tu-vu, frimeur(euse). Ne peut évidemment, surtout chez le branché, concerner que le voisin. Jamais le miroir. *Il s'est fait mettre le tout-à-l'égo !* (il commence à se choper la louche, le melon, la grosse tête !). Une application parmi des milliers, ce : « mon ego personnel » lâché par Daniel Cohn-Bendit, ancien chahuteur devenu eurodéputé, dans l'émission *Envoyé spécial* (France 2) du 23 avril 1998. Dernière remarque : celui qui se fait poser le *tout-à-l'égo* est bien évidemment un *égolâtre* de base.

TOP 1° Surchoix, première qualité. *C'est (du) top !* 2° Très jolie fille. Un cousinage avec les top models, qui furent tellement à la mode au cours des années quatre-vingt-dix, est naturellement à envisager avec le plus grand sérieux. 3° Type bien, tout à fait fiable, autrement dit : méga-mec. Dans les trois cas, top s'emploie exclusivement au masculin.

TOQUÉ ...Toqué. Explication, ou aventure au cours de laquelle on s'apercevra que le branché finit quelquefois, à force de contorsions, par faire tout bête et tout simple : en effet, si ce *toqué*-là dérive indubitablement de *TOC* (Trouble obsessionnel compulsif), il ne s'éloigne guère, à la réflexion, de ce que *toqué* signifie (et cela depuis Vidocq qui, en 1829, situe, lui, son apparition au XVIIe siècle...) pour tout un chacun, à savoir : dérangé, dingue.

TORDRE Corriger, casser la figure à son prochain. *Si jamais je le revois, et s'il ne change pas de trottoir, je le tords !* On peut aussi parler, dans ce cas, de *vider un mec.* Attention, cependant, à l'ambiguïté, car cette dernière expression peut aussi signifier, dans un autre contexte il est vrai : amener le mâle à l'éjaculation par les moyens qu'on voudra.

TOTAL RECALL Expression hypercodée d'origine vidéothécoïde signifiant que telle ou telle personne, à peine désignée d'un coup d'œil, est à virer d'une manière ou d'une autre et séance tenante. Par extension : *pansement,* autrement dit, emmerdeur. *Ah, non, pas lui ! C'est Total Recall, ce mec !*

TOUTAFISME Dire « tout à fait » à tout bout de champ et systématiquement, à la place de « oui ». Le *toutafisme* sévit depuis les années quatre-vingt, et a succédé au *complétisme* qui consistait, lui, à répondre : « complètement » (voir Deuxième partie).

TOUT PILE Juste, exactement, enfin… pile, quoi. Entendu entre autres à *La Fourmi,* situé à l'angle de la rue des Martyrs et du boulevard Rochechouart, et à droite-à gauche, entre autres sur les ondes. « Il est *tout pile* 16 heures » (France Inter, le 27 septembre 1998).

TOUZE Aphérèse de *partouze,* à moins qu'il ne s'agisse de l'apocope de son verlan *touzepar…* Où est la tête, où est la queue, là-dedans, va savoir !

TRAITER Maltraiter. Du moins en paroles. Donc insulter. *Tu me traites, je te tords* ! * (je préfère te prévenir tout de suite que tout écart de langage de ta part à mon égard se soldera par une tarte). Voir aussi *mettre une fièvre**.

TRANQUILLE LE CHAT ! Sois zen ! Reste cool ! Du calme ! Doucement ! *Allez ! tranquille le chat, là ! Tu vas tout de même pas nous la jouer prise de gaufre !…* (ça va ! Ce n'est pas si grave !…).

TRANSGENRES Aventuriers et défricheurs plus ou moins mutants de tous les glissements transsexualistes présumés progressistes. « Gouins, gouines, lesbiens, lesbiennes, pédés, pédettes, drag queens, drag kings, cyber, lesbotrans, queer*, transgenres… Foisonnement de nouveaux termes, valse des genres, interpénétration du masculin et du féminin, épuisement des clivages homos/hétéros », en voilà de l'introduction-salade mixte où y'en a vraiment pour tout le monde et les autres ! C'est celle d'un article au titre paradoxalement banal

(« Le nouveau sexe ») paru dans *Les Inrockuptibles*, du 20 au 26 janvier 1999.

TRAPPER Passer à la trappe, autrement dit : évacuer, mettre à la poubelle, censurer, occulter, caviarder, etc. *Ils m'ont filmé, et puis ils m'ont trappé, les enculés !* (entendu le 11 janvier 1996, dans les couloirs de TF1).

TRASH Sale, bas de gamme en anglais, puis, par pente naturelle, en franglais. Le rock *trash* est aussi assourdissant que violent, et, souvent, bien approximatif. Un *trash* (de l'anglais *trash* : camelote, rebut) est une franche ordure.

TRAVAILLEUSE SEXUELLE (ou travailleur, éventuellement). Dénomination apparue en 1993 signifiant, en politiquement correct contemporain : prostituée. Lu, entre autres, dans *Libération*, le 8 septembre 1993, et dans *Le Monde*, le 28 janvier 1995. Petite variante tout aussi politiquement correcte : *travailleuse du sexe*. Cette expression, cela dit, n'en donne que plus de poids et de valeur à *pute* ou à *putain*. Imagine-t-on, par exemple, le livre de Christine Deviers-Joncour (novembre 1998) s'intituler *La Travailleuse sexuelle de la République* ?

TRIP-HOP Genre musical ou présumé tel, errant quelque part entre rap et techno*, avec détours psychédélico-jazz-funky… Assez !

TRISTU Triste, tristouillard, casse-couilles en tous genres. « Ch. ami(es) pour délires, concerts, ciné, fiestas et sorties tout azimuts. *Tristus* et glauques s'abstenir » (*Nova*, décembre 1998).

TRIVIOLOGIE Trivialité érigée en système quasi philosophique. « Arrête ! Tu vas pas nous faire une thèse de *triviologie,* non ! », entendu au *Petit Fer-à-Cheval,* bar de la rue Vieille-du-Temple, en septembre 1998.

TROIS GRAMMES ! C'est le commentaire désabusé que fait le branché en découvrant, sur son poste de télé, une pub particulièrement hystérique et déjantée. Sous entendu : celui qui a conçu ce spot a dû commencer par se renifler un sacré raillou* !

TROLE Mobylette. Meule, bécane, et pétrolette (d'où, d'ailleurs, vient le mot *trole*) tiennent toujours la route. La *tondeuse* (ou *tondeuse à gazon*) désigne plutôt, chez les motards, la petite moto pas bien chère et bien modeste. Un *troll* (en allemand : lutin) est un ringard.

TROM' *Métro,* en verlan raboté. Très utilisé par les jeunes, et pas seulement à Paris. *Tu prends le trom' ou ta caisse ?* (tu y vas en métro ou en voiture ?). On dit aussi *le dur,* qui, plus anciennement signifiait : train. Quant au dernier métro, mais ce n'est pas neuf, c'est *le balai.*

TROP PAS ! Non pas le simple verlan de *pas trop,* mais carrément « vraiment pas ! », « absolument pas ! », « pas du tout ! » dans le langage des jeunes. Exemple : *Trop pas, comme truc !* (cette perspective me flanque vraiment les boules).

TTBM Très Très Bien Monté, ou Très Très Beau Mec, l'un n'excluant pas forcément l'autre, d'ailleurs. Initiales échappées, en tout cas, des sphères homosexuelles où l'on a le culte des beaux objets et autres bijoux, de famille par exemple. Une boutique spécialisée dans le cuir, les « baguettes chinoises » (planchettes à clous pour se percer prépuce, scrotum, etc.) et les piercings en tous genres, située dans le « triangle rose » (en fait : rue Sainte-Croix-de-la-Bretonnerie, quartier du Marais, à Paris) annonce la couleur, puisqu'elle s'appelle... *TTBM*.

TTCC Tasse de Thé Cul Coincé. Tend à supplanter les plus classiques *NAP* (Neuilly-Auteuil-Passy), ou *FHCP* (Foulard Hermès Collier de Perles), pour évoquer ce qui est globalement BCBG, autrement dit : *baisebeige**.

TU ES MARQUÉ LÀ-DESSUS ! « Mais c'est vraiment une obsession ! une idée fixe ! tu ne penses qu'à ça ! »

TU M'AS VU BEAU, TOI ! « Tu serais en train de te foutre de ma gueule, que ça ne m'étonnerait guère ! » Autrement dit : « Tu me prends pour un con ? »

TU ME FAIS LA MISÈRE, LÀ ! (si possible en plissant le visage et en ouvrant les paumes, comme on l'a vu faire à l'*Atlantis,* quai d'Austerlitz, en octobre 1998). Autrement dit : « Tu es vraiment méchant, là ! »

TU ME METS LA HONTE, LÀ ! (voir ci-dessus pour la gestuelle). Tu me fais honte. S'entend absolument partout.

TU VIS DANS UNE AUTRE HEURE, TOI ! « Qu'est-ce que tu es survolté, surexcité, bref : speed !... » (quelle qu'en soit la raison). Entendu entre autres (dans ce sens) au *Zuni,* tex-mex happy-hour de la rue du Sabot, à Paris, janvier 1998.

U

UNE-DEUX En conversation de salon 1998-1999, faire un *une-deux* revient à se servir d'un partenaire comme d'un fronton pour se faire renvoyer la balle et mieux éliminer l'adversaire. Effet Coupe du monde, peut-être ?...

UN TRUC DANS LE GENRE (ou : un truc du genre). Quelque chose dans ce genre-là. L'expression est surtout employée par les jeunes. Exemple : « Il m'a dit que j'avais qu'à m'occuper de mes fesses ou *un truc dans le genre* (encore entendu au *Lizard Lounge*, rue du Bourg-Tibourg, Paris, 5 janvier 1999).

UPPERS (prononcer *euppeurz*). Excitants, et prioritairement : amphétamines. Aux antipodes : les *downers* (comme, en anglais, le *down* s'oppose au *up*), qui jouent plutôt dans le registre sédatif.

URO Abréviation d'*urolagnie* (forte inclination pour les jeux de jets) et non d'*urologie,* très nettement plus médical. Les plus romantiques (après tout, pourquoi pas...) évoquent plus volontiers la « pluie d'or ».

V

VACANCES 1° En langage de drogué, période pendant laquelle l'accro, l'addict, essaie, souvent en vain, de décrocher. 2° Absence due à un petit séjour en taule.

VACCINÉ AU SALPÊTRE Boit-sans-soif, ivrogne ou plutôt « personne touchée par la maladie alcoolique » comme on dit en politiquement correct. *Ma parole, mais on t'a vacciné au salpêtre !* (C'est fou ce que tu peux ingurgiter !) Cette vieille expression de bistrot semble revenir fort, en 1999. Ne pas confondre avec *vacciné au vinaigre* (être de mauvaise humeur), qu'on peut aussi traduire par : *avoir les couilles à l'envers* (expression fort répandue chez les prostituées parisiennes).

VAGUER 1° Se balader, traîner, vadrouiller de-ci de-là. Sans but, sans hâte. *Sur ces fortes paroles, il tourne les talons et s'en va vaguer en titubant en direction de Sébasto.* 2° En argot classique : faire les poches *(les vagues)* à quelqu'un.

VALEURS Baladez-vous dans les galeries, pour voir. Et... vous verrez, et entendrez à quel point il est ringard de parler de *couleurs*. Évoquez donc les *valeurs,* c'est bien mieux. Et si c'est du noir et blanc, dites donc que c'est *graphique*.

VARLO Client potentiel, mais uniquement potentiel, dans la langage des marchés aux puces. Le mot pourrait dériver de *varloper* (se balader, vadrouiller).

VENDANGER Rater une occasion en or. Origine footballistique évidente (on s'en est rendu compte lors de la dernière Coupe du monde). *J'ai complètement vendangé mes chances, avec elle* (je crois que, par ma faute, je n'ai plus aucune chance de me faire cette fille).

VÉNÈRE Verlan extrêmement répandu de *énerver.* Ne pas confondre avec *véquère* (crevé), cet autre verlan très utilisé par les jeunes. *J'étais vénère à force d'être véquère !* (j'avais d'autant plus les nerfs à vif que j'étais crevé).

VERDÂTRE Vert, mais pas de peur. Simplement à force d'être dépassé par les événements. *Verdâtre, j'étais !* On peut aussi, quand même, dire *vert.*

VERLOUCHE Verlan (voir Deuxième partie) rare, peu usité, qui semble curieux, tordu, bizarre, artificiel, et donc un peu louche sur les bords. Bizarre et artificiel, tant sur le plan de l'authenticité que de l'intérêt qu'il peut présenter. Le mot *verlouche* est utilisé en dérision par certains linguistes et, déjà, par quelques branchés. Le *veul,* ou verlan de *verlan,* est souvent considéré comme un peu *verlouche* précisément sur les bords...

VINCHE Pauvre type, ringard. Très présent en banlieue parisienne, dès 1996, pour se répandre très rapidement dans Paris intra-muros. On a émis l'hypothèse que le mot vînt de *vain,* en vain ! Il serait plus vraisemblablement d'origine tsigane.

VIRER Devenir, en argot traditionnel. *Il a viré voyou, ton pote !* Il se trouve que le branché en pince plus pour *virer* que pour *devenir.* Voilà ! *Je vire grave de chez Grave* depuis que j'ai pacsé* avec elle !* (depuis que je me suis mis en ménage avec elle, je perds littéralement la tête !).

VIRTUEL Pas possible, pas réel, incroyable. S'applique aux gens plus encore qu'aux choses, et vient évidemment du langage des accros d'Internet. Exemple : *Ah, lui, c'est vraiment le virtuel total !* (il n'a vraiment aucun sens des réalités).

VONCE Verlan apocopé de *savon.* Lequel représente ici la savonnette, la savonnette en question étant en l'occurrence : 250 grammes de shit. Faut suivre !... *Vince-le-Vonce* était, encore récemment, un petit dealer bien connu officiant du côté de Jaurès-Stalingrad.

VRAI-FAUX Faux, mais de source officielle, pour l'origine de cet oxymore aujourd'hui répandu. Il se trouve que, par pure préciosité, *vrai-faux* est souvent utilisé de nos jours, à la place de... faux.

VRAI(E)S GENS Expression aussi toute faite que bébête servant à désigner ceux qu'on appelait autrefois les braves gens, les gens de cette France qu'on dit, de manière un peu condescendante, « profonde ». Un exemple parmi d'autres : le 12 octobre 1998, le chanteur Michel Fugain évoquait sur

France Inter ces sacrées « *vraies gens* attachés à des choses simples ». On en fut tout remué ! Les *vraies gens* se trouvent, la plupart du temps, non pas « en province », mais « en régions » !

W

WAKOS Walkman. Dommage pour le baladeur (équivalent officiel de *walkman*), mais, de fait, c'est *wakos* qui branche. Et surtout les jeunes.

WARM UP Avant-fête, chez les didjays où, il est vrai, entre les *tracks* (disques), les *BPM* (beats per minute), le *cut* (art de couper net un morceau avant d'enchaîner sur un autre) le *mix*, le *scratch*, et autres *groovy* machins, on n'est plus à un *warm up* près.

WASHI-WASHA Bavardage branché, quelquefois talentueux, voire étourdissant ou carrément prise de tête, souvent fumeux, et toujours en trompe l'œil. Traînait déjà pas mal du côté de 1985-1986 (voir Deuxième partie, à *Chichi-gratin*), a connu ensuite une longue éclipse avant de resurgir, si l'on se fie au *Nouvel Observateur* du 15 octobre 1998, en toute fin de siècle.

WEBZINE Page bricolée, sur le Web, par des *trainspotters*, ou internautes. « Multimédia : la vogue *webzine* », titre *Libération* le 25 septembre 1998.

WHAT MILLE DE TEMPS Il y a vachement longtemps. Employé quelquefois chez les jeunes pour désigner une période... très lointaine. *La dernière fois que je l'ai vu, c'était, je sais pas, moi, y'a what mille de temps !*

WOODY Juif, mais pas obligatoirement du Sentier (quartier des grossistes en tissus à Paris, voir le film *La vérité si je mens*, 1997). En référence à Woody Allen. « Les *chalalas* et les *woodies* ne sont pas toujours aussi copains que ça, crois-moi ! » (confidence faite dans un fast-food de la rue des Rosiers, à Paris, en 1997).

WRAP Bout de crack, par simple métonymie. En effet, *wrap*, qui signifie, en anglais : envelopper, désigne ici non ce qui enveloppe, mais ce qui est enveloppé. Traîne en France depuis 1994-1995, quelquefois sous la forme *vrapp*.

X

X (prononcer, au choix, *iks* ou *eks*). Ecstasy, qu'on peut également appeler *XTC, bonbec* (en argot pur : *bonbon*), *cochon rose* ou *zoom**.

XÉROX Sorte de réplique, sorte de clone si l'on veut, mais en plus pâle, d'une autre personne. Tant sur le plan du look que sur celui du profil psychologique. Par extension : personne fadasse et sans personnalité.

X

Y

YA Couteau, ou, plus globalement, arme blanche et courte en général. Le mot n'est pas neuf, puisqu'il se plante solide dans la langue au début des années cinquante, par abrègement de *yatagan,* sabre turc. Semble toujours bien darder, en toute fin de XXe siècle.

YAOURT Charabia, sabir, bouillie verbale plus ou moins borborygmique. Le mot a connu un glissement de sens non négligeable. Au début des années soixante, *chanter en yaourt,* c'était chanter en essayant de reproduire des sonorités qui voulaient ressembler à de l'anglais, ou mieux : à de l'américain. On dit aussi, à l'époque, de l'« anglais-lavabo ». Au début des années quatre-vingt-dix, si cette première acception du *yaourt* est toujours valable, en surgit une autre pour désigner, cette fois, le charabia des enfants. Exemple bien connu : *Marion ? j'la cause pas !*

Y A PAS PHOTO ! Il n'y a vraiment rien de commun entre ceci et cela. Sous-entendu, ce serait vraiment superflu d'avoir recours à une photo-finish pour évaluer la différence qui existe entre les deux (l'expression vient du langage turfiste).

Y A PAS PLAN ! 1° Il n'y a pas moyen (de faire quelque chose). *Partir aux Seychelles – là, tout de suite ? Non, y a pas plan !* 2° Il n'y a pas d'arnaque, de coup fourré. *Tu peux me croire, mon pote, y a pas plan !* (enfin, quoi ! Tu me fais confiance ! Et tout est clair !).

YAPUKA ! En fait : « y'a plus qu'à », ou bien : il n'y a plus qu'à... s'y mettre, s'atteler à la tâche, pour réaliser ce qui vient d'être exposé. S'utilise en commentaire ironique placé en fin de phrase, pour signifier que les choses sont plus faciles à dire qu'à faire. *Bon ben... yapuka, quoi !*

Y A UN BUG ! Il y a un problème ! Informatique ambiante aidant, il n'est pas impossible que l'insecte *(bug)* détrône un de ces jours le petit reptile saurien (lézard).

YO ! Oui ! chez les rappers des années quatre-vingt-dix. Repéré et récupéré, comme de bien entendu, par la publicité (on se souvient de la pub pour une marque de pop-corn) : *Yo, man ! Je vais te géman !*

YOUKA *Caillou,* en verlan, et dans le sens de crack. Assez usuel chez les spécialistes. *Où qu'y a du youka, dis, là ?* (n'y aurait-il pas un petit bout de crack oublié dans quelque recoin, par hasard ?).

YOUVE *Voyou,* en verlan d'avant la mode, et utilisé chez les voyous eux-mêmes dès le début des années soixante-dix.

Z

ZANTILLE Antillais. « Autour de la grande table ovale, nous pourrions poser pour une affiche de l'United Colors : des Beurs, djez et rocains, des Blacks, cainfs et *zantilles,* un Feuj… Et même un Français de souche, un, aux yeux bleus » (Paul Smaïl, *Vivre me tue*, 1997).

ZAPPER QUELQU'UN Ne plus vouloir, ne plus avoir envie de revoir quelqu'un. En quelque sorte, donc, le *zapper* de son existence, de son décor, de son paysage. Sans haine, mais sans faille. Dérive évidemment du sens premier (voir Deuxième partie) : sauter sans cesse d'une chaîne de télé à l'autre à l'aide de la télécommande.

ZAPPER MANUEL Se masturber. On ne va évidemment pas énumérer ici tous les synonymes possibles ! « J'allais quand même pas passer la nuit à *zapper manuel,* non ? » (entendu au *Jean-Bart,* un café de la rue Camille-Desmoulins, à Paris, le 8 février 1997).

ZAP-ZAP Télécommande du poste de télévision. On dit aussi *zappette* qui, lui, est féminin. *Passe-moi le zap-zap !*

ZARBI (ou zarb) Verlan apocopé de bizarre. *Zarbi* figure parmi les verlans les plus solidement ancrés dans le langage courant en cette toute fin de siècle.

ZARMA ! Interjection beur pas très éloignée, finalement, de notre « putain ! », qui semble ravir les branchés. *Zarma ! la vie de ma mère !* (tu peux m'en croire !).

ZEN ! Du calme ! Doucement ! Ne t'énerve pas ! *Zen* est d'abord employé comme synonyme courant de tranquille. Autre sens : dénudé, simple : *un intérieur zen.*

ZÉRO 1° Haschich de qualité, le *double zéro* étant un haschich marocain réputé de toute première qualité. 2° Anus. « Le salaud ! tout de suite, d'entrée, il voulait miser le *zéro* ! » (il se proposait gaillardement de sodomiser d'entrée de jeu, confidence entendue au *Thermik,* rue de la Verrerie, en décembre 1998). Les branchés évoquent aussi *l'élastique, le calamar, le zuna* (verlan d'*anus*), en passant par ces bons vieux classiques que sont *le défilé des Perses, le petit guichet,* ou *l'entrée des artistes.*

ZGUEG Sexe de l'homme, surtout dans le langage des jeunes de banlieue de 1995, autant dire au départ de la mode du mot. On parle aussi, versant branché, de *zboub,* de *pélo,* de *spatz* (en allemand : moineau), de *teubi* ou *teub* (verlans de *bite*), de *guez* (par aphérèse de *merguez*) ou même, pour rigoler un peu, de *tuba,* de *catz* (que, par parenthèse, on trouve déjà chez Montaigne), de *dick* si l'on tient à l'anglo-américain, ou de *joystick* si l'on est plutôt technico-ludique. Rien ne s'oppose, naturellement, à l'utilisation, certes moins branchée mais savoureuse quand même, des bons vieux classiques, de l'*anguille de calcif* au *zanzibe* ou au *zob,* en passant par la *pièce-du-boucher,* le *goujon frétilleur,* le *tirelahuche à pendeloques* et tant d'autres. Autre synonyme, pas si rare que cela : *braquos,* mot d'origine marseillaise, issu de *braquemart,* et qui bénéficie apparemment de l'asile politique dans les bistrots réputés gays, si l'on se fie à ce qu'on a gobé (on s'en tiendra, en l'occurrence, au mot...) à la terrasse de l'*Open Café,* dans le quartier du Marais, à Paris, le 5 novembre 1998, où l'on louait, avec véhémence et passion, les vertus supposées du PACS.

ZINE Aphérèse de *fanzine* (revue pour passionnés et autres inconditionnels). « Et pourquoi pas un *zine* sur Zinedine ? » (entendu juste après la Coupe du monde au *Divan du Monde,* à Pigalle, été 1998).

ZINZINS (LES) Les investisseurs institutionnels, en langage de boursier et, donc, de salon. Peu employé au café du coin, mais très fréquent en langage de média. « Mais le sens que les traders (golden boys en rapport avec les investisseurs institutionnels ou *zinzins*) donnent à ces phonèmes est bien différent de ce qu'on pourrait imaginer *a priori* » (*Le Nouvel Observateur*, 13 mai 1993).

ZOBI-LA-MOUCHE ! Tu (je) peux toujours courir ! Les plus hardis vont jusqu'à verlaniser en : *bi-la-mouche-zo !* Petit cours d'histoire : *zob* (pénis, en arabe maghrébin) se pointe à Paris vers 1890. *Zobi !* ou *zebi !* dans le sens de « rien du tout ! » apparaît peu après. *La mouche,* petit insecte volant qui passait par là, se fait enganyméder (verbalement, du moins...) vers le milieu du XXe siècle, quand on parle couramment de les « enculer » pour signifier : chercher la petit bête. *Zob-la-mouche* (va te faire voir ! que dalle !) s'ébat librement chez les écoliers dès les années soixante, avant de pénétrer en force dans l'usage, aussi sous la forme *zobi-la-mouche.* Pas très nouveau, donc, mais semble revenir en force en 1999, surtout dans les cours d'école.

ZONE DE NON-DROIT Véritable jungle urbaine ou sub-urbaine. Cette expression qui, pour employer une litote, ne déplaît pas aux médias, fut employée entre autres par le ministre de l'Intérieur, Jean-Pierre Chevènement, en octobre 1997.

ZONER 1° Traîner sans but précis (voir Deuxième partie, à *zone*). 2° Cerner immédiatement la personnalité de quelqu'un. *Il avait pas encore dit un mot que je l'avais déjà zoné* (j'ai tout de suite compris qui il était). 3° *Zoner,* ou *se zoner,* s'emploie toujours, de loin en loin, mais en tout cas pas parmi les plus jeunes, pour : se coucher.

ZONZON 1° Prison, gnouf, trou, placard, ratière, chtibe, etc. *Zonzon* est le titre d'un film de Laurent Bouhnik sorti en 1998. 2° Aphérèse redoublée de *gazon,* c'est-à-dire herbe (qui se fume). 3° Écoute téléphonique, en jargon de la police où l'on évoque aussi, quelquefois, la *zonzif. Classique : c'est à la suite d'un coup de zonzon* (sens 3) *qu'elle s'est retrouvée en zonzon* (sens 1).

ZOOM Amphétamines, ecstasy, cocaïne ou même quelquefois crack, en argot de la drogue. On peut très bien être accro à la fois, simultanément ou en alternance, au zan, au zob et au *zoom.* Le mot peut désigner aussi celui ou celle qui use et abuse de la chose. *C'est devenu le vrai zoom, ce keum !*

On dit aussi, quand le mot est employé pour l'ecstasy, *adam*. Et cela par espèce de verlan, ou plutôt de *backslang* de MDA (initiales de Methyl Di Amphétamine, en anglais).

ZORG ! Merde ! Fait chier ! C'est en tout cas en ce sens que cette apocope du bon vieux *zorglub* (que les amateurs de BD connaissent bien) a été happé, le 16 janvier 1999, dans une conversation entre jeunes branchés qui avaient vraiment tout l'air de connaître le mode d'emploi.

ZOULOS Zoulou. Autrement dit : jeune noir à la mode, ou seulement un peu excentrique. On dit aussi : *zoulou, zoulman,* ou même *zoul*. Remarque : souvent, *zoulos* prend en pratique une connotation péjorative que n'a pas *zoulou*. Féminin : *zoulette. C'est une boîte à zoulos, là-bas* (il s'agit d'un club très ciblé).

ZOUKER Danser d'abord le *zouk* (musique et danse originaires des Petites Antilles), et, par extension, dans certains milieux, danser tout court. Entendu entre autres au *Manapany,* boulevard de Strasbourg, à Paris, en octobre 1998.

ZYAV ! Verlan plus astucieux que *zyva* (pourtant très répandu aussi), de vas-y ! Comme *zyva, zyav* peut s'employer indifféremment pour : « tu peux y aller, là ! » ou pour son contraire : « laisse tomber ! », « arrête les frais ! ». Très utilisé chez les jeunes d'abord, et chez les vieux jeunes ensuite. *Tu veux me faire croire que t'es branché, maintenant, toi ?... Allez, zyav !*

DEUXIÈME PARTIE

DICTIONNAIRE DU FRANÇAIS BRANCHÉ

Tradition

Certes, « toute parole se laisse dire, et tout pain manger », mais les mots nouveaux irritent beaucoup de gens. Chacun a le sentiment, plus ou moins avoué, que le langage devrait être immobile, immuable. Quand elle n'est pas strictement technique, ou professionnelle, la nouveauté fait naître un sentiment de frustration, d'exclusion, tant on voudrait que la langue ne change en rien entre notre enfance et... le reste. Nous avons tous, d'une certaine façon, l'image d'un langage confort et sécurité. La langue de nos pères. Quelle utopie ! Le langage retraite...

Eh bien non, il est banal de le répéter, la langue se meut, au moins dans les franges du parler quotidien. Il y a toujours eu un langage à la mode, avec ses engouements, ses tics, ses maniérismes, ses afféteries. Le langage « branché » – fût-il chébran – des années quatre-vingt n'est pas plus surprenant à cet égard que celui des générations passées, que ce soit celles du XIXe siècle ou du siècle présent. Hier le *cant*, aujourd'hui le *must* ! Ces connivences nouvelles sont un signe de santé, non pas de décadence, et toujours il y a eu, heureusement, des observateurs astucieux pour noter les inventions, et les enregistrer à temps dans des lexiques qui font le régal des amateurs et la pâture, ensuite, des historiens de la langue et des mœurs.

La différence, aujourd'hui – la véritable nouveauté sans doute –, c'est que les mots nouveaux ne courent plus longuement le ruisseau, ni les salons, ni les bordels, avant de pénétrer dans l'usage. Ils croissent dans les banlieues, dans les zones bruyantes de la musique rock, se fortifient dans les cours d'art dramatique, dans le show-biz et dans la pub ; ils circulent tout de suite dans les foules socialement hybrides qui hantent les concerts rock, bruissent dans les salles de rédaction, et de là sifflent sur les ondes jusque dans les chaumières en béton du pays tout entier. Naguère, le *pied* « plaisir » a explosé littéralement dans la langue, vers 1968, après avoir cheminé presque un siècle dans les souterrains de l'argot ; tout récemment, le *plan* est devenu l'un des codes du langage branché seulement quelques mois après son apparition. Le foisonnement des radios libres, après 1981, n'est peut-être pas tout à fait étranger à cette accélération dans la propagation des vocables. Il est possible que la multiplication des relais favorise, en effet, le « branchement » !
Donc, Pierre Merle, journaliste au cœur de l'écoute – il a déjà publié un remarquable « Que sais-je ? » sur le café-théâtre –, s'est fait un plan dictionnaire. Ce recueil tout à fait succulent et enjoué, « câblé » comme il faut, bien dans la « mouvance », est également précis et méticuleux. Il s'est efforcé de définir et de dater les mots dans le vent médiatique, et de retracer à chaud, autant qu'il est possible de le faire, leurs origines diverses. Il se place par là dans une longue et vieille tradition. Pour ne citer que le plus illustre parmi ses nombreux devanciers collecteurs de mots fragiles, Pierre Merle me rappelle à bien des égards Alfred Delvau, dont le *Dictionnaire de la langue verte*, publié en 1867, constitue toujours un monument, un témoignage irremplaçable sur la langue populaire de l'époque, donc sur la vie du français tout court. De Delvau, journaliste et parisien lui aussi, grand coureur de théâtres,

Pierre Merle a l'observation passionnée, l'ironie parfois, et surtout l'humour comme guide. Cet humour s'appelait jadis l'« esprit », et je citerai ici la belle définition de ce vieil Alfred : « L'esprit est la raison elle-même, la raison enjouée, folâtre même, mais la raison : c'est une boussole. »
Il reste qu'un tel glossaire était d'ores et déjà devenu nécessaire. Outre l'amusement qu'il procurera au simple amateur en mal de curiosité légitime, ce *Dictionnaire du français branché* sera réellement utile à tous ceux qui se sentent un tant soit peu débordés par la florescence du vocabulaire ambiant, et qui désirent savoir où, exactement, ils mettent les pieds. Il servira à éclairer la lecture de certains romans contemporains, de bandes dessinées, voire de quotidiens de pointe dont la teneur s'avère quelquefois embarrassante pour le lecteur éloigné du contact direct de la langue – je pense en particulier aux lecteurs qui résident à l'étranger.
Cela dit, malgré la surprise des premiers instants, on peut dire, au risque de décevoir, que le français branché des années quatre-vingt forge ses innovations par des procédés parfaitement traditionnels à la langue. Ce sont d'abord les tics de langage, inévitables en tout temps – *j'veux dire, carrément, à la limite* –, mêlés aux mots de vieille roche à saveur rénovée – *à mort, ringard* –, sans oublier le demi-millénaire *baise*... Le langage philosophique galvaudé par le forum (mais pourquoi pas ?) a lui aussi de la bouteille : *assumer, véhiculer, approche*, avec sa composante psy mise à la sauce quotidienne – *somatiser, lapsus* – et le fameux *quelque part* devenu lieu commun. Les appropriations de termes courants avec glissement de sens – *nul, pote, redoutable, incontournable* – font partie intégrante de la vie du langage ; qui se souvient, par exemple, que *formidable* (de *formidare*, redouter) signifiait naguère « effrayant, épouvantable », et justement « redoutable », avant que son passage, fort raillé en son temps, par

le laminoir des mots à la mode l'ait rabaissé à « énorme et épatant » ?... On relève un peu d'argot, source traditionnelle – *baston, colis* –, et naturellement quelques créations assez bien venues, comme *plan* et *matos*. Les désinences en *-os* sont au goût du jour – *ringardos, coulos* –, mais la langue populaire en a vu d'autres, la manie des suffixes en *-ard*, par exemple, dont il reste *épicemard, taulard, tubard*, etc.

Une originalité notable cependant : la vogue du verlan, autrefois *vers-l'en*. Cette formation du langage à « l'envers » appartient, n'en déplaise à personne, à une fort ancienne tradition plus ou moins voyoute. Au XVIe siècle on appelait les Bourbons les *Bonbours*, et au XVIIIe siècle Louis XV fut nommé *Sequinzeouil* ! Le *vers-l'en* était pratiqué dans les bagnes du XIXe siècle, où Toulon était *Lontou*. Au cours des années cinquante, la mode s'établit dans le milieu de la prostitution et dans le monde carcéral : *dreauper* pour *perdreau* (policier), ou *brelica* pour *calibre* (revolver) ; on parlait d'une *meuf* (femme) dans les prisons des *sixties*, bien avant que le mot ne vienne aux lèvres des écoliers. Là encore les branchés *dombi, Beur* et *laisse béton* puisent, si j'ose dire, dans le vieux terroir !

Et l'anglais ?... Évidemment, l'anglomanie fait florès : 20 % des termes relevés par Pierre Merle viennent de l'anglais, par le canal de la drogue, hélas, et d'une manière plus pimpante par la musique rock. Mais là aussi il s'agit d'une tendance constante depuis le XVIIIe siècle, et qui a connu des pointes remarquables dans les habitudes langagières de la haute société. « L'anglomanie fait des progrès chez nous, peuple simiesque », écrivait Delvau en 1867 – il s'agissait alors des termes de chasse, plus tard ce fut le vocabulaire des champs de courses. D'ailleurs, à y regarder de près, ce débarquement massif est plus apparent que profond. Les mots anglais qui ont un succès réel, ceux qui passent véritablement dans l'usage actuel, sont moins nombreux qu'on ne le croirait ; des termes tels que *au feeling, avoir un look, être speedé*, ou au contraire *très cool, flasher sur quelque chose ou sur quelqu'un, squatter*, etc., représentent environ 6 % seulement de la teneur du présent dictionnaire. Pas de quoi en faire vraiment un plat. C'est plutôt la fréquence de leur emploi, caractéristique de l'effet de mode, qui donne à l'oreille et à l'œil l'impression d'envahissement.

J'ajouterai qu'il est doux, pour un observateur de l'histoire du socio-langage, d'apprendre par la plume de Pierre Merle que le Forum des Halles constitue aujourd'hui le « centre névralgique du branchement parisien ». Ces Halles de Paris où Saint Louis installa jadis des marchandes de poisson à la criée dont le gosier fit merveille des siècles durant, dont la jactance, mêlée à celle des crocheteurs du lieu, leurs compères, devint le symbole de la verdeur, de la trivialité colorée dans l'invention verbale ! Ces Halles qui, avec leurs écosseuses, leurs bouquetières, furent au XVIIIe siècle le haut lieu de ce langage vigoureux que l'on appela le *poissard*, l'un des creusets les plus fulgurants du langage populaire en France, ces Halles dont on pleura il n'y a guère la disparition, ces Halles, donc, respirent encore ! On y forge ces jours-ci du langage « branché ». Eh bien, quel que soit le commerce qui s'y manigance, ces quelques arpents de sol sont décidément increvables. Ils suent la langue… Ça finit par être étonnant – et même grandissime !

CLAUDE DUNETON

Mes remerciements vont à ceux de mes amis qui ont eu un jour la bonne idée de se mettre à « causer branché », et aux nombreux inconnus dont les conversations, espionnées çà et là, m'ont fourni l'essentiel de ce livre.

P. M.

A

Accro Abréviation de *accroché* (de l'américain *hooked*, accroché et dépendant de la drogue). Par extension, toute personne hyperpassionnée par quelque chose est un *accro*. « Alors, complètement *accros*, les Français ? Déjà incapables de vivre sans télé ? » s'interroge le magazine *20 sur 20* dans son numéro de mars 1986.

Addict Fou et dépendant. Dans une publicité restée célèbre pour le chocolat Lanvin, considérée aujourd'hui comme un morceau d'anthologie, Salvador Dali aurait pu s'exclamer : « Je suis *addict*… du chocolat Lanvin ! » Ce mot anglais (« qui s'adonne à… ») vient naturellement de l'univers de la drogue dure, et s'emploie beaucoup par dérision. Un *foot-addict*, ou *addict de foot*, ne peut en aucun cas être privé de la retransmission d'un match de Coupe du monde (ou de quelque autre, d'ailleurs)…

Ado Cette abréviation pour *adolescent* a pris naissance au début des années cinquante dans le milieu des pédagogues et des mouvements de jeunesse, très précisément dans la formule des *camps d'ados*, lesquels accueillaient les enfants après quatorze ans, c'est-à-dire ceux qui avaient passé l'âge des colonies de vacances. Le mot est passé dans la langue générale au cours des seventies et désigne aujourd'hui les adolescents. Comme aurait pu l'écrire André Gide : « Ils sont bien loin d'être tous des Adonis, mais on les adore quand même, chacun à sa manière. » Pour sa part, le très BCBG* *Madame Figaro* titrait le 26 avril 1986 : « Ni sexe, ni drogue, ni révolte. Le boulot, la famille, les copains : les *ados* réglos. »

AÉROBIC Sorte d'exercice physique à la mode, à mi-chemin entre la gymnastique suédoise et la danse (dont la grande prêtresse est l'actrice américaine Jane Fonda), destiné – théoriquement – à faire fondre les grosses.

AFRO Terme musicos*. Désigne de près ou de loin, et parfois même de très loin, ce qui se réclame de la musique ou du look* africain. *Coupe afro* : les cheveux « à l'africaine ». *Musique afro-américaine* : musique pratiquée par les Noirs américains (jazz, par exemple). *Le Monde* du 6 juin 1986, à propos du livre de J.-P. Levet, *Talking That Talk* : « Il a consacré dix ans de sa vie à l'étude du parler *afro-américain*, où un ours *(bear)* n'est qu'un laideron, un pétunia *(patuni)* une petite amie, un gâteau sec *(cracker)* un petit Blanc. »

AGAÇANTE De l'anglais *to tease*, taquiner, agacer, dont l'un des sens dérivés est « avoir une attitude sexuellement provocante ». *Une loute salement agaçante* n'est pas autre chose qu'une fille drôlement, vachement (obsolète) excitante. NB : Ne se masculinise jamais. *Un type agaçant* reste donc, et sans ambiguïté aucune, un insupportable raymond*. Voir *godillante**.

---

* Les mots marqués d'un astérisque sont expliqués dans cette deuxième partie de l'ouvrage.

AGRESSANT Déplaisant, irritant.

À LA LIMITE Un tic de langage quasi historique des années quatre-vingt, au même titre que *c'est pas évident** ou *j'vais t'dire*. Sorte de précaution oratoire préfabriquée servant à prévenir son interlocuteur de l'énormité qu'on s'apprête à lui sortir : « *À la limite*, on peut se demander si François Mitterrand ne roule pas pour Raymond Barre ! » (entendu dans un restau branché des Halles en février 1986). • LIMITE ou C'EST LIMITE : « Tu as eu ton avion ? – Oui, mais alors *limite-limite* ! » (il était moins une).

ALCOOLO Ivrogne chronique en état de délabrement avancé. *Maintenant, il bloque* sur le shit* et se lance dans un trip* alcoolo d'enfer** (il a lâché la fumette pour l'alcool). « Hannah (Mia Farrow), actrice de théâtre cérébrale, partage son appartement avec son Elliot de mari (Michael Caine). Autour d'elle, sa nombreuse famille. D'abord, ses deux sœurs : Molly, célibataire angoissée et cocaïnomane, Lee, la cadette, qui concubine avec Frederick, artiste peintre sexagénaire et lancé. Ensuite, ses parents, ex-acteurs de Série B, *alcoolo*-cabots. Enfin, Mickey (Woody *himself*) » (présentation du film de Woody Allen, *Hannah et ses sœurs,* dans *Libération* du 20 mai 1986).

ALLUMÉ Fou furieux, obsédé... Avec une nuance de sympathie : *C'est l'allumé total* au niveau baise** (la tactique qu'il emploie avec les femmes peut être considérée comme proche du harcèlement sexuel). Voir *jeté, flippé, déjanté.* Autres syn. *niqué, fêlé.*

À MORT À fond, jusqu'à la toute dernière extrémité, à l'extrême limite du possible. *Je fonce, j'y vais, je bosse, je flippe,* *je bande à mort*, etc. Curieusement, le branché emploie là une locution vieille comme Hérode – elle s'est formée au Moyen Âge dans les combats « à mort » et n'a cessé depuis de signifier « énormément ». « *À mort*, excessivement, dit Littré. *Boire à mort.* » La chose amusante, à hurler de rire si l'on veut, c'est que le branchement en fait aujourd'hui (punkitude* oblige) une sorte de traduction mot à mot de l'anglais *to death*, comme dans *I was scared to death.*

AMORTI Mot très en vogue dans les années soixante, ressurgi, précisément, avec la mode sixties* du début des années quatre-vingt. L'*amorti* n'est plus tout jeune, pas encore tout à fait bon à jeter non plus. Il a vécu assez longtemps *pour amortir son prix d'achat* (référence à l'automobile). Sans look*, un peu terne, l'*amorti* flotte mollement entre trente-cinq et quarante-cinq ans. Cousinage évident avec l'argot classique *amorti*, fatigué.

ANGOISSER D'abord utilisé par la génération baba*, surtout dans son acception psy*, avant de tomber dans le domaine des tics de langage des eighties*. *M'angoisse pas !* (laisse-moi tranquille). *J'angoisse à mort* !* (j'éprouve une certaine inquiétude). • C'EST L'ANGOISSE : je suis un peu ennuyé. *Le dernier Godard ? Une angoisse pas possible* ! (le dernier film de Jean-Luc Godard est loin d'être son meilleur). Voir *flip*.

À PLAT *Mettre à plat*, examiner froidement, clairement et sans passion partisane les axes essentiels d'une idée, d'un discours*, pour ne pas se perdre dans les détails et rater l'essentiel. *À plat, comme ça, le western de série B ne me paraît pas différent de la tragédie classique.* Voir *déconstruire.*

APPART' (ne jamais oublier l'apostrophe) *Appartement*, c'était un peu long. On a donc abrégé. (Les plus hardis vont même jusqu'à parler d'un *app* tout simplement.) « Dédé se porte volontaire. Mustaf' l'accompagne. On décide de se retrouver à *l'appart'* de Mandrax pour finir la nuit relax » (Frédéric Lasaygues, *Vache noire, Hannetons et Autres Insectes*, Éd. Barrault, 1985).

APPROCHE « Manière d'aborder un sujet » (Larousse). Plus ou moins galvaudé dans les années soixante-dix. Conception, définition. *Je ne cerne pas complètement ton approche du cul** (je ne parviens pas à saisir vraiment quelle est ta conception des rapports hommes-femmes). Attention au contresens !

ARRACHER Origine : baba-hard* motards. Si quelque chose ne *cogne* pas, ne *cartonne** pas non plus, mais *dégage** *quand même un max**, alors on peut dire que *ça arrache*, ou même que *ça dépote*, ou que *ça décoiffe*.• S'ARRACHER : partir. Syn. *s'extraire, faire cassos, se briser, mouver* (de l'anglais *to move*, bouger).

ARRIMER (S') « À quoi ça rime de *s'arrimer*, Marie, ma mie, si c'est pour pas s'aimer ? » avait un jour écrit un poète anonyme sur un mur blanc du Forum des Halles, centre névralgique du branchement parisien. *S'arrimer* signifie donc vivre avec quelqu'un, généralement – mais pas obligatoirement – du sexe opposé, avec l'intention que cela dure un bon bout de temps. Hors mariage (ce qui est le *nec plus ultra*) ou non. *Là, maintenant, j'm'arrime sec* (j'engage cette fois-ci une liaison que j'espère durable).

ASSUMER Traduction existentialiste (et autrefois exclusivement utilisée par les intellectuels) de « accepter un état de fait ». Ce mot a fini par échouer dans le domaine de la conversation courante à force d'être utilisé par les médias* depuis le début des années soixante-dix.

> Y'avait deux trois loubards
> Qu'assumaient leurs instincts.
>
> *Renaud.*

Ne pas hésiter à ajouter l'adjectif *sec* pour affirmer son discours : *J'assume sec* ou *complètement**. • S'ASSUMER EN TANT QUE : se définir ET s'accepter comme… « Dans toute cette glauquerie*, je *m'assume* en tant que super-mickey* ! » aurait pu s'écrier le roi Edward II à la fin de la fameuse pièce de Christopher Marlowe… précisément intitulée *Edward II*, si on avait jugé bon d'en faire une relecture contemporaine !

ASSURER Tout comme l'alpiniste *assure* sa prise, le branché sharp *assure* dans son domaine. *Il assure sec (ou un max*) au* niveau fringues* (il en connaît un bout, il est tout à fait fiable pour ce qui concerne la mode vestimentaire). *Côté loutes, il assure !* (c'est un excellent dragueur). Voir la publicité pour pulls : « Elles *assurent* en Rodier. » Yannick Noah, commentant sa rencontre avec le pape Jean-Paul II en mai 1986 : « Il *assure* » (il m'a fait bonne impression). NB : Celui qui assure est *une pointure*, ou un *master*. Voir *chapeauter, cartonner*. Autres syn. *cogner, déménager*.

ATTERRIR Origine : jargon-drogue. On *atterrit* après un trip* quand on revient (pas toujours en pleine forme) à la réalité. Par extension : retrouver ses esprits, son bon sens, son sens critique, sa lucidité.

AU NIVEAU (DE) En ce qui concerne… sur le plan de,… à propos de… Cette expression épidémique provient du langage dit « structuralo-technocratique ». Ainsi, si le philosophe continue de situer son propos à un niveau par exemple phénoménologique, le serveur de restaurant moyen s'inquiétera de savoir si ça va *au niveau vin*, et le cuistre modèle courant s'obstinera à situer son propos *au niveau du vécu** de chacun.

AVIATEUR Par identification avec le look* Buck Danny, Battler Britton et autres héros de l'aviation en bande dessinée des années cinquante, désigne les homosexuels mâles adeptes des cheveux courts au cran ravageur, du blouson de cuir type RAF, et, éventuellement, de la moustache. Voir *gay*. Autres syn. *bombardier, cuir*.

B

BABA ou **BAB'S** Signifie « sage » en sanskrit. Abréviation de *baba-cool*, plus que de *baba-hard**. Nom à l'origine péjoratif donné aux hippies* par les premiers punks*. *Baba-cool* (*cool* : décontracté, détendu et, par extension, serein, qui sait tout admettre et tout tolérer) : tout post-soixante-huitard, ex-hippie* velléitaire, amateur de musique planante, de John Lennon (période Yoko Ono surtout), de spiritualité hindoue (d'où son nom), de *Peace and Love*, en est un. À plus forte raison s'il s'est senti taraudé, à la fin des années soixante-dix/début des années quatre-vingt, par des envies quasi irrépressibles de s'inscrire au Parti socialiste. Philosophiquement, l'authentique *baba-cool* est fondamentalement mou et culpabilisé, tiers-mondiste jusque dans ses fibres les plus secrètes, manichéen et un brin masochiste : l'Occident chrétien, colonialiste, pilleur, tortionnaire, malfaisant, etc., c'est le Diable ! Syn. *larzac*.

BABA-HARD En verlan* : *radabab*. Né, comme le précédent, dans les seventies. Il s'habille aussi en jeans et porte également les cheveux longs. Mais lui, il préfère nettement la moto à la délectation morose, le hard rock et, de temps en temps, enrichir sa démonstration d'arguments frappants.

BABATERIE Caractère de tout ce qui est baba* (idées, vêtements, prises de position, musique, etc.).

BAIGNER *Ça baigne, tout baigne*, contractions de *ça baigne dans l'huile*. Signifie que tout est pour le mieux dans le meilleur des mondes possibles. « Du côté du RPR, officiellement, tout *baigne !* » explique la journaliste Catherine Nay sur Europe 1, le 19 mars 1986, peu après les élections législatives.

BAISE *Faire l'amour*, cela fait un peu vieux jeu et, pour tout dire, hypocrito-romantique. *Coït*, c'est un peu technique, et pas très évocateur ni très imagé. Or notre époque réclame des images, et si possible des images fortes : il ne reste pratiquement plus, dès lors, que la *baise*. « Le baiser est plus intime que la *baise*. C'est pourquoi je n'ai jamais aimé que mes petites amies embrassent d'autres hommes » (Charles Bukowski, *Women*). « Dans une scène de *baise*, déclare le peintre berlinois Salomé à *Libération* le 6 mai 1986, je ne suis pas tout seul. Le moi devient toi, lui, l'autre ! » NB : *Baisothèque* remplace de plus en plus *baisodrome*.

BALAI An. S'utilise exclusivement pour indiquer l'âge : *Il a bien 25 balais !* Il se trouve simplement que, de tous les bons vieux termes argotiques bien connus (*berge, carat, pige*, etc.), la mode eighties* n'a retenu que *balai*. Et apparemment, on fait très bien (et beaucoup...) avec !

BANANE Coiffure dérisionnaire en référence au cran gominé à la Elvis Presley, qui faisait rage à la fin des années cinquante et au début des années soixante. La mèche privilégiée (sur l'avant du crâne) est généreusement brillantinée (ou mieux : copieusement sucrée) pour la faire tenir, puis lourdement ramenée sur le front, au-dessus duquel elle se solidifie. La *banane* s'accompagne souvent, au bas de la nuque, de la *queue de canard* (également laquée, bien entendu), balayant le col de la chemise, si chemise il y a. « *Banane* en béton, costume d'époque, il est complètement immergé dans le trip* », constate et apprécie le journal *Actuel* en 1982 (cité dans *Lire*, n° 85).

BARBIQUE Dérivé de l'argot *barbeau*, souteneur. Une *barbique* (nom toujours féminin) désigne un personnage généralement masculin, un peu rouleur, pas forcément méchant, viscéralement vulgaire, et souvent doué d'une gouaille ravageuse. *Son marcel*, c'est vraiment une barbique d'acier (ou barbique pas possible, ou barbique d'enfer*, ou super-barbique)* (son petit ami me semble un tantinet ordinaire). • BARBIQUER : avoir un comportement digne d'une *barbique*.

BARGE Abréviation de *bargeot* ou *barjot* (verlan* de *jobard*), avec une légère altération du sens. En effet, si *jobard* désigne un personnage niais, naïf ou par trop crédule, *barge* introduit souvent une nuance de sympathie. Voir *allumé, jeté, déjanté*.

BASKETS (toujours au pluriel) *Être bien dans ses baskets* : être bien dans sa peau. À rapprocher de l'américain *If I were in your boots* (si j'étais dans tes bottes, à ta place). *Lâchez-moi les baskets* (laissez-moi tranquille, laissez-moi vivre ma vie). Bernard Pivot à Jean d'Ormesson, lors de son émission « Apostrophes » du 9 mai 1986 : « Par ma bouche, il vous demande quand est-ce que vous allez lui lâcher les *baskets*,

Dieu ! » L'expression a commencé à être popularisée voici une dizaine d'années par un spectacle de café-théâtre à succès signé Marianne Sergent : *Rendez-moi mes baskets.* NB : Certains puristes, adversaires acharnés du franglais, persistent à orthographier *basquettes*, arguant que le mot viendrait de *basques* (cf. *être pendu aux basques de quelqu'un*), ce qui est une étymologie plus que douteuse.

BASTON Indifféremment masculin ou féminin, *baston* désigne la bagarre en bon vieil argot moderne (1950). Le phénomène de nouveauté réside en ceci qu'il sera toujours et systématiquement préféré à *castagne, cogne, friction, chicorne*, etc.

BÂTON On ne dit pas 10 000 francs, car cela fait un peu trop Caisse d'épargne, ni *un million ancien*, parce que cela fait papy gâteux, ni *une brique*, parce que cela fait franchement ringard* (d'autant plus qu'avec cette somme on ne peut plus « construire » grand-chose dans les années quatre-vingt). On ne garde donc que le mot *bâton.*

BCBG Abréviation bien connue de *bon chic bon genre* (de bon ton). En 1986, on préfère nettement *CCCG* (cravate club complet gris) pour les hommes, et *FHCP* (foulard Hermès collier de perles) pour les femmes. Pour l'hebdomadaire *Télérama* du 7 juin 1986, le look* de l'acteur Bernard Giraudeau se situe « entre Tintin baba-cool* et Fanfan la Tulipe *BCBG* ».
• BÉCÉBÉGISME : caractère de tout ce qui est *BCBG* ou supposé tel (vêtements, philosophie, tendance politique, goûts divers).

BD ou **BÉDÉ** Initiales de *bande dessinée*. Une *BD* désigne généralement une de ces bandes dessinées des années soixante-dix/quatre-vingt à résonance politico-socio-culturo-machin, bref la bande dessinée « intelligente », par opposition à celles de Disney, de Hergé ou d'autres, qui (sans doute ?) doivent être considérées comme pas assez « en prise » sur les problèmes du temps… À chacun d'apprécier. • BÉDÉPHILE : amateur de bédés.

BEAUF « Pop., abréviation de *beau-frère* », dit le Larousse. Au seuil des années soixante-dix, le dessinateur Cabu annexe le mot pour en faire, en caricaturant un patron de bistrot qu'il connaît bien, un nouveau symbole du Français moyen dans tout ce qu'il peut avoir, à ses yeux, d'abject et de vulgaire : adipeux, hirsute, teigneux, bourré de certitudes, réactionnaire, raciste, antijeunes, misogyne mais vicieux, fourbe, veule, odieux, alcoolique, il aime le football, joue au tiercé et lit *Le Parisien libéré*. De fait, le *beauf* imaginé par Cabu (pour l'hebdomadaire satirique *Hara-Kiri*) remplace le petit personnage « Français moyen », à béret et baguette de pain, dans l'inconscient collectif* des branchés. Ce petit personnage étant désormais perçu (humour féroce ou « bête et méchant » oblige !) comme trop anodin, trop inoffensif. Le *beauf*, cela va sans dire, est l'ennemi héréditaire du baba-cool* (et réciproquement). Syn. *dupont-la-joie*.

BEUFLANT Nouveau, super, génial, fantastique. Verlan* approximatif de *flambant* (ce n'est là qu'une des explications possibles de ce mot aux origines mystérieuses derrière lequel on peut voir aussi le fameux *effet bœuf*.) *Un trip** (ou un *plan**) *superbeuflant* n'est rien d'autre qu'une chose tout à fait remarquable.

BEUR *Arabe* en verlan* (vieux schéma argotique d'inversion des syllabes – *re-be* devenant *be-re* – remis à la mode par les baba-hards* à la fin des années soixante-dix). Anciennement très péjoratif *(Beur* ou *Beuron)*, ce mot semble avoir acquis (avant même l'offensive des *potes*, voir ce mot) son droit d'asile dans le vocabulaire contemporain. Dans la pratique, il désigne surtout les jeunes Maghrébins dits « de la deuxième génération ». Ce mot peut être utilisé sans crainte ni mauvaise conscience dans les dîners en ville, en présence ou non des principaux intéressés.

BICHE « Vient de *bisha*, nom par lequel les travestis se désignent entre eux, au Brésil, et qui veut dire à la fois "travelo" et "chérie" », explique Élisabeth Salvaresi dans l'enquête qu'elle consacre à ces travailleurs immigrés vraiment pas comme les autres dans *Le Matin de Paris* du 24 octobre 1981. En pratique, tout transf* qui fait la retape et qui est d'origine sud-américaine est une *biche*. Surtout quand cela se passe dans les bois.

BIDE Échec, désastre, débandade, revers. *C'est le bide. Je me suis pris un bide total.* Ou encore : *un bide de folie, monumental, pas possible, rédhibos**. Origine : milieu théâtral d'abord, où, depuis la guerre, *bide* a progressivement remplacé *four*. Divulgué par le show-biz et amplifié par lui dans les années soixante. Voir *flop*. Autre syn. *cata* (abréviation de *catastrophe*).

BIDET Il prend tout, avale tout ce qui traîne. Tout y passe, tout est bon sans distinction. À tel point qu'on ne peut que le mépriser (surtout quand on est vraiment sharp, c'est-à-dire bien dans la mouvance* de l'époque) et, pour finir, s'asseoir dessus. Le *bidet*, c'est le « faux branché » dans toute sa splendeur, prêt à tout pour *avoir l'air d'avoir l'air...*

BIISME ou **BI-ISME** Doctrine fort en vogue dans les eighties* reposant sur la théorie de la quasi inévitable bisexualité de tout être humain sachant s'assumer* pleinement. *L'avenir est aux bis* est la clé de voûte du *biisme* contemporain (*bi* : abréviation – fort commode par les temps qui courent – de *bisexuel*). *Il vit pleinement son biisme !* (il est à voile et à vapeur, il le sait, il aime ça, et il ne craint pas d'en parler, bien au contraire).

BLACKIE De l'anglais *black*, noir. Comme *Beur** pour les Arabes, *Blackie* peut être utilisé (en France) sans crainte excessive de représailles de la part des principaux intéressés.

BLAIREAU Mot d'argot-polar à l'origine, qui a été remis au goût du jour par la bande dessinée et le café-théâtre (avec des pièces – au titre plein de dérision – comme *Les blaireaux sont fatigués* ou *L'Étoffe des blaireaux*, entre autres). Entre *beauf** et *mimile* (prolo), le *blaireau* est un homme sans importance également, mais qui se sent ou se croit important, une sorte de « connard brillant ». Voir *rat.*

BLOQUER Dérivé de l'expression psy* *avoir un blocage sur* (ou *par rapport à*) *quelque chose*. Ne pas confondre avec l'argot *bloquer*, recevoir un coup.

BLUES En anglais : cafard, vague à l'âme. Entré dans le langage branché via l'univers musicos*. *Je me traîne un vieux blues de l'enfer** (je n'ai pas vraiment le moral en ce moment). « Les Bleus enfilent leur *blues* », titre, dans un remarquable jeu de mots, *Libération* du 28 juin 1986, après la défaite de l'équipe de France en demi-finale de la Coupe du monde de foot. Syn. *déprime*.

BODYBUILDÉ Se dit de toute personne ayant acquis ses rondeurs musculaires grâce à la pratique intensive du *body-*

building ou « gonflette ». « *Toutes folles de lui*, follement aquatique, est enregistré dans un club vert à la porte Maillot, où se pavanent des créatures *bodybuildées* », explique *Libération* du 19 juillet 1986 à propos d'une émission de télé estivale.

BOGARTER Monopoliser la cigarette (de marijuana, par exemple...) comme Humphrey Bogart le faisait dans ses films. Une des chansons du film *Easy Rider* de Dennis Hopper (1969) dit textuellement : *Don't bogart that joint, my friend, pass it over to me !* (ne monopolise pas le joint*, vieux, pense un peu à moi).

BONJOUR ! Expression ironique qu'on pourrait traduire par « Et encore bravo pour... » Implique donc un jugement sur quelque chose. *J'ai retrouvé un job, mais alors, bonjour la galère* !* (mon nouveau travail ne me satisfait pas entièrement). Voir le fameux spot publicitaire de la campagne antialcoolique 1984-1985 : « Un verre, ça va. Trois verres, *bonjour* les dégâts ! » C'est Coluche qui semble avoir relancé la vieille expression populaire (*bonjour !* au sens de « macache », « impossible », « je vous souhaite bien du plaisir », etc.), cela dans un sketch sur la publicité (plus particulièrement des lessives) : « Alors, celui qui a 5 kilos de linge à laver avec le nouvel Omo (qui lave à travers les nœuds), il fait les nœuds le lundi, il fait la lessive le mardi, et puis il a le reste de la semaine pour défaire les nœuds ! Parce que les nœuds qui ont été dans l'eau, *bonjour !* »

BOUFFE Vieux mot d'argot désignant à la fois le fait de manger, la nourriture, les mets, les aliments, la gastronomie (ou la non-gastronomie) et le repas dans son sens le plus large. *Salut, on s'appelle, et on se fait une bouffe !* phrase bien commode quand on quitte quelqu'un qu'on n'a surtout pas l'intention de revoir dans un futur proche !

BOULES Symptôme de malaise, d'angoisse, d'irritation, de sensation de « boule dans la gorge ». Anciennement, on préférait *les glandes* à l'expression *les boules*. En fait, il va de soi que les glandes ou boules en question, qui sont censées remonter dans la gorge, ne désignent pas forcément, comme pourraient le croire certains naïfs, les glandes salivaires !

BOURGE Vulgaire abréviation (péjorative, bien entendu) de *bourgeois*. Surtout employé par les jeunes.

BRANCHÉ À la mode, dans le vent (expression obsolète). Terme évidemment emprunté à l'univers musicos*. Comme le notait en 1985 François Mitterrand, président de la République en exercice (à qui presque rien n'échappe...), lors d'un two-men-show avec Yves Mourousi, journaliste star de télé, la tendance moderniste préfère se tourner vers les mots *câblé** et *codé*. « Le père de Nestor Burma, Léo Malet, est toujours *branché*. Il a décidé de fêter ses soixante-dix-sept ans mercredi au Palace », note l'échotier Paul Wermus dans *Le Quotidien de Paris* du 29 avril 1986. • ÇA M'BRANCHE : ça m'intéresse, ça me passionne, ça me plaît.

BRANLERIE Aptitude à fabriquer ou à se fabriquer des chimères et à s'y accrocher désespérément. Imagination débridée, voire dangereuse. *Il est dans un trip* de super-branlerie* (il se berce de douces illusions).

BREAK Littéralement, en anglais : pause. Terme musicos*. À noter cependant que, dans les matches de boxe, l'arbitre qui désire séparer les combattants crie : *« Break! ». Bon, on fait un break, là ?* est une proposition qui peut intervenir au milieu d'une discussion légèrement trop animée, dans le but de calmer les esprits. *Oh! breake un coup, là, tu veux ?* traduction pratiquement littérale de l'anglais *Oh ! give us a break, will you ?* qu'on peut globalement résumer par « Eh ! tu nous lâches un peu, là* ? »

BRIEFER De l'anglais *to brief*, fournir des directives. *Briefer quelqu'un* : mettre au courant, informer, donner des instructions. « Le petit monde de la FM se fait *briefer* sur son avenir », titre *Libération* du 8 mai 1986 (à propos de l'avant-projet de loi sur l'audiovisuel).

BRINK *Être sur le brink* (traduction mot à mot de l'anglais *to be on the brink of*) : être sur le point de faire quelque chose. *J'étais sur le brink du mariage, et puis je me suis mis à flipper* (j'envisageais sérieusement de me marier, lorsque soudain j'ai réalisé que j'étais immature).

BRUNCHER Sacrifier au rite mode importé des USA du *brunch* (mot-valise formé de *breakfast*, petit déjeuner, et *lunch*, repas de midi). Le *brunch* est un repas tardif pris dans la matinée, composé la plupart du temps de bacon, d'œufs au plat, de *pancakes* (sortes de crêpes) et de confiture. Le tout tenant lieu à la fois de petit déjeuner et de déjeuner (on dit plutôt un *dej*).

BULLSHIT En américain : conneries. *Tu me bullshites total** ou *tu me total bullshites* (tu me racontes des craques, des conneries, tu me mènes en bateau).

C

CÂBLER Version 1985 de *brancher**, la version 1986 étant – informatique ambiante oblige – *coder*.

CALLER (prononcer *côlé*). De l'anglais *to call*, appeler. Signifie : appeler au téléphone, téléphoner. *Salut, on se call* (côle) *demain !* (on se téléphone demain).

CAMP (prononcer le *p* final) Kitsch (mauvais goût caractérisé) au deuxième degré, c'est-à-dire très affiné, sublimé, supposant un certain recul. « Helmut Berger travesti en Marlène dans *Les Damnés* de Visconti, c'est *camp*. Amanda Lear se prenant pour Marlène, c'est kitsch », explique *Télérama* du 23 août 1986. NB pour les linguistes : l'un des sens de *camp*, en anglais, est « affecté ».

CANON Belle fille attirante. « Beaux-arts : ensemble de règles fixes servant de module pour déterminer les proportions des statues, conformément à un idéal de beauté », dit le Robert. Ne pas oublier quand même, et c'est là l'origine la plus vraisemblable, que c'est avec un *canon* qu'on tire le mieux, et avec un maximum d'efficacité ! • C'EST CANON ! synonyme de *c'est super, sauvage, génial, cosmic* (ou *cosmique*), etc. Et aussi de *c'est géant, c'est l'éclat* (voir ces mots).

CARRÉMENT Franchement, nettement, entièrement, sans ambiguïté. Devenu un véritable tic de langage (surtout chez les jeunes branchés) à la suite du fameux refrain d'Alain Souchon : « *Carrément* méchant, jamais content ! »

CARTONNER Littéralement : faire un carton. Réussir au-delà de tout ce que l'on pouvait imaginer, et avec panache. Taper dans le mille. *Ça cartonne sec* : synonyme de *ça fait mal* (obsolète), *ça cogne, ça dépote, ça allume, ça déménage.* Et aussi de *ça dégage, ça arrache* (voir ces mots).

CAUCHEMARDESQUE Adjectif tout à fait correct et officiel, mais surabondamment employé. *Un plan* cauchemardesque*, c'est tout simplement quelque chose d'un peu ennuyeux.

CAVER *Caver la tête à* (et non de) *quelqu'un avec...* : ennuyer, importuner avec... des histoires. *Tu commences à nous caver dur !* (tu nous énerves passablement). Voir *gonfler**.

CHAPEAUTER À l'origine : avoir autorité sur un groupe de personnes. Maîtriser, veiller à, être compétent dans tel ou tel domaine. *Les Stones, à quarante-cinq balais*, chapeautent encore très sec !* (malgré leur âge moyen plutôt avancé pour des musiciens de rock, les Rolling Stones peuvent encore être considérés comme les meilleurs dans leur catégorie). Voir *assurer**.

CHARISME Mot éminemment français figurant en bonne place dans tout bon dictionnaire. Se distingue depuis quelque temps par son emploi à tort et à travers. Ainsi, *charisme* peut tout aussi bien remplacer, de nos jours, *personnalité, pouvoir de séduction* ou *d'attraction, compétence, professionnalisme*, etc. (Rappelons à toutes fins utiles que le dictionnaire dit : « Autorité fondée sur les dons surnaturels d'un individu. ») Dans un hommage vibrant rendu au journaliste Philippe Gildas, l'échotier mondain Paul Wermus explique, dans *Pariscope* du 18 juin 1986 : « Il [Gildas] a su tenir avec son bagout, son *charisme* et, disons-le, son talent, la barre sans trop de tempêtes. » Émouvant !...

CHAUD Outre l'expression familière *être chaud pour quelque chose* (avoir envie de faire quelque chose), on peut à présent *être chaud sur quelqu'un* (avoir sexuellement très envie de quelqu'un). *Être trop chaud* : être heureux. *Chaud devant !* expression utilisée par les serveurs de restaurant pour indiquer qu'il faut leur libérer le passage d'urgence. Par extension, s'emploie pour *attention !*, ou *ça va chauffer !* (obsolète), ou encore *planquez-vous !* Cf. Gérard Jugnot, du Splendid, dans son one-man-show *Enfin seul* en 1981 : « Alors là, attention !... *Chaud devant*, je tache ! » • CHALEUR : expression (parler minet*) signifiant l'intérêt mêlé d'émotion intense suscité par quelque chose, ou même, plus souvent, par quelqu'un. « Brigitte Bardot, dans la scène de la danse de *Et Dieu créa la femme* : *chaleur*, quand même ! »

CHEAP En anglais : bon marché. Par extension : nul*, de mauvaise qualité, chiche, petit, mesquin. *Ça fait un peu cheap* (c'est pas terrible). Voir *nul** (ou *nullos*), *deb** (ou *debs*).

CHICHI-GRATIN *Le Paris chichi-gratin* (le Tout-Paris futile et salonnard). Expression dont la paternité est attribuée à l'ex-danseur Jacques Chazot (tout arrive !), dont le moins qu'on puisse dire est qu'il sait de quoi il parle. *Les festivals, Cannes, Avoriaz, Deauville, etc., c'est tout chichi-gratin et compagnie.* Syn. *potin-couffin, patin-couffin, washi-washa.*

CHÔMEDU Argot des années trente : chômage (comme *fromedu*, fromage). Peut s'employer indifféremment sous les deux formes *être chômedu* (chômeur) ou *être (se retrouver) au chômedu* (être inscrit, être obligé de s'inscrire au chômage).

CIBLER Prendre pour cible, ou pour thème, ou pour sujet principal. • CIBLAGE : action de cibler. *Le ciblage du spot sur les chaînes n'est pas évident*, parce qu'il cartonne* trop sur le clin d'œil* (le film publicitaire sur les chaînes stéréo est trop travaillé, on en oublie le produit qu'il vante).

CIRER Par analogie gestuelle, a remplacé petit à petit le verbe *branler. En avoir rien à cirer* signifie tout simplement, on l'aura tout de suite compris, « n'en avoir cure ». L'expression synonyme *en avoir rien à cintrer* se taille également une belle carrière.

CLASSE *Être classe*, c'est avoir du chic, de l'allure, et faire montre d'une indiscutable élégance un brin classique. Nuance de respect. Un looké* n'est pas forcément *classe*. Un authentique BCBG* l'est souvent. Michèle Morgan est généralement considérée – à juste titre – comme le prototype de la femme *très classe* (on dit souvent *très classe et tout !*). NB : Ne jamais employer l'expression *ça a de la classe* ou *elle a une très grande classe*, qui sonne un peu ringard*.

CLASSIEUX Néologisme inventé par Serge Gainsbourg (amalgame entre *classe** et *gracieux*) et largement employé par lui-même et par… les autres.

CLEAN Propre, net et sans bavure (propre, en anglais). *Mode clean* : cheveux bien dégagés sur les oreilles, look* BCBG*, murs blancs, peu de meubles. Ant. *crade**.

CLIPPEUR Spécialiste de la fabrication des *clips*, ces petits films sophistiqués destinés (à l'origine) à la promotion d'un disque. Un des plus célèbres *clippeurs* de sa génération est Julien Temple (spécialiste des Rolling Stones, de David Bowie, de Culture Club, des Sex Pistols, etc.).

COINCÉ Mal à l'aise et un peu pincé. Par extension, personne à problèmes. « Trente-trois ans, bien dans sa peau, pas nul*, pas *coincé*, pas fauché, sans principes, plutôt provincial, rencontrerait femme vingt-trois, vingt-huit ans, mêmes affinités, pétillante, physique agréable, avec qui pouvoir s'acoquiner quelques heures ou en week-end à la mer » (annonce – parmi d'autres – parue dans *Libération* le 15 mars 1986).

COKE Cocaïne, la drogue in ! • CRACK : *coke* sous forme de cristaux se fumant dans des pipes en verre.

COLD En anglais : froid. Référence à l'univers musicos* *cold wave* (musique électronique) et au look* qui s'y rapporte (teint blafard, cheveux ébouriffés, lunettes noires, boucles d'oreilles pour les hommes, habillés généralement de noir). Attention au contresens : un *mec cool** est simplement décontracté ; un *cold* est quelqu'un dont tout dans l'apparence laisse transparaître un penchant certain pour la musique *cold*.

COLÈRE Adjectivation traditionnelle du parler faubourien entrée dans l'usage branché. *Là*, je suis colère !* (je me sens gagné par un juste courroux).

COLIS Jolie fille, plutôt allumeuse (fréquemment employé par Frank Margerin dans ses BD*). Voir *canon**. Autres syn. *paquet* (un brin plus vulgaire), *loute, belette, quatre heures*. Ant. *boud'*. NB : Rien à voir, donc, avec l'argot, où *colis*, nettement péjoratif, désigne une prostituée ordinaire, qu'on « exportait », au siècle dernier et au début du nôtre, sur d'autres continents, dans un but évident de rentabilité accrue !

COLLAPSER De l'anglais *to collapse*, s'effondrer d'un seul coup. Être brusquement anéanti par une nouvelle aussi désagréable qu'inattendue.

COLLECTOR'S Abréviation de l'anglais *collector's piece* (ou *collector's item*), article de collectionneur (digne de figurer en bonne place dans une collection d'objets rares). *Je vais te présenter son marcel*, tu vas voir le collector's que c'est, j'te dis pas* !* (crois-moi sur parole, son petit ami est vraiment quelqu'un de tout à fait surprenant). *« Animalisms », pour un sixties*, c'est vraiment le collector's d'enfer* !* (pour un amateur de la musique pop des années soixante, le disque original des Animals, *Animalisms*, daté de 1966, est une pièce à conserver précieusement).

COLLURE Officiellement : joint entre deux bandes cinématographiques réalisé par collage. En branché : amalgame, lien (entre deux propositions ou deux idées) à l'emporte-pièce. Serge Gainsbourg, à la télévision : « Le négligé n'implique pas forcément qu'on soit cradingue. C'est la *collure* qui me gêne. »

COMME TU SENS ou **COMME TU LE SENS** Comme tu veux. Dans le show-biz : *Tu fais comme tu sens, coco !* (je te donne carte blanche).

COMPLÈTEMENT ou **COMPLET** S'utilise quasi systématiquement à la place d'autres adverbes pourtant fréquentables, comme *entièrement* ou *absolument*. « L'héroïne du film *37° 2* vous ressemble ? » demande un journaliste à la jeune comédienne Béatrice Dalle. « Ah, oui, *complètement* ! Je suis même pire dans la vie ! » répond cette dernière (*Première*, avril 1986). Autre exemple : *Tu te sens interpellé* au niveau* syndical, toi ?* Réponse : *Ah oui, complètement, j'vais t'dire !* (« Te sens-tu concerné par l'action syndicale actuelle ? – Sans aucun doute ! ») Voir *total**.

CONTRE-CULTURE Vieux mot rescapé de la mouvance* pop-seventies, qui tient encore très bien le choc dans les conversations intello-branchées. La *contre-culture*, c'est évidemment la culture « naturelle » opposée à la culture « bourgeoise ». But avoué : abolir tout rapport dominant-dominé (entre créateurs et spectateurs) dans tout « acte culturel ». « La *contre-culture*, c'est ce qui reste quand on a beaucoup parlé et qu'on n'avait rien à dire » (dicton supposé des années quatre-vingt).

COOL De l'anglais : frais, réservé. Largement répandu dans les années soixante-dix par le monde pop. *Keep cool, cool down everybody !* (gardez votre sang-froid, calmez-vous !) hurlait Mick Jagger, leader et chanteur des Rolling Stones, lors du fameux concert d'Altamont en 1969 où, à la suite d'émeutes provoquées par la présence de Hell's Angels (baba-hards* bastonneurs), il y eut un mort et plusieurs blessés. Caractérise tout ce qui est détendu, décontracté, relax. NB : *Coolos* est également beaucoup employé.

COQ Adepte de la coiffure hérissée et souvent multicolore sur le sommet de la tête, avec cheveux ras sur les côtés. Voir également *iroquois** et *skin**.

COUP Fille (sous-entendu : bonne affaire, sexuellement parlant). *C'est un bon coup !* (cette fille est sexuellement douée de ressources et d'imagination). Autres sens : 1° Affaire, occasion. *Tu as été bon, sur ce coup !* (tu t'en es vraiment bien tiré, bravo). 2° Idée, projet. *J'ai un coup, je suis sur un coup fumant !*

CRADE Abréviation de l'argot *crado* (crasseux). *La mode, le look* crade* : la recherche et la sophistication paradoxales dans l'art du négligé (exemple : Serge Gainsbourg, qui admet passer beaucoup de temps à se « raser » avec une tondeuse de coiffeur pour garder une barbe « de trois jours »). Dans son numéro d'avril 1986, l'émission (chic et choc) d'Antenne 2 « Moi, je » titrait en toute simplicité « Les crades » pour annoncer son reportage sur les Français qui refusaient l'hygiène et la propreté.

CRAIGNOS Sans intérêt (voir *redoutable**), nul* et non avenu. Fait partie de cette cohorte de néologismes en *-os* (*débilos, calmos, chicos, cassos, tranquillos*, etc.). Origine : *craindre*. • ÇA CRAINT : faut se méfier. « Avec cette meule* d'enfer*, si t'es pas branchée compète, *ça va craindre* » (Frank Margerin, auteur de la couverture du *Nouvel Observateur* du 4 décembre 1982), qu'on peut globalement traduire par « Avec cette moto-là, tu as intérêt à t'accrocher, si tu n'es pas une habituée ! »

CRAQUER Anciennement : s'effondrer nerveusement. *Craquer* a rejoint aujourd'hui la notion d'enthousiasme : *J'ai* *carrément craqué pour elle* (j'ai eu le coup de foudre). *C'est craquant* (c'est excitant, enthousiasmant). Tu *craques* ou encore *Tu craques dans ta gaine* (tu ne peux résister, malgré de nombreux et louables efforts). Popularisé par l'équipe du café-théâtre le Splendid avec, en avril 1973, son premier succès, *J'vais craquer* ; puis, en 1980, par le film *Je vais craquer*, de François Leterrier, inspiré de l'album de bandes dessinées de Gérard Lauzier *La Course du rat.* Voir le spot publicitaire pour la ligne Infinitif (« La mode qui fait *craquer !* »). La chanteuse choc et punk* Jeanne Mas à *Paris-Match* (9 mai 1986) : « Un homme plus fort que moi ? Je *craque* à 100 % » (j'adore).

CRAQUOS Boutons dus – en principe – à l'acné juvénile.

CRÉATIVITÉ « Pouvoir d'invention », dit seulement le *Lexis* de Larousse. En tout cas, ce mot devient si suremployé (et peut-être surévalué…) que *Le Journal du dimanche* du 20 juillet 1986 lui consacre une page entière, intitulée « Les recettes des créatifs » (on est en pleine période estivale, et l'actualité tourne un peu au ralenti) : « C'est *[créativité]* un des termes à la mode chez les cadres dynamiques de tout poil, et plus particulièrement chez les éclaireurs de la modernité », renseigne l'hebdomadaire. Woody Allen, Diego Maradona, Coluche et quelques autres y sont considérés (arbitrairement ?) comme de grands orfèvres en matière de *créativité.*

CREEPERS Chaussures de rockers* à large semelle de crêpe. *J'en mène pas large dans mes creepers*, comme *je flippe dans mes santiags**, signifie tout simplement que les choses ne se présentent pas sous les meilleurs auspices.

CRÉNEAU Place. *J'ai un créneau* peut donc tout aussi bien vouloir dire « j'ai trouvé un filon » que « j'ai un plan*, j'ai une idée ». Allusion à l'univers auto : *faire un créneau* pour se garer en marche arrière le long d'un trottoir, entre deux voitures. *Trouver un (son) créneau* : trouver sa voie.

CUL Nom tendant à devenir un adjectif synonyme de *sexuellement attirant. Elle est très cul* (il émane d'elle, de son attitude et de ses propos, une sensualité débordante). *Il parle cul* (il fait souvent allusion, dans son discours, aux choses de la sexualité).

CUSTOMISER ou *customer.* De l'américain *to customize*, fabriquer, mais surtout transformer un objet selon ses propres goûts et lui donner ainsi une allure tout à fait personnalisée. • CUSTOM (dans ce sens) : voiture dont on a remodelé, trafiqué, bricolé le capot ou la carrosserie (ou les deux) à l'aide de contreplaqué, de plastique, de carton ou de n'importe quoi, puis qu'on a entièrement repeinte, pour lui donner un look* d'enfer*.

D

DAMNED ! Interjection anglaise (équivalant à *nom de Dieu !*) passée dans le langage branché par bande dessinée interposée. Au premier degré, *damned !* figure dans toutes les bandes dessinées des années cinquante (voir *La Marque jaune*, page 11 : « *Damned !* La marque jaune !... » s'exclame Mortimer). Au second degré, elle se trouve dans beaucoup de BD* modernes inspirées, justement, de E. P. Jacobs (... et des autres). « *Damned !* On est repérés ! » pouvait-on lire encore récemment sur une peinture murale de style BD du quartier Beaubourg à Paris. S'emploie beaucoup dans le langage branché courant, naturellement par dérision pure. *Damned ! J'ai oublié mes clés !*

DAUBE De l'argot *dauber*, truquer. Camelote. *Ton matos*, c'est carrément* de la daube !* (ton matériel ne vaut rien).

DEADLINE En anglais : point de non-retour. (À l'origine, ligne entourant une prison, au-delà de laquelle les gardiens tiraient sans sommation.) Limite infranchissable. *Elle m'a posé un deadline* (elle m'a fixé la limite à ne pas dépasser).

DEALER (prononcer *dileur*). De l'anglais *to deal*, conclure un marché. En langage courant, un *dealer* est un pourvoyeur de drogue. • FAIRE UN DEAL (de l'expression anglaise *it's a deal*, tope là !) ou DEALER (prononcer cette fois *dilé*) : être en affaires avec la ferme intention de conclure vite et positivement.

DEB ou **DEBS** Simple abréviation de *débile ou débilos. C'est hyper-deb* (cela n'a pas de sens). Voir *nul**, *gol**, *craignos**. • UN DEB : un jocrisse.

DÉCADENT Se dit de certains chanteurs des années soixante-dix jouant sur l'ambiguïté d'apparence : les rockers* transformistes style Alice Cooper. Par extension : leur musique, puis les amateurs de cette musique.

DÉCALÉ « Depuis l'apparition de la crise économique, lit-on dans le supplément *Campus* du journal *Le Monde* du 10 avril 1986, le *décalé* a décidé une fois pour toutes que nos sociétés ne s'en sortiraient pas et qu'en conséquence il faut chercher un épanouissement purement personnel. » Peut, dans certains cas, être synonyme de *marginal*, bien que ce dernier terme soit plus spécifiquement seventies.

DÉCIDEUR Chef, patron, boss, manager, directeur, PDG, etc. « Comment voulez-vous que les *décideurs* ne soient pas sceptiques dans le contexte mondial actuel ? » s'interrogeait un jour Jean Gandois, ex-PDG (ou *ex-décideur*, peut-être ?) de Rhône-Poulenc (cité par Pierre Boncenne dans *Lire*). « Des lettres ont été envoyées à 13 000 *décideurs* du pays pour obtenir la libération de prisonniers pour délit d'opinion », écrit *Le Quotidien de Paris* du 27 mai 1986, dans un article sur Amnesty International.

DÉCONSTRUIRE Vient tout droit et sans ambiguïté aucune du langage intello*. Attention : ne signifie pas « démolir » ni « faire table rase », mais « démonter » quelque chose (mettons… les mécanismes d'une névrose) « pierre par pierre ». Par extension, on peut dire qu'on *déconstruit* une amitié parce que cela fait tout de même mieux que de dire que l'autre vous emmerde. Noter, toutefois, que *déconstruire* implique toujours une idée de difficulté, de méticulosité.

DÉFONCER (SE) Vient du langage de la drogue (la *défonce* : la dope). *Bien se défoncer*, c'était à l'origine se prendre une dose « pour grandes personnes » (autrement dit, une forte dose). Aujourd'hui, le sens s'est élargi considérablement. *Se défoncer*, de nos jours, signifie : se faire plaisir, se rassasier, se régaler de quelque chose qu'on aime ou qu'on apprécie. Ainsi, on peut *se défoncer* aussi bien à la bière qu'à la colle à rustines, en regardant des films à la cinémathèque ou ailleurs, qu'en faisant du jogging ou tout ce qu'on voudra. Ironique : *Il se défonce au tiercé* (son grand plaisir, c'est de jouer au tiercé). Voir *s'éclater, se shooter*, prendre son pied**.
• DÉFONCE : « Une pause, un sandwich, un demi ou une *défonce* sur un de ces vieux rocks qu'on connaît par cœur, et je relance » (*Limite*, de François Bon, Éd. de Minuit).

DÉGAGER Origine argotique : partir, s'en aller le plus rapidement possible. En français contemporain, traduit l'idée de « révélation rayonnante et impressionnante ». *Elle dégage un max** (cette femme est d'une beauté renversante). Voir *arracher*, cartonner**. Autres syn. *blinder, déménager* (cf. la fameuse publicité pour la moutarde Ducros, qui *déménage*).

DÉGAINE Apparence, allure, silhouette vaguement ridicule. S'emploie de plus en plus, parfois au détriment (déjà !…)

du fameux look*. Régine Deforges, dans une interview à *Libération* en avril 1986 sur l'écrivain André Hardellet : « Il avait une espèce de *dégaine* invraisemblable, avec ses pantalons trop grands, mais c'était quelqu'un d'une grande finesse. » pop. *Ouah ! La dégaine !* (Comme son apparence est étrange !)

DÉGUEU Abréviation de *dégueulasse. C'est pas dégueu* est une des litotes à la mode pour désigner quelque chose qui est vraiment hors pair.

DÉJANTÉ Littéralement : sorti de ses jantes, donc des normes. *Un gus déjanté total** : un marginal. Voir *jeté*, flippé*, gol*, allumé**. Autres syn. *niqué, niqué de la tête, fêlé, délatté.*

DÉMARCHE Cheminement intellectuel, raisonnement, analyse. « Quelle a été votre *démarche* en écrivant ce livre ? » (ou en faisant ce film) interroge systématiquement le journaliste – qui n'est pas au courant, histoire de ne pas demander à son interlocuteur : « Alors, de quoi c'est que ça cause, votre truc ? » « Il y a forcément un peu d'hypocrisie dans la *démarche*, au cinéma », explique le réalisateur Bertrand Blier dans l'émission « Cinéma, cinémas » d'Antenne 2, le 20 mai 1986.

DÉMARIAGE Ni divorce classique « à l'ancienne » (brutal, dramatique et ringard*) ni simple séparation (un peu cheap*), le *démariage* est la « rupture de contrat » en bons copains, l'un ne cherchant pas à léser l'autre. À la limite : divorce à l'amiable. Plus sûrement : divorce ou séparation à la carte.

DÉRILARYNXER Pourquoi chercher à faire simple quand on peut faire compliqué ? Quand la folie dérisionnaire vous fait suffoquer, voire étouffer de rire, en finissant par vous bloquer le larynx (stade ultime intervenant juste après celui qui vous fait *hurler de rire**, comme on dit dans les salons parisiens), eh bien vous vous *dérilarynxez !* En tout cas, ce mot est repris et signalé par le très branché hebdo de spectacle *Pariscope* dès octobre 1985.

DESTROY En anglais : détruire. Mot d'ordre néo-nihiliste des punks* dès leur apparition vers 1975. *Avoir un plan* destroy* avoir pour finalité de faire table rase de quelque chose, et peut-être bien de tout !

DEUXIÈME DEGRÉ Expression échappée et survivante des années soixante-dix. C'est l'art et la manière de saisir les choses au-delà de leur apparence pour en sentir la substantifique dérision. Les chansons réalistes sont souvent hilarantes quand on les prend *au deuxième degré*. Ce qui est censé être drôle pour les ploucs *au premier degré* (c'est-à-dire : tel quel) ne l'est évidemment pas pour l'intellectuel raffiné. Mais ce dernier peut, lui, trouver matière à rire dans ce qui est déjà réputé drôle... pour les autres : *Le théâtre de boulevard, pris au deuxième degré, ça peut être à hurler de rire* !* On l'aura compris, les amateurs de *deuxième degré* ne sont évidemment pas n'importe qui. NB : Il y a parmi ceux-ci les pessimistes qui, eux, préfèrent employer l'expression *second degré* (sous-entendant qu'il ne peut y en avoir que deux) et les autres (plus nombreux) qui restent attachés à la formulation *deuxième degré* dans la mesure où ils savent qu'il peut exister aussi un troisième, cinquième, x-ième degré. Simple question de degré de complicité, de clin d'œil, entre ceux qui « font » l'humour et ceux qui le consomment.

DISCOURS Raisonnement, analyse. *Si je suis bien ton discours, ma démarche* est carrément* glauque** (si je suis bien ton analyse, mon idée ne me mènera nulle part).

DOMBI Verlan* de *bidon*. Un *dombi total** est tout aussi bien un frimeur qu'un nullos*, qu'un ringard*. *C'est dombi* sera toujours préféré à *c'est bidon* ou, pire encore, à *je n'y crois pas !* Si beaucoup de mots (de deux syllabes) peuvent se dire théoriquement en verlan*, *bidon* est un de ceux qui le sont le plus systématiquement.

DOWN En anglais : au fond, en bas. A pris, en français branché, le côté « condition psychologique défavorable » (comme, en anglais, *I'm down*). « Comme toujours chez Bertrand Blier, explique Gérard Depardieu dans *Libération* du 10 mai 1986, à propos du film *Tenue de soirée*, il y a trois ou quatre fins. Ce n'est pas qu'il ne sait pas finir, c'est qu'il ne veut pas en finir. En plus, quand il veut finir, c'est toujours *down*. Alors j'ai dit arrête, y'en a marre d'être toujours au fond. »

DREADLOCK Nom donné aux cadenettes portées par les *rastas** ou toute autre personne. Par extension, tend, chez les jeunes surtout, à remplacer *tresse* ou *natte*, même quand ces mots font parfaitement l'affaire.

DUR (et non *dur-dur*, expression qui connut son époque glorieuse entre 1979 et 1982, pour disparaître aussitôt après). Impitoyable, sans concession, voire : dans l'erreur. Ainsi, *tu es un peu dur*, ou, pire, *tu es très dur*, peut tout aussi bien signifier « tu ne fais pas de cadeaux » que « tu racontes n'importe quoi ». Seul le contexte permet de faire la différence. Autres sens : 1° Pénible, pas drôle, coincé*, chiant. *Ah non ! Dur, ton plan*, j'vais t'dire* !* (ton projet ne m'enchante guère). 2° Vraiment pas marrant (là encore, anciennement *dur dur !*). « Dur » est le titre de l'éditorial de Jean-Pierre Lavoignat sur la mort de Coluche dans *Première* de juillet 1986.

E

ÉBOURIFFANT Étonnant, un peu « fort de café ». « Qu'un ministre de l'Intérieur ait osé déclarer que les journalistes de télévision ont une responsabilité particulière car ils sont la voix de la France, voilà qui est proprement *ébouriffant* ! » (*Télérama* du 30 juillet 1986).

ÉCLAT L'art et la manière de s'éclater (ou de se défoncer*). *Ton cuir, c'est l'éclat !* (ton blouson est superbe), cite le *Nouvel Observateur* lors d'une enquête en décembre 1982 sur le langage des lycéens. Synonyme le plus commun : *le pied**. • S'ÉCLATER : se faire plaisir, s'envoyer en l'air au sens le plus large. Yves Mourousi, star de télé : « Je veux *m'éclater* dans tout ce que je fais » (France-Soir du 15 mai 1986).

ÉCOLO Abréviation de *écologiste*. Désigne toute personne qui, de près ou de loin (le plus souvent de loin), se pose en défenseur de la nature et de l'environnement. « Jeune homme, 30 ans, éducateur spécialisé, esprit *écolo*, amour enfants, passion chevaux. Quelle fille sympa de la Manche ou du Calvados veut bien m'écrire pour lier amitié, plus si possible ?... » (petite annonce parue dans *Libération* du 21 décembre 1985).

EFFET Il y a bien *L'Effet Glapion* d'Audiberti. Alors pourquoi pas d'autres ? Beaucoup d'autres. Car aujourd'hui, les *effets quelque chose* courent les rues. Le magazine *Première* de juin 1986, traitant du festival de Cannes et de ses retombées, ne peut s'empêcher de titrer : « L'effet Cannes. » Quant à la politique, on ne compte plus les *effets* de toutes sortes (*effet Chirac, effet Rocard*, etc.). « Il apprécierait qu'on le regrette, mais, hélas pour lui et pour l'équipe qui travaille à son image, s'il y a un *effet Fabius*, il est pour l'instant répulsif », explique *Le Figaro Magazine* du 21 juin 1986 dans un article consacré à l'ancien Premier ministre. « La victoire de *l'effet Maradona* », titre *Libération* le 30 juin 1986, au lendemain de la victoire de l'Argentine en Coupe du monde.

ÉGO Terme éminemment cartésien bien vu des intellos*. Désigne le moi lorsqu'on désire parler de soi avec une froideur de technicien. *Tu flattes mon égo* peut se dire, pour faire plus simple : *Tu me fais plaisir*. Mais peut-être cela fait-il décidément trop simple ? • ÉGOTRIP : égocentrisme. *Il est dans un égo trip perpétuel* (c'est un égocentrique forcené).

EIGHTIES De l'anglais *eighty*, quatre-vingts. On dit donc les *eighties* (les années quatre-vingt) comme les *fifties* (les années cinquante), les *sixties** (les années soixante) ou les *seventies* (les années soixante-dix).

ELPÉ (prononciation à l'anglaise : *elpi)* De LP, abréviation de *long playing record* : disque 33 tours. Un *elpé d'enfer**, c'est donc en principe un bon disque. « Le walkman me déverse dans les oreilles le dernier *elpé live* des Talking

Heads » (Frédéric Lasaygues, *Vache noire, Hannetons et Autres Insectes*, Éd. Barrault, 1985). *Elpé live* : disque enregistré en public, bien entendu.

ENCEINT Espèce de mythe se développant réellement à partir de l'an de grâce 1986, selon lequel un homme pourrait, par implantation du fœtus, être *enceint*. Élisabeth Badinter, auteur de *L'un est l'autre*, Éd. Odile Jacob : « Les hommes *enceints*, c'est pour demain » (*Marie-Claire*, mai 1986).

ENFER *C'est l'enfer* est une expression passe-partout qui peut aussi bien signifier, suivant le contexte, « c'est affreux » ou « c'est génial ». Disons que cela peut se traduire par « c'est insoutenable » (tellement c'est bon, ou tellement c'est horrible). *Un enfer* : idem. *Cette femme est un enfer.* • D'ENFER OU DE L'ENFER : exceptionnellement bon ou exceptionnellement mauvais. *Un plan* d'enfer* peut donc être « positivement génialoïde* » ou « une galère* pas possible ». Entendu pendant les derniers Internationaux de France de tennis de Roland-Garros : *Noah exécute un passing d'enfer* (un passing-shot particulièrement réussi).

ÉPONGE Alcoolique invétéré. Voir *alcoolo.*

ÉTEINDRE Anéantir. *Ça m'éteint complètement* (je ne sais plus que dire ni que faire). Syn. *Out. Je suis complètement out* (attention, *out* peut aussi signifier « pas dans le coup », « démodé » ; seul le contexte permet de faire la différence).

ÉVIDENT *C'est pas évident*, avec *à la limite** et plus anciennement *dur-dur*, est une des expressions les plus connues du parler branché *eighties**. *C'est pas évident* signifie à la fois « ce n'est pas si facile, ce n'est pas certain, ce n'est pas clair » et, tout simplement, « c'est pas dans la poche ». Certains affirment qu'il faut voir là la traduction mot à mot de l'anglais *there's no evidence that*... (il n'y a pas de preuve, il n'est pas prouvé que...). D'autres penchent davantage pour un simple contre-pied d'un tic de langage beaucoup plus ancien consistant à mettre des *évidemment* à chaque coin de phrase. « Répondre en français à un partenaire qui parle allemand, ce n'est pas *évident* », déclare non sans un certain bon sens le comédien Georges Beller au journal *France-Soir* en mai 1986.

Exo (parler jeune, lycéen). Exercice (et non *exonération*). *Ce gol* de prof nous a filé un exo hyper-deb** (notre professeur, dont, à mon avis, les compétences sont fort discutables, nous a fait faire un exercice absolument sans intérêt).

F

FABULER Élaborer des fabulations (événements imaginaires auxquels on croit dur comme fer). Trouve l'origine de son utilisation branchée dans le vocabulaire psychanalytique : se raconter des histoires et éventuellement vouloir en faire profiter les autres. NB : Il existait un verbe, en français classique, qui pouvait fort bien faire l'affaire : *mentir !* Il y en avait un autre, plus familier, et qui tend à tomber en complète désuétude : *baratiner*. Syn. *affabuler*.

FAF Survivant du vocabulaire pré-baba*, époque Nanterre 68 (où commencèrent les fameux événements) : abréviation de *fasciste*. Par (curieuse) extension : toute personne de droite, ou de sensibilité conservatrice, par essence suspecte (pour les gens dits « de gauche » et donc « progressistes »).

FAIRE FORT Réussir un joli coup, avec éclat et retentissement. Autres sens : 1° Insister lourdement, revenir constamment à la charge, casser les pieds avec... quelque chose. 2° Ne pas faire de détail. • Sur le même modèle, FAIRE LONG : délayer, traîner inutilement en longueur.

FAIRE PROBLÈME Tout ce qui est obstacle ou perçu comme tel, toute difficulté (que ce soit dans la vie quotidienne ou qu'il s'agisse des plus oppressantes angoisses métaphysico-socio-culturelles) *fait problème*, ou *pose problème*, ou encore *pose question.*

FAIRE TOURNER Vient de la drogue (à l'origine : *Faire tourner le joint*, le faire passer au suivant). Par extension : penser aussi aux autres, faire suivre quelque chose, faire passer (un mot, une lettre, etc.).

FANTASME Origine psy*. Représentation inconsciente. Situation imaginaire mettant en scène le sujet accomplissant un désir de façon plus ou moins déguisée. Aujourd'hui, ce mot signifie à peu près n'importe quoi dans la fourchette allant de « envie » à « rêve », en passant par « désir », « obsession », « préoccupation », « idéal », etc. Le branché n'a pas envie de *manger un bon bifteck*, il *fantasme sur un steak*. On peut aussi faire sa déclaration à une jolie femme en lui disant, avec un romantisme d'ailleurs discutable, qu'elle est un *fantasme à deux pattes* (qu'elle vous fait rêver et attise votre désir). « Je n'ai pas de *fantasmes* particuliers, et en même temps, je les ai tous ! » (annonce parue dans *Libération* le 17 mai 1986).

FANZINE Contraction décontractée de *fan* (fanatique, dingue de) et de *magazine*. S'inspirant de modèles pêchés dans la presse underground américaine, les *fanzines* sont des journaux bricolés à peu de frais par des fanatiques de rock, de BD*, de cinéma ou d'autre chose, tirés à cinquante ou cent exemplaires, rarement davantage, et que l'on peut trouver (parfois au prix « amical » de 10 francs) dans certaines librairies « mécéniques » parisiennes. *La Fausse Bobine* est un des *fanzines* (branché ciné) parisiens les plus connus.

FAST-FOOD Les *fast-foods* sont des établissements de restauration rapide à base de hamburgers (parfois appelés SDINI : sandwiches dégoulinants aux ingrédients non identifiés), dont le nombre augmente sans cesse. Implantés partout dans le monde, ils permettent de manger exactement la même chose de Paris à New York, en passant par Stockholm, Valparaiso, Berlin, Melbourne, Aix-en-Provence et Hong Kong. Après avoir appelé ces restaurants des *bouffe-vite*, certains préfèrent aujourd'hui le mot *restaupouce* (restauration sur le pouce), inventé par une petite fille de onze ans répondant à un concours lancé par Philippe de Saint-Robert (commissaire général de la langue française) en février 1986 sur le thème « Comment franciser certains mots anglais par trop envahissants ». Mais le mot *fast-food*, n'en doutons pas, a encore de belles années devant lui !

FAUCHMAN Fauché, sans-le-sou. Serge Gainsbourg, dans une interview au mensuel chicos *Globe*, en juillet 1986 : « Avec un art majeur, on est seul, on est un visionnaire, on est *fauchman*, à moins que l'on ait droit au blé de quelque mécène. »

FÉCA Un des verlans* les plus utilisés dans les années 1984-1985. Mérite donc, pour cette raison et pour cette raison seulement, d'être cité : café (la boisson et le lieu).

FEELING En anglais : sentiment. Provient de l'univers musicos*, et particulièrement de la sphère jazz ou rock. « Expressivité musicale des sentiments », dit le *Dictionnaire des anglicismes*. Par extension : à l'instinct. *Je l'ai draguée au feeling* (je l'ai rencontrée simplement, et elle n'a rien fait pour chercher à me plaire. Je l'aime pourtant d'un amour ardent). Voir *vibe**.

FÉMINITUDE Ni *féminité* (trop gnangnan) ni *féminisme* (trop ringard* et dépassé). Bâti sur le schéma de *négritude*, exprime la condition féminine et la façon de l'assumer* (sous-entendu : pas forcément drôle tous les jours...).

FIDÉLISER Jargon radio-télé (entre autres) : fidéliser un auditoire, acquérir une clientèle fidèle. *Le Petit Théâtre de Bouvard*, célèbre émission d'Antenne 2 d'il y a quelques années, avait *fidélisé* près de 15 millions de téléspectateurs.

FIFTIES Jeune homme (jeune fille) des années quatre-vingt essayant par tous les moyens de se donner l'air de sortir des années cinquante. Le chanteur Jesse Garon, avec son cran à la Bill Haley et ses intonations à la Elvis Presley (période bleue), est un *fifties* type. Syn. *cat.*

FINE Bien, comme il faut, sans faute, habilement. *Bravo, tu l'as jouée fine, là* !* (bien que cela ne fût pas facile, tu t'en es merveilleusement tiré).

FISSURER Être sur le point de craquer*. *Aïe ! là, je fissure* (je sens bien que je ne vais pas pouvoir tenir très longtemps).

FLASHER Version-drogue de *avoir un coup de foudre. J'ai flashé sur elle* (j'ai eu le coup de foudre). Voir *craquer**. • FLASH : « sensation brutale et courte de jouissance après l'injection intraveineuse d'une drogue », ainsi que le Larousse nous en informe. Par extension : révélation lumineuse et soudaine de quelque chose, d'un nouveau bonheur.

FLINGUER Initialement : tuer avec une arme à feu, en argot. Par extension : casser, démolir quelque chose. *Ça y est,* *tu m'as flingué l'ampli* (l'ampli de ma chaîne est hors d'usage par ta faute). Synonyme moderne de *bousiller*.

FLIPPÉ Personne veule, molle et manquant totalement de confiance en elle, malgré, parfois, une assurance de façade. Le mot *flippé* introduit, dans cette définition du craintif branché, une nuance de pathologie névrotique. • FLIP : angoisse, dépression. « *Flip* à la Bourse », titre fort à propos *Libération* du 27 mai 1986, après l'effondrement des cours, le 26 mai.

FLOP En anglais : échec, fiasco. *C'est le flop total** ! « Emploi des jeunes : le *flop* », titre *Le Matin* du 21 août 1986. Voir *bide**.

FLUO Abréviation de *fluorescent. Show fluo* : spectacle dans lequel les jeux de lumière, et particulièrement de fluorescence, sont souvent plus importants que le reste (texte ou musique). « Le chanteur Laroche-Valmont avait déjà fait un tabac [succès] avec *T'as le look, coco* et *Ton sign atoi sékoi.* Aujourd'hui, il revient avec une danseuse et un danseur pour un *show fluo* à travers la France » (*France-Soir*, 12 mai 1986).

FOLIE ou **DE FOLIE** (parler minet*) Dingue, dément, incroyable, fantastique. *J'ai un boulot de folie en ce moment* (je suis submergé de travail). Dans *Gorge profonde* (film porno des années soixante-dix, considéré comme un classique du genre), *Linda Lovelace fait une pipe de folie* (Linda Lovelace démontre qu'elle est tout à fait experte dans l'art délicat de la fellation).

FOLKEUX De l'anglais *folk* (abréviation de *folk-song*), chanson traditionnelle. Chanteur plus ou moins professionnel et plus ou moins hippie*-régionaliste. Pour beaucoup de spécialistes de musique pop, Bob Dylan est vraiment devenu ce qu'il est après avoir subi l'influence du rock anglais (Beatles, etc.) au début des années soixante. Sinon, il serait resté un petit *folkeux*, un Woody Guthrie du pauvre. Pour excessive que soit cette prise de position, elle n'est pas entièrement erronée. En France aussi, nous avons eu nos *folkeux* avec des chanteurs comme Francis Cabrel première manière, Jean-Pau Verdier ou, dans une certaine mesure, Yves Duteil.

FOLKLO Abréviation de *folklorique*. Original, inattendu.

FONCTIONNER (et **FONCTIONNEMENT**) Période de haute technicité oblige, dans les années quatre-vingt, on *fonctionne* de telle et telle manière, alors qu'avant on *agissait* de telle ou telle façon. Nuance ! « Dis-moi comment tu *fonctionnes*, et je te dirai qui tu es » pourrait faire un fameux précepte revisité* (et branché) eighties* tout à fait présentable. « C'est simple : Giscard est inusable, explique Serge July dans sa chronique sur Europe 1, le 3 mai 1986. Même après usage prolongé, il *fonctionne* comme si de rien n'était. »

FRANCHOUILLARD Français moyen (donc minable !), vieillot et out. « Mon pauvre ! Mais t'es *franchouillard* jusqu'au bout du béret ! » s'écrie Mireille Darc face à Pierre Mondy dans le film *Le Téléphone rose* d'Édouard Molinaro (1975). • FRANCHOUILLARDISE : « Sur quoi le café-théâtre continue-t-il à tirer à boulets rouges ? Sur la télé qui est débile, le couple traditionnel, jugé aliénant, évidemment sur le machisme, et sur la *franchouillardise*-pastis-chevrotine. Bref, un melting-pot* de thèmes post-soixante-huitards relativement éculés » (*Le Monde*, 4 décembre 1983).

FRIME Au-delà du sens théâtral (faire de la figuration), la *frime* est une façon de tenter, un peu naïvement, de se mettre en valeur, que ce soit verbalement ou par son look*. Toujours d'actualité.

FRUSTRÉ Personnage caricatural inventé par Claire Bretécher, comme Cabu a inventé ses beaufs*. Le *frustré* est le nouveau petit bourgeois médiocre et affecté, vivant sur l'écume de son époque, un peu snob, un peu bidet*.

FUN En anglais : amusement. *Être fun*, c'est être un peu (ou même beaucoup) adepte du n'importe quoi, partant du principe de base que plus il y a de choses disparates, mieux c'est. Que ce soit dans les tenues vestimentaires, dans le mode de pensée ou de raisonnement, ou les deux à la fois.

FUNKY Le *funk* étant à la base un terme de musique noire américaine, peut être considéré comme *funky* tout jeune qui, ne faisant pas mystère d'avoir le rythme dans la peau, se promène toute la journée avec un transistor braillard collé à l'oreille et éventuellement des patins à roulettes (il vaut alors mieux dire *roller-skates)*.

G

GALÈRE C'est évidemment là que l'on « rame », et… qu'on n'a pas fini de le faire ! *Paris-Match* du 9 mai 1986 fait le jeu de mots du siècle (!) en titrant, à propos du dernier film de Roman Polanski, *Pirates*, présenté au festival de Cannes : « *Pirates* : dix ans de *galère* » (il aura fallu dix ans pour que ce film finisse par se faire). *Putain ! La galère !…* (ce n'est pas une perspective tellement réjouissante). • GALÉRER : trimer, peiner, en baver. Voir *craignos* (ça fait craignos)*. Ant. *le pied**, *l'éclat**.

GAY Homosexuel mâle. C'est comme cela qu'on les appelle aux États-Unis depuis toujours. Ne pas déduire de ce mot (qui veut aussi dire « gai, joyeux ») que les hétérosexuels ont forcément la queue basse et le moral à zéro.

GÉANT (parler jeune) Se situe quelque part entre *superblime**, *canon**, *génialoïde** et *hyper** (voir ces mots), avec une dose supplémentaire d'enthousiasme.

GÉNIALOÏDE Caractère de ce qui est *génial (ou géant*, ou beuflant*, ou dément, ou éclatant...)*

GERBER Vomir. Au sens propre, comme au sens moral (un personnage *gerbant* : un beau dégueulasse). • LA GERBE : l'horreur, le dégoût. Pour le baba*, le football, particulièrement lorsqu'il se pratique sous les couleurs nationales, avec hymnes nationaux, *c'est carrément* la gerbe !*

GHETTO Groupe catégoriel quel qu'il soit et susceptible de ne pas faire vraiment l'unanimité. Les homosexuels, dit-on, vivent à l'intérieur du *ghetto homosexuel*, les intellectuels sont retranchés dans le *ghetto intellectuel*, les quelques communistes qui subsistent en France se retrouvent confinés dans le *ghetto communiste*, etc. « Tous les spécialistes disent que vous avez sorti le rock français de son *ghetto* », déclare le présentateur d'« Antenne 2-Midi » à Jean-Louis Aubert, leader du groupe Téléphone, le 9 juin 1986.

GLAMOUR En anglais : charme (et fascination). A acquis en français branché une nuance de sophistication : les artistes (surtout les femmes) *glamour* des années cinquante (Marilyn Monroe, par exemple). *Quel glamour !* (quel charme, quelle beauté, quelle séduction). « Guy de Maupassant, qui revient à la mode ces temps-ci, avait de Cannes une vision plutôt *glamour* : des princes, des princes, toujours des princes. À peine ai-je mis le pied hier matin sur la promenade de la Croisette que j'en rencontrai trois l'un derrière l'autre » (*Le Monde*, 9 mai 1986).

GLAUQUERIE Caractère de ce qui est *glauque* (à rapprocher de l'anglais *gloominess*). *Je rame* (ou *je galère**) *dans une glauquerie pas possible !* (Je ne m'en sors pas). Certains modernes n'hésitent pas à parler de *glauquerie glauque*, un peu comme Rimbaud évoquait les « vieilles vieilleries ».

GODILLANTE Se dit d'une femme sexuellement incitative (qui fait *goder* ou *bander*). Excitante. « Tu sais qu' t'es mignonne, dans ta petite combinaison ? Tu serais même *godillante* !... » dit Gérard Depardieu à Miou-Miou dans le film de Bertrand Blier *Tenue de soirée* (1986). À la différence *d'agaçante*, godillante* peut s'utiliser au masculin. Un homme pourra donc être jugé *godillant* par une femme, ou par un gay*, bien évidemment !

GOL (parler minet*) Abréviation de *golmon*, verlan* de *mongolien*. Donc : idiot.

GONFLER Ennuyer par sa présence. *Tu nous gonfles !* (tu nous embêtes) est un raccourci de l'expression typiquement masculine *tu nous les gonfles !*

GOUROU Sage indien. Maître spirituel. Maharishi Mahesh Yogi fut l'un des gourous les plus célèbres du monde pour avoir enseigné aux Beatles les rudiments de la « méditation transcendantale », avant que ceux-ci ne le congédient en apprenant que les buts dudit gourou étaient en fait de se livrer à un tout autre style de pratique sur leurs femmes et petites amies. Sens figuré : toute personne se donnant des allures de chef ou de fondateur de quelque chose (ou à qui l'on attribue ces qualités de chef). Romain Bouteille, « patron » du Café de la Gare et fondateur du genre café-théâtre dans l'acception actuelle du terme, est souvent appelé *le gourou du Café de la Gare*. Jadis, on aurait dit *le grand manitou*. NB : On peut, mais avec une nuance beaucoup moins sympathique, remplacer *gourou* par *ayatollah* (référence au chef du réveil islamique en Iran et maître de ce pays, l'ayatollah Khomeiny, dont on a beaucoup parlé dans les médias*).

GOYOT Plouc. Cité triomphalement par *Pariscope* comme néologisme branché reconnu en octobre 1985. Plusieurs origines possibles, dont la plus vraisemblable semble être *goyau*, mot d'origine picarde désignant une espèce de galerie dans laquelle on ne peut se déplacer qu'à genoux ou en rampant, et non le yiddish *goy* (non-Juif). NB : Rien à voir, donc, avec l'argot classique *goyau*, pute de bas étage.

GRANDISSIME Caractère de ce qui est plus que *grand* (ce mot étant utilisé dans l'acception anglaise du terme : grandiose). Grandiose parmi les grandioses, ce qui est *grandissime*, disons-le quand même, est bien souvent en réalité quelque chose qui est digne d'intérêt. Sans plus. Mais le français branché ne fait pas dans la nuance !

GRATTE Guitare. Largement utilisé depuis des temps immémoriaux, mais remis au goût du jour dans les années hippies* soixante-dix, où les grattouilleurs de guitare, spécialistes du « trois accords avec approximation à la clé », furent légion.

GROUPIE À l'origine : minette suivant les groupes pop (d'où son nom) pour obtenir non seulement des autographes, mais un peu tout ce qu'un héros de la scène rock peut proposer à une jeune fille en mal de sensations. Par extension : toute personne qui éprouve pour une autre une admiration sans bornes et souvent mal placée.

GUTS En anglais : boyaux, tripes. *Ne pas avoir les guts* (prononcer à l'anglaise *gats*) *de faire quelque chose* : ne pas se sentir le courage de faire quelque chose. *Il a pas les guts !* (il manque d'envergure, il ne fait pas le poids).

H

HALLUCINER *Là, j'hallucine total** (vraiment, je ne comprends pas, un peu comme si j'étais sous l'effet d'un hallucinogène quelconque).

HARD En anglais : dur. Est *hard* ce qui est excessif, et vaguement angoissant, par voie de conséquence. Autres sens : 1° Diminutif de *hard rock*. 2° Diminutif de *hard porn* (ou pornographie dure), qui s'oppose naturellement au *soft** (voir ce mot).

HARDEUX Rien à voir avec les hardes, bien que le *hardeux* ne soit pas particulièrement scrupuleux au niveau de la netteté de ses oripeaux. Vient tout simplement de *hard** (pour *hard rock*) et désigne les gens d'apparence *hard rock* (cheveux longs, complet jean, badges, santiags). Voir *baba-hard**.

HECTIC (avec, impérativement, un *c*) De l'anglais *hectic* (provenant lui-même du français *hectique*) : fébrile, agité, mouvementé. *En ce moment, je vis assez hectic* (mon existence est assez bousculée en ce moment).

HERBE Cannabis en feuilles, réputé totalement inoffensif. On dit aussi *beu.*

HIPPY ou **HIPPIE** Terme glorieux au début des années soixante-dix et fortement péjoratif dans la seconde moitié des années quatre-vingt. Vient de l'adjectif *hep*, être dans le vent, *hep* devenant rapidement *hip*, diminutif de *hipster* (beatnik). Cet adjectif était à la mode chez les beatniks des années cinquante et tomba dans l'oubli avant d'être repris par le mouvement psychédélique. Pour en savoir plus sur l'acception moderne de ce mot, voir *baba**.

HOMO PLANANS Drogué chronique ordinaire (évidemment bâti sur le schéma *Homo sapiens*). « L'*Homo planans* a de qui tenir », titre *Actuel* de juillet 1986 avant d'expliquer : « Le jaguar d'Amazonie aime le vaje, le sanglier d'Afrique croque l'éboga, l'éléphant se précipite sur l'alcool. Les animaux, tous des drogués ? »

HURLER DE RIRE Quand on ne *dérilarynxe** pas encore, mais qu'on *rigole un bon coup* (à ne jamais utiliser, ça fait terriblement plouc), on *hurle de rire*. Éviter également *éclater de rire*, qui est un poil ringardos*. *Un spectacle à hurler de rire*, c'est un spectacle comportant des passages amusants. Sans plus.

HYPER (parler minet*) De même que l'hypermarché est plus grand que le supermarché, tout ce qui sera « encore plus que super » sera classé d'autorité *hyper*. *C'est hyper* remplace avantageusement l'obsolète *c'est super*, à plus forte raison le préhistorique *c'est dingue*. Seuls rivaux connus à l'heure où nous mettons sous presse : *c'est sauvage, galactique, canon**, ou *superblime** (au choix).

HYSTÉRO Hystérique. À « accrocher » sur toute personne que l'on juge un peu trop nerveuse à son goût.

I

IMPLOSER Éclater (de colère) comme un vulgaire poste de télé usé et à bout de course. *J'en peux plus, là*, j'implose total* !* (je sens qu'à force je vais finir par éclater – ou... exploser – de colère).

INCONSCIENT COLLECTIF Terme d'origine freudienne archiconnu quasiment incontournable* de nos jours dans toute conversation entre gens fréquentables. « *L'inconscient collectif* des peuples, ça existe », titre *Le Figaro Magazine* du 14 juin 1986 à propos de l'élection de Kurt Waldheim à la présidence de la République autrichienne.

INCONTOURNABLE Remplace dans tous les cas *inévitable.*

INDUIRE « Raisonner par induction », dit le dictionnaire. Mais, en français branché, *induire* remplace progressivement mais sûrement des verbes comme *impliquer, supposer que, entraîner que* et même... *déduire que !* « Pourquoi le fait que les jeunes se jettent en masse sur les bandes dessinées *induirait-il* à coup sûr qu'ils soient plus bêtes que les générations précédentes ? »

INTELLO Intellectuel, mais, surtout, qui cherche à se donner des airs d'intellectuel, de gauche bien sûr (car, de 1968 à 1980 environ, il était admis qu'il ne pouvait pas en exister d'autres). « Face à la crétinisation et à l'abrutissement proprement scientifiques, technocratiques, éconocratiques, bureaucratiques, les *intellos* ont pris en charge les idées générales, génériques, généreuses laissées en friche, ou purement et simplement laissées au broyeur » (*Pour sortir du vingtième siècle*, cité par la revue *Lire* en septembre 1982).

INTERACTION « Influence réciproque », dit le Larousse. Ce sont les informaticiens qui nous ont convertis au dialogue *interactif* avec l'ordinateur. *Interaction* sous-entend la réciproque dépendance des deux partenaires (au sens le plus large du terme). L'apprenti philosophe peut, s'il en a envie, se poser la question de savoir s'il y a ou s'il peut y avoir *interaction* de la technique et de la culture, du signifiant et du signifié, du probable et du possible, ou... de ce qu'on voudra et de son contraire. On dit aussi : *interactivité*.

INTERFÉRER Signifie, chacun le sait, produire des interférences, et non (comme l'anglais *interfere*) intervenir. *Interférer dans un débat*, comme le rappelle aimablement *Le Quotidien de Paris* du 22 juillet 1985 dans un article sur l'Académie française, ne peut donc en aucun cas s'employer impunément.

INTERPELLER Le branché se dit toujours *interpellé quelque part* (voir ce mot) *par quelque chose*. Plus simplement, il se sent *sollicité* par quelque chose qui s'impose à son attention. Le tiers-mondiste se sent *interpellé* par la famine en Afrique. (Il pourrait se sentir simplement *touché* ou *ému* par ce phénomène, mais ces derniers mots sont trop chargés de sensiblerie pour lui, qui se considère presque comme un technicien de la lutte contre la faim.) L'ancien Premier ministre Laurent Fabius, à l'émission d'Antenne 2 « L'Heure de vérité » du 8 janvier 1986, déclarait pour sa part, au sujet de la visite du chef de l'État polonais, le général Jaruzelski, au président François Mitterrand (visite qui n'a pas fait plaisir à tout le monde) : « C'est un voyage qui, comme beaucoup de Français, m'a *interpellé.* »

INVENTIVITÉ Faculté d'inventer (voire, par extension, aptitude au fantasme* délirant). Une *hyperinventivité au niveau* créativité** ne sera donc pas autre chose qu'une étonnante faculté d'invention.

INVESTIR (S') S'emploie, dans les années quatre-vingt, beaucoup plus au niveau psychologique qu'au sens strictement économique. *S'investir complètement dans quelque chose* : se lancer dans un projet, ou un combat, toute affaire cessante ou presque. Celui qui prétend *s'investir dans quelque chose* insiste quand même (mais sans trop en avoir l'air) sur le fait qu'il paie de sa personne. Le magazine *Lire* de septembre 1982 cite une interview de la journaliste (et femme de lettres) Catherine Clément à *Pariscope* à propos de son essai sur la culture *Rêver chacun pour l'autre* : « Ce n'est ni un livre de commande ni un livre officiel, dit-elle. Je me suis *investie* par la plume et par la pensée. »

IROQUOIS Nom donné aux partisans de la coupe de cheveux hérissée sur le crâne, avec les tempes rasées (voir *coq*). *Iroquois* ne fait pas seulement référence à l'option capillaire, mais au sens fortement tribal de ceux que ce mot désigne, et qui, parfois, ne dédaignent pas le tatouage, la boucle d'oreille et la (ou les) plume(s) disposée(s) aux points jugés stratégiques de leur anatomie.

J

JE DIRAIS Tic de langage. Se place en début de réponse à une question pour faire croire que l'on a consciencieusement pesé chaque terme de sa réponse (car on en mesure la portée, et même la gravité). Le 2 juin, à l'émission « Télé-Matin », la journaliste Loly Clerc déclare, répondant à une question à propos d'une exposition nostalgique sur les années soixante à Jouy-en-Josas, dans la région parisienne : « La pilule avec un grand P, dans les années 1965-1966, met la femme, *je dirais*, dans une autre perspective. »

JETER Se débarrasser de quelqu'un. *T'es pas avec ta loute ? – Je l'ai jetée !* Autre sens : *Je me suis fait jeter !* (on ne m'a pas reçu). • JETÉ : voir *allumé*, déjanté**.

JITÉ (littéralement : JT) Abréviation de *journal télévisé.*

JOINT Cigarette de marijuana ou de hasch, confectionnée en forme de cône et munie (parfois) d'un embout en carton. Syn. *pétard.*

JOKER (prononcer *djôké*). De l'anglais *to joke*, plaisanter, blaguer. Tu *jokes, là*, ou quoi ?* (tu veux rire, sans doute).

JUNKIE Habitué des drogues dites « dures ». Par extension : marginal présentant un certain état de décrépitude tout à fait préoccupant, dont on peut légitimement se demander s'il ne devrait pas envisager d'arrêter les drogues (pastis inclus).

J'VEUX DIRE Tic inévitable dans toutes les conversations branchées : *Tu vois, j'veux dire, à la limite*, je crois que je l'aime quelque part*, j'vais t'dire !* (je pense que je suis sur le point de succomber à son charme). • J'VAIS T'DIRE : n'apporte rien, mais se place systématiquement en fin de phrase, alors que, précisément, tout ce qui devait être dit l'a été (en principe)... • J'TE DIS PAS : fine remotivation de la vieille formule *je ne vous en dis pas plus !* L'idée est que la chose est jugée trop extraordinaire pour que l'on ait envie, ou le courage, de la décrire. Se place aussi en fin de phrase : *C'était une galère*, j'te dis pas !*

K

KEUM Un des verlans* les plus connus et les plus utilisés : *mec.*

KIKI « Cheveux ras coupe Tintin, vieux jeans trop larges, casquette de docker vissée à la diable sur la tête », telle est la définition donnée par *Actuel* en octobre 1986.

KILLER En anglais : tueur. D'une redoutable efficacité : *c'est killer.* • KILLERIE : nom féminin caractérisant tout ce qui est proprement incroyable, effarant, inattendu, renversant, dingue, estomaquant. *T'as vu l'canon* ? Genre de killerie, j'vais t'dire* !* (As-tu remarqué comme cette fille est belle ?)

L

LÀ ! Encore un tic de langage inévitable dans un peu toutes les conversations et qui n'ajoute strictement rien à la qualité – si qualité il y a – de la démonstration entreprise. « Eh, Jean-Pierre, t'es encore là ? – C'est qui ? – C'est moi, François. J'te dérange ? – Ah ! Bon ben écoute, on n'est plus aux pièces, *là !* – J'peux t'voir deux secondes, *là* ? C'est personnel, *là !* » (extrait de la pièce *Les Chantiers de la gloire*, de Philippe Bruneau, Luis Rego et Martin Lamotte, jouée en septembre 1979 au théâtre de l'Atelier à Paris).

LANGUE DE BOIS Expression aujourd'hui fort répandue, signifiant tout bonnement « blabla ». Elle s'est d'abord appliquée au langage de la politique, d'autant plus « raide » qu'il est souvent obscur et sans chaleur.

LAPSUS Attention, il vous guette ! Et à tous les coins de mot ! Et les babas* freudiens vous l'ont assez répété : tout *lapsus* est nécessairement révélateur de votre nature profonde. Il n'y a pas à discuter. C'est comme ça. Pas une erreur, pas une langue qui fourche, pas une confusion, bref, pas une

« glissade » qui soit innocente. Le *lapsus* révèle votre moi profond. Roulez tambours ! Que penser de celui qu'a commis la présentatrice du journal de TF1 Marie-France Cubadda quand, le 6 juin 1986, rendant compte du procès d'Antoine Recco, un pêcheur de Propriano accusé d'avoir tué deux jeunes filles après avoir tenté d'abuser d'elles, elle a dit : « Antoine Réqueue... pardon, Recco » ?... Simple exemple, là encore, parmi des milliards, bien entendu...

LIBÉRÉ Origine psychanalytique, section « grande surface ». Se dit de toute personne qui a su (apparemment du moins, mais c'est cela qui compte...) se libérer de l'affreux carcan de certains tabous*. *Une femme, un mec libéré. Je ne suis pas assez libéré avec les femmes* : cette poignante autocritique qui « sonne » très baba-cool* peut tout aussi bien se traduire par « Je suis un garçon plutôt timide avec les femmes ». Évidemment, cette seconde formulation enlève la connotation intello* implicitement contenue dans la première. « Être une femme *libérée*, tu sais, c'est pas si facile », dit une chanson célèbre en 1985.

LINGUEBUR Verlan* de *burlingue*, lui-même argot de *bureau*. • LINGUEBURER : *lingueburer à longueur d'année*, c'est être enfermé dans un bureau (sous-entendu : à faire des tâches ingrates et, naturellement, indignes de soi...) à longueur d'année.

LOFT En anglais : grenier. Ancien entrepôt ou local commercial transformé en logement. Était très à la mode jusqu'en 1984-1985.

LOOK En anglais : apparence, aspect, allure, dégaine. Par extension : image, esthétique. « Je ne fais pas de la musculation pour avoir un *look*. Je choisis des rôles pour lesquels la forme est primordiale » (Gérard Lanvin à *Paris-Match*, le 10 octobre 1986). En français branché courant, le *look* est ce petit quelque chose en plus qui fait qu'on se met à exister pour celui qui ne jure que par l'apparence. « Contre le franglais, le français lifte son look », titre *Libération* du 14 novembre 1985 à propos d'une réaction ministérielle quelconque à la « dictature » de l'anglais. « FR3 change de ton et de *look* », explique *Le Quotidien de Paris* du 26 avril 1986 dans un article sur les changements de la troisième chaîne. NB : *Si le look ne fait pas forcément le branché, il fait souvent le bidet** (vieux proverbe français revisité*). • LOOKÉ : *looké d'enfer*, looké à mort*, looké ringardos*, looké sixties**, etc. Être *looké* est absolument indispensable, au cours des années quatre-vingt. Malheur au *sans-look*.

LOSER En anglais : perdant. Attention à l'orthographe (les Français l'écrivent de plus en plus souvent avec deux *o*, ce qui est proprement impardonnable). Ant. *battant, gagneur*.

LOUB Simple abréviation de *loubard* (mauvais garçon). NB : On peut dire *un loubs* (avec un *s*) comme on peut dire *un debs** (*débile*, minable), sans qu'aucune règle ne vienne étayer cet usage.

M

MACHO Mot espagnol signifiant « mâle ». Adopté par les féministes échevelées des années soixante-dix pour désigner les hommes, qui, chacun le sait, sont tous des *machos* au premier, au deuxième* ou au cent quatre-vingt-cinquième degré.

MAJORITÉ SILENCIEUSE Formule à la limite* pléonastique, puisque, par définition, pour le branché, la *majorité* – méprisable, stupide mais inébranlable – est *silencieuse*. Le *beauf** (voir ce mot) est l'incarnation de la *majorité silencieuse* et de l'idéologie dominante. • LE MAJORITÉ-SILENCIEUSE (le personnage de type *majorité silencieuse*) se distingue du BCBG* par le fait que sa démarche ne se situe aucunement par rapport à la mode, dont il n'a strictement – affirme-t-il – « rien à foutre ». On reconnaît aisément le *majorité-silencieuse* (au-delà de son look* grisaille-muraille) à ceci qu'il confond, lorsqu'il parle d'un jeune, ces deux notions, pourtant fondamentalement antinomiques, que sont « mode » et « originalité ». Pour faire jeune, il dira volontiers que le skin* est *original*, alors qu'il court les rues (surtout du côté des Halles). D'ailleurs, tout ce qui ne lui ressemble pas (donc toute mode) est réputé *original*.

MALAISE! ou **Y'A MALAISE** ou **GENRE DE MALAISE** Commentaire se situant à la fin d'une phrase pour insister sur le côté gênant d'une situation donnée. Syn. *mal* (*Là, on est mal, là* ! on n'est pas sorti de l'auberge.)

MARCEL Petit ami. *C'est mon marcel.* Ce doux prénom masculin un peu kitsch tend à remplacer *jules* qui, il faut bien le reconnaître, a beaucoup servi.

MARCHE À L'OMBRE Expression argotique signifiant : « Ne te fais pas remarquer » (jadis, on aurait dit : *écrase*), remise à la mode par le chanteur Renaud (« Casse-toi, tu pues, et *marche à l'ombre* »), puis par le film de Michel Blanc portant ce titre, sorti en 1984.

MASO Abréviation de *masochiste.* « Si tu es une femme douce, un brin *maso,* souhaitant une relation forte, tu es celle que recherche un homme de 38 ans, ingénieur, libre, disponible, allure sportive » (annonce parue dans *Libération* du 17 mai 1986). Toute personne au tempérament naturellement conciliant est soupçonnée par le branché d'être *maso.* • SADO-MASO : sado-masochiste (l'un n'allant évidemment pas sans l'autre). L'annonce ci-dessus est donc d'une tonalité globalement *sado-maso.*

MATOS Mot d'argot d'origine musicos* et en vogue chez les techniciens de la radio et de la télévision. Matériel. *Un sacré matos, un matos canon*, un matos d'enfer** : un matériel de toute première qualité.

MAX Abréviation de *maximum. Je flippe un max!* (je me sens de plus en plus angoissé). *Il assure* un max !* (il est d'une remarquable compétence).

MÉDIA devenu **MÉDIAS** Pluriel de *medium*, en latin, mais surtout abréviation de l'anglais *mass-media* (ensemble des moyens d'information). Désigne aujourd'hui, pêle-mêle, la télé, la radio, la presse écrite – surtout de grande diffusion – et un tas d'autres choses, comme on peut le constater à la lecture de la rubrique « Médias » du numéro du 29 août 1986 de *Libération*, où l'on relève les titres suivants : « La vidéo crève l'écran aux États-Unis », « Les bandes vierges taxées », « Une rentrée dans la continuité pour RTL », « La presse veut entrer dans le poste » et « Les répondeurs sexy voient la vie en rose (déjà très prospère à Paris, la DGT va étendre le marché des répondeurs pornos à la province) ». Quant à Bernard Pons, président de Paris-Câble, il explique à la presse, en juin 1986 : « 1er octobre 1986 : le câble à Paris, un nouveau *média.* »

MÉGALO Abréviation de *mégalomane*. S'il avait été branché avant la lettre, Gérard Oury aurait pu intituler *Mégalo* son film *la Folie des grandeurs*. *Mégalo* est l'un de ces petits adjectifs abrégés en *o* qui ont fleuri çà et là pendant les années soixante-dix (origine psy*). Idem pour *mytho* (mythomane), *schizo* (schizophrène), *parano* (paranoïaque). Ainsi, toute personne n'accordant pas facilement sa confiance à autrui sera immanquablement considérée comme *parano* par le branché type.

MEGRA ou **MEUGRE** Verlan* de *gramme*. Vient de l'argot-drogue. *Cinq megras de blanche ou de coke**. Par extension, désigne toute petite quantité indispensable de quelque chose. *T'as pas pour trois megras de jugeote* (tu n'as pas lourd de bon sens).

MELTING-POT En anglais : creuset. Désigne tout mélange, toute mixité ou tout métissage, de quelque sorte qu'il soit. Cf.

le célèbre lieu commun : *Les States sont un immense melting-pot* (les États-Unis sont le résultat ou la résultante d'un grand brassage de cultures et de races).

MÉMOIRE COLLECTIVE Expression fourre-tout popularisée par les babas* dans les années soixante-dix désignant tout ce qui tend à s'insérer dans la culture d'une génération ou d'une époque. Jean-Louis Trintignant, à l'émission de télé « Mardi-Cinéma », le 13 mai 1986 : « *Un homme et une femme* est un film appartenant à la *mémoire collective* » (cette déclaration n'engage que lui...).

MEUF Verlan* de *femme*. Très utilisé chez les lycéens des mid-eighties (milieu des années quatre-vingt), qui ne semblent pas s'émouvoir outre mesure de l'horreur de la consonance de ce mot. Une *meuf canon** : une femme avec laquelle on aimerait bien, une fois pour toutes, porter le coup de grâce à son œdipe.

MEULE Déjà anciennement utilisé pour *moto, mobylette*. Hyperemployé dans les conversations des jeunes pour la seule raison qu'ils en sont pratiquement tous pourvus.

MICKEY Ringard*, blaireau*. Au premier degré, Mickey, le petit personnage de Walt Disney, apparaît comme fort sympathique et attachant. Surtout aux yeux des enfants. Mais il peut prendre des allures d'allumé* supergol* (cinglé et pas très malin) au second. • MICKETTERIE : niaiserie, bêtise, bévue, erreur grossière ; en un mot : connerie. *Et que celui qui n'a jamais fait de micketteries me jette la première pierre.*

MINET Acception nouvelle du mot née dans les années soixante (dans une chanson restée célèbre, le chanteur Jacques

Dutronc évoquait, en 1967, « les petits *minets* qui mangent leur Ronron au drugstore »). Désigne les jeunes frimeurs légers, non excentriques et un brin vulgaires. • MINETTERIE : caractère de ce qui est *minet*.

MISO Simple abréviation de *misogyne*. Tout macho* est évidemment *miso*. Mais tout *miso*, en revanche, ne se comporte pas nécessairement en macho.

MOLLETONNÉ Introverti, timoré, inhibé ou seulement circonspect (avec une vague nuance de mépris).

MOTIVER Remplace systématiquement *donner envie de faire quelque chose. Ça me motive quelque part** (j'ai envie de faire cela). Ant. *démobiliser*.

MOUVANCE « Caractère de ce qui est mouvant », dit *Le Petit Robert*. Le français branché use et abuse de la (ou des) *mouvance(s). C'est pas dans la mouvance !* (ce n'est pas à la mode, ce n'est pas dans l'air du temps). Voir *Télé-Star* du 9 août 1986 : « Jeanne Mas, c'est déjà le look* complètement* *destroy** (ce maître-mot de la *mouvance* punk* signifie “détruire”). »

MUSICOS Musicien (sous-entendu : de deuxième, ou troisième... ordre). S'écrit impérativement, à la différence de l'argot, avec un *s* final que l'on prononce même au singulier.

MUST Du verbe défectif anglais *must*, devoir (avec nuance d'obligation morale). *This record is a must* : c'est un disque indispensable. Par extension, le *must*, c'est ce qu'il faut savoir, connaître, avoir lu, ou vu, ou entendu, ou expérimenté, pour afficher son branchement et lancer son mépris au visage des ringards*. « Vacances : les *must* de l'été », titre *Le Point* du 23 juin 1986 à propos d'un article indiquant les meilleurs romans pour l'été.

N

NAPY « Les *napies*, explique Prosper Assouline dans *Pariscope* en mai 1985, c'est la nouvelle génération des BCBG*. Ouverts à toutes les nouveautés, ils sont modernes (pas de cravate, mais une belle pochette, des chaussures impeccablement cirées, un pantalon suffisamment court pour faire entrevoir les losanges des Burlington ; elle, des chaussures plates Carel pour remplacer les Céline qui rappellent trop les vêtements de maman). Leur passion commune : la communication et leur look*. » Origine du nom : NAP pour *Neuilly-Auteuil-Passy*. Ils aiment se retrouver dans les bars d'hôtels (Meurice, Crillon, Bristol, par exemple), lisent peu mais aiment faire « lettré ». D'après Prosper Assouline, Frédéric Mitterrand, François Léotard et Christine Ockrent peuvent être considérés comme des *napies* types.

NAZE Cassé, foutu. Pour une personne : fêlée, allumée*. Ce terme d'origine argotique est très utilisé en français branché courant.

NEW WAVE Littéralement : nouvelle vague (post-punk*) en anglais. La normalité (avec look* ambigu quand même) est la subversion paradoxale. « Tout ce qui a pris, depuis 1978, le contre-pied de l'idéologie baba*, devenue dominante. Pour un jeune d'aujourd'hui, vouloir réussir dans la vie, c'est assez *new wave* », observent Obalk, Soral et Pasche dans leur livre *Les Mouvements de mode expliqués aux parents* (Laffont, 1984). • NEW-WAVERIE : caractère de ce qui est *new wave* ou supposé tel. Porter un chapeau et des vêtements sombres et amples, avec des pantalons trop courts et des chaussures sixties* (pointues avec des élastiques sur les côtés), peut être considéré comme une évidente tentative de *new-waverie* vestimentaire. Si l'idéologie (qui, disons-le tout de suite, est assez secondaire) suit, tant mieux.

NOVO Garçon aux « cheveux nets, au costar impec, au fute sans retouche et aux pompes pointues mode, portant fines lunettes noires et fine cravate, s'aspergeant d'eau de toilette et fumant des cigarettes blondes bout-filtre » (définition illustrée de Frank Margerin dans *Chez Lucien*, Les Humanoïdes associés).

NUL ou **NULLOS** Qui est sans existence, qui se réduit à rien (Larousse). Hyperutilisé par les jeunes pour « sans intérêt aucun ». *C'est nul ! C'est nullos !* Voir la campagne de la transfusion sanguine 1986, avec ses affiches représentant un rocker dessiné par Frank Margerin : « Soyez pas *nuls*, filez vos globules », lui fait-on dire... dans une bulle. Tout *nul* qui s'assume adopte le *profil bas*. • NULLISSIME : vraiment en dessous de tout.

O

OCCULTER En bon français : dissimuler, rendre obscur. « Malheureusement, nos politiques sont toujours les premiers à *occulter* cette question [à savoir ce qu'est et ce que doit devenir l'outil-télévision] et à esquiver les problèmes de civilisation auxquels nous sommes confrontés » (Guy Konopnicki, dans *Globe*, juillet 1986). Signalons quand même, à toutes fins utiles, qu'on peut employer avec autant d'efficacité les verbes *cacher* ou, à la rigueur, *masquer, gommer, bannir*, ou *faire disparaître*, suivant le cas…

OK ! En principe (et en américain) : d'accord. En français branché : « Tu es trop con pour que je perde mon temps à discuter avec toi. » Claude Sarraute écrivait dans son billet quotidien à la dernière page du *Monde*, « Sur le vif », en janvier 1986 : « Écoute, ils [les enfants] disent souvent *OK*. Ça veut dire : bon, d'accord, t'as raison, tout de suite. C'est plutôt encourageant. – Tu plaisantes ou quoi ? *OK* a complètement changé de sens depuis quelques années. Il a perdu son acception positive. *OK*, c'est : fous-moi la paix ; c'est : on verra plus tard, tu me gonfles*. Dans *OK*, maintenant, il y a une connotation impatiente et distraite. »

ON (ON SE CALME ! ON SE MOQUE ? ON A DÉJÀ DONNÉ). C'est un fait : en français actuel, *on se calme !* (grâce à Coluche) remplace de plus en plus *calme-toi !* (cf. une publicité fort connue pour les bouillons Knorr, dans laquelle un quatrième invité venu à l'improviste a bien peur de ne rien avoir dans son assiette ; le plus malin des convives fait alors observer *on se calme !* parce que, en gros, chez Knorr comme ailleurs, quand il y en a pour trois, il y en a pour quatre !). Cuisine toujours : voir également la réaction du ministre de la Culture et de la Communication François Léotard à l'émission d'Antenne 2 « L'Heure de vérité » du 21 mai 1986 à propos des réformes annoncées de l'audiovisuel : *On se calme !* a-t-il dit, très péremptoirement. NB : La forme pronominale en *on* est naturellement valable pour tous les verbes possibles et imaginables. *Alors, on se moque ?* (ne serais-tu pas en train de te foutre de ma gueule ?) *On a déjà donné* : expression plus que répandue signifiant « c'est du réchauffé », ou encore « c'est du déjà vu ».

OPPORTUNITÉ De l'anglais *opportunity*, occasion. Petit à petit, le mot *opportunité* (en français classique : qualité de ce qui est opportun, sans plus) a tendance à remplacer *occasion*. Et si on n'emploie pas encore l'expression *voiture d'opportunité* pour *voiture d'occasion*, il faut bien reconnaître qu'on s'excuse souvent de ne pas *avoir eu l'opportunité de faire telle ou telle chose*, alors qu'il eût sans doute été tout à fait… *opportun* d'utiliser le mot *occasion*.

OVERDOSE Dangereuse surabondance (drogue). Par extension : avoir trop, en avoir marre, ne plus en pouvoir… de quelque chose. Voir *ras le bol**.

P

PAPELARD Papier (en argot). *C'est du papelard !* (ce n'est pas solide, pas construit, et cela peut s'écrouler comme un château de cartes). *Un raisonnement papelard* : un raisonnement qui ne résiste pas à l'analyse. *Être en plein papelard* : déconner à plein tube (obsolète).

PARFUM Ressemblance, point commun entre deux choses. « Séguin [alors ministre des Affaires sociales] : un *parfum* social-démocrate », titrait à la une *Le Quotidien de Paris* du 28 avril 1986. Cette acception un peu traditionnelle de *parfum* a évolué dans le langage branché. *Tu ne trouves pas qu'entre son ancienne femme et sa nouvelle y'a parfum ?* (il semble qu'il n'exclut pas une certaine continuité dans le style de ses conquêtes).

PARLER *Ça me parle !* (cela me dit quelque chose, cela m'est tout à fait accessible, cela m'intéresse). *Mozart me parle !* disaient soudain tous ceux qui venaient de le découvrir avec le film de Milos Forman, *Amadeus*, en 1984, pour faire croire qu'ils goûtaient sa musique depuis des lustres. Voir *interpeller**.

PAS TRISTE ! *C'est pas triste !* Litote à l'anglaise pour qualifier quelque chose de proprement hilarant à un degré quelconque. Même à la Bourse ! En effet, le 26 mai 1986, jour de baisse à la Bourse de Paris, le spécialiste de TF1 René Tendron déclare : « On va vous montrer les indicateurs de tendance, parce que, si j'ose dire, *c'est pas triste !* »

PAS VRAIMENT ! Traduction littérale de l'euphémisme anglais *not really* que l'on emploie, outre-Manche, pour signifier en fait *not at all* (pas du tout), *not the slightest* (pas le moindre). *C'était pas vraiment triste* !* (c'était d'une inimaginable drôlerie).

PÉDALER (sous-entendu : *dans la choucroute* ou *dans la semoule*, suivant les préférences que l'on peut avoir en matière culinaire ou autre). Ne plus savoir ce que l'on fait ou ce que l'on dit. Voir *déjanter**. Expression synonyme : *marcher* ou *être à côté de ses pompes.* Équivalent obsolète : *déconner.*

PÉDERIE (légèrement péjoratif). Ambiance homosexuelle mâle. *Le Marais, maintenant, genre de péderie, j'te dis pas* !* (de toute évidence, le quartier du Marais devient un des hauts lieux de la vie homosexuelle parisienne).

PÉDO ou **PED** Abréviation de *pédophile*, puis, par extension, synonyme d'homosexuel masculin : « Même les *pédos (-philes, -phobes)*, même les sados* et les masos* seront titillés en toute innocence » (chronique littéraire de *Libération* du 8 mai 1986 à propos du livre de Pascal Bruckner, *Le Palais des claques*, Éd. du Seuil).

PERFECT ou **PERFECTO** Blouson de cuir pour rocker ou présumé tel, qu'il était de bon ton, au début des années quatre-vingt, de laisser macérer dans l'eau salée pour le « fatiguer » un peu (ce qui ne manquait effectivement pas de se produire !). « Deux mecs vicieux, mignons, jeans, Adidas, *perfectos*, aimant ciné, hard rock*, s'éclater*, cherchons petits mecs pas cons, 18-23 ans, etc. » (annonce de *Libération*, 26 juin 1986).

PÉTÉ Ivre, chargé (drogue). Voir *allumé*, déjanté*, jeté**. Autres syn. *déchiqueté, épavé, dingue*, etc.

PHALLIQUE Origine psy*. De *phallus*, « organe mâle en tant que symbole de la différence des sexes », dit le Larousse. Évidemment tout, absolument tout, de la tour Eiffel au stylo à bille en passant par un sucre d'orge, un canif, un saxophone ou une brosse à cheveux, peut être a priori considéré comme *phallique*. Tout dépend du niveau de problématique* obsessionnelle de celui qui se pose en analyste…

PIED (PRENDRE SON PIED, C'EST LE PIED !) L'expression *prendre son pied* signifie très exactement : en prendre une bonne part (un pied = 33 centimètres), et non pas, comme on le croit trop souvent, prendre on ne sait quelle posture acrobatique sous l'effet d'un certain contentement ou d'une extase irrépressible et soudaine. « Recherche homme de 18 à 25 ans, bisexuel actif, super monté, pour qu'ensemble on essaie de faire *prendre son pied* à ma nana » (annonce parue dans *Libération* du 17 mai 1986).

PIÉGER Le branché, quand il se fait *posséder*, ne dit jamais qu'il se fait *avoir, baiser* (en canard ou pas), *blouser, duper, embobiner, pigeonner* ou autre chose. Une fois pour toutes, il se fait *piéger*.

PLAN Le mot a pris naissance de façon obscure dans le monde particulier des musicos*, dès 1980 : *Il a tous les plans* ou *tous les doss* (il est très habile, il a tous les talents – particulièrement dans l'improvisation). Peut-être faut-il y voir l'utilisation douce du vieux mot d'argot classique *plan* désignant une cachette sûre (plus spécifiquement le tube que les taulards se glissent dans le rectum pour y dissimuler des objets inavouables). Ce serait alors une métaphore sur les « dons cachés ». En tout cas, le mot est passé dans le langage branché d'une manière fulgurante, après 1982, pour servir de traduction new wave* au *trip** du hippy*. 1° Histoire (au sens de raconter des histoires) : *Il me fait le plan amoureux transi-romantique-épavé* (il me fait croire qu'il se meurt d'amour pour moi). *Il est dans un plan écolo pas possible* (son dernier truc c'est de jouer à l'écologiste). Voir *trip**. 2° Trouvaille : *J'ai un plan.* 3° Tendance : *plan mao, plan nazillon, plan BCBG**. Dans ce cas, voir *look**. 4° Occupation. *Se faire un plan toile** (aller au cinéma), et même *faire un plan baise**. « Un bon *plan* ! Jambes bronzées, chapeau de toile et sac à dos parmi les fleurs, à Arc 1800 », explique une brochure publicitaire pour la station Les Arcs en été (1986).

PLANER Origine baba*-hippie* via la drogue. Au départ : état d'hébétude avancée dans lequel on se trouve en principe après l'absorption de substances pas trop nocives. Par extension : douce euphorie provoquée par un sentiment de facilité. « Ça *plane* pour moi », chantait, il n'y a pas si longtemps, un (presque) jeune (presque) punk* connu sous le nom de Plastic Bertrand. Troisième sens : *il plane complet** (il est complètement à côté de ses pompes, à la masse, etc., bref : à la dérive).

PLANTER (SE) Se tromper, faire une bourde, louper le coche. Origine : avoir un accident de la route (argot). *Se plan-*

ter ou *faire un crash* (un accident), *se crasher*. Puis showbiz : *Tu vas te planter, coco* (tu vas faire un flop*, un bide*) • UN PLANTOS : un bide, une bêtise.

PLUS Aspect positif, supplément. *C'est un plus* : c'est un incontestable avantage. Un exemple parmi un milliard, *L'Équipe* du 13 mai 1986, publiant, avant la Coupe du monde de football, une interview de Michel Platini : « Arrivant en équipe de France en tant qu'Italien [Platini jouait à la Juventus de Turin], avez-vous apporté un *plus* ? » demande le journaliste roublard Gérard Ejnès.

POINTU À l'avant-garde. En éveil et en prise sur la mode. « Être *pointu*, c'est opter pour un style personnel, et se créer sa mode dans la mode », explique gentiment *Madame Figaro* du 3 mai 1986, dans un article précisément intitulé : « Soyez *pointue* ! » Syn. *sharp* (pointu, en anglais).

POSITIONNER Ne s'emploie, en principe, que dans le langage militaire ou scientifique. En français courant, c'est plutôt *placer* qui conviendrait. *Je me positionne pour la télé* (je cherche à trouver une faille qui me permettrait d'entrer dans l'audiovisuel – et non pas : je m'installe confortablement devant la télé pour regarder le match).

POTE Depuis la campagne de SOS Racisme, en 1985, dont le slogan était *Touche pas à mon pote*, ce mot tend à perdre son sens premier de « copain », au profit de celui de « jeune immigré potentiellement victime du racisme beauf* ». Coluche, à Europe 1, en 1986 : « Un *pote*, c'est un camarade de couleur, quoi ! »

POUDRE Héroïne (plus ou moins coupée ou trafiquée).

PROBLÉMATIQUE Origine intello* de gauche. *Chacun à sa problématique* (son équation propre). Dramatisation : ennuis, difficultés, vicissitudes. *J'ai une problématique dure en ce moment, dans mon rapport* à l'argent* (je manque un peu de rentrées, ces temps-ci).

PROVOC Abréviation bien connue de *provocation.* Pour le branché, tout, depuis le fait de dire qu'on aime le football et pas du tout la quotidienneté* dans la chanson populaire, en passant par celui de ne pas apprécier les films d'Alfred Hitchcock, peut être ressenti comme une *provoc.*

PSIDA ou **PSYDA** *Psychose démago acquise* (cité par le journaliste Pierre Bourget au journal de 13 heures de TF1, le 24 juin 1986, à propos de la psychose du SIDA, qui tend à se développer un peu partout).

PSY Abréviation de *psychanalyste*, de *psychanalyse* ou de *psychanalytique*, suivant le contexte.

PUB On ne dit plus, et depuis plusieurs années, *publicité.* À tel point qu'il y a gros à parier qu'à terme ce mot disparaîtra à tout jamais des dictionnaires conventionnels et se retrouvera au placard des dictionnaires d'archaïsmes. On dit, une fois pour toutes, *pub. Fils de pub*, c'est le titre du fameux bouquin du publicitaire Jacques Séguéla. *Il y a de plus en plus de pubs à la télé et au cinéma. Le saucissonnage des films par la pub* (le fait d'intercaler des spots publicitaires dans les films et téléfilms de la télévision).

PUBLIPHOBE Personne ne supportant pas les spots publicitaires (à la télé surtout, mais aussi au cinéma). Ant. *publiphile* et *publiphage.*

PULSION Origine psy*. Force vitale, de préférence inconsciente, qui pousse vers quelqu'un ou à faire quelque chose. « Ce syndrome de retard affectif est dû à des *pulsions* orales, anales et urétrales, dont la castration à effet symboligène de l'organisation de ces *pulsions* n'est pas soutenue par les visées des *pulsions* génitales œdipiennes », explique la psy* Françoise Dolto dans *La Difficulté de vivre* (Interéditions). • PULSIONNEL : relatif aux pulsions. *Hyperpulsionnel* : du domaine des pulsions, sans discussion, sans ambiguïté.

PUNCHY Qui a du *punch*, qui cartonne*, qui ne s'en laisse pas conter. « Punchy, la "6" ! » titrait joyeusement *Le Monde* lors du lancement de la sixième chaîne de télévision, en février 1986.

PUNK En anglais : camelote, saloperie. Mouvement de mode né en Angleterre vers le milieu des années soixante-dix en réaction à la passivité hippie*. Rachitique, chevelure ébouriffée, épingles plantées dans les oreilles et le nez, glorification des tares, le *punk* clamait, avec Johnny Rotten (en anglais : pourri), chanteur du groupe Sex Pistols, que l'essentiel de la philosophie nouvelle tenait en ceci : *no future* (pas d'avenir). Haine et boîtes de bière sont les deux mamelles du *punk*. Mot d'ordre : *destroy** (détruire). « Le *punk* arrive, le *punk* est là. Après l'Amérique, après l'Angleterre, la France à son tour est contaminée » (*L'Express*, 30 mai 1977). • PUNKETTE : femelle du *punk*. • PUNKITUDE : fait d'être *punk* et, bien entendu, de l'assumer* et de le vivre pleinement.

Q

QJS De *quadragénaire journaliste à prétention sociologique*, selon Obalk, Soral et Pasche, auteurs des *Mouvements de mode expliqués aux parents* (Laffont, 1984). Le QJS type vous crache une critique de film dans le plus pur style Michel Mardore (critique cinéma au *Nouvel Observateur*) sans avoir l'air de se forcer, même s'il l'a servilement copiée.

QUELQUE PART Origine psy*. Abréviation de *quelque part dans l'inconscient*. Imprécision d'une idée n'avouant pas, grâce à sa connotation intello*, sa faiblesse. Pour *Le Point* du 28 juillet 1986, dans un article consacré aux branchés, l'imprécision dans le langage n'est plus tout à fait de mise. Et, pourtant, il suffit d'allumer son poste de télévision pour avoir la preuve du contraire. Ainsi, le 26 mai 1986, Bernard Tapie, homme d'affaires hyperstarisé, déclarait, au journal de 13 heures de TF1, à propos des candidatures privées pour le rachat de cette chaîne : « Il faut qu'ils [les acheteurs] soient aussi *quelque part* un peu compétents. » Entendu au cours d'une émission de radio : « *Quelque part*, il fallait bien que les Beatles finissent par clasher » (de l'anglais *to clash*, être en désaccord).

QUEUF *Flic*, en verlan* courant. « Encore une croix sur l'ardoise des *queufs* », pouvait-on lire sur une pancarte lors de la manif des étudiants du 10 décembre 1986 (cité par *Le Matin* du 11 décembre). Voir *keuf*, dans la Troisième partie.

QUOTIDIENNETÉ Caractère de ce qui fait la vie quotidienne, et son charme fragile. « Quand Lio chante : "Dis-moi, dis-moi que tu m'aimes, même si c'est un mensonge", nous sommes en pleine *quotidienneté* » (entendu dans une émission de radio en 1981).

R

RAIDE DEF Abréviation de *raide défoncé* (d'apparence raide et supposé défoncé à cause de l'absorption d'une quelconque substance prohibée). Par extension, un *raide def* ou quelqu'un qui se retrouve *raide def* : toute personne ayant reçu un choc émotionnel intense le laissant pantois. *Dès qu'elle est entrée, raide def j'étais !* (à peine l'ai-je aperçue franchissant la porte d'entrée que je me suis senti tout conquis). Syn. *raide, stoned* (en anglais : sonné) ou même *stone*.

RAMASSER (SE) Manquer sa cible, son but, et, par voie de conséquence, échouer lamentablement et... spectaculairement. Voir *se planter**, *faire un flop**.

RAP En anglais : donner des coups secs. Façon de chanter ou, plutôt, de réciter des paroles de chanson sur un fond musical. Très énervant, au premier, au deuxième* et à tous les degrés qu'on voudra...

RAPE (parler jeune) Guitare, un peu fatiguée si possible. Voir *gratte**.

RAPPORT À Origine intello* de gauche. Relation avec, position (philosophico-politique) sur telle ou telle chose. *Il y a quelque part* une ambiguïté dans ton rapport au pouvoir* (tu es un sacré lèche-cul), pourra-t-on faire remarquer à tout flagorneur.

RAS LE BOL « Pop. Fait d'être excédé », dit le Larousse, qui ne précise pas qu'il s'agit au départ d'un euphémisme de *ras le cul*, lequel manque évidemment d'urbanité. Michel Platini au *Monde* du 26 juin 1986 : « Je n'en ai pas assez, j'en ai *ras l'bol.* »

RASTA Jamaïcain en principe jeune et adepte d'un mouvement politique et religieux appelé *rastafarianisme*. En pratique : est *rasta* tout jeune Noir coiffé de dreadlocks*, qui écoute de la musique reggae et qui, naturellement, voue un culte éternel à Bob Marley.

RAT Type avare, prétentieux, content de lui et évidemment sans intérêt. Voir *blaireau**.

RAYMOND *Être raymond*, c'est être ringard*, hors du coup, out (obsolète). Référence directe à un homme politique fort connu qui, bien que caracolant en tête de divers sondages, ne passe pas pour avoir un look* spécialement craquant*, surtout auprès des jeunes. Plus mystérieusement, on dit aussi un *raoul*.

RECENTRÉ Personne qui a été décalée* et qui ne l'est plus, pour cause de recyclage.

REÇU Origine : intello* de gauche. Assimilé, compris, entendu, interprété (tout cela à la fois). *J'ai reçu ça très mal* (cela m'a profondément déplu).

RÉDHIBOS Rédhibitoire. Syn. *gerbant* (insupportable, à vomir, à chier). *Hyperrédhibos* : inconcevable.

REDOUTABLE Insupportable, à éviter (s'emploie à tout bout de champ). Un *redoutable mickey** : un jocrisse de compétition.

RESSOURCER (SE) « Faire un retour aux sources », comme le confirme le Larousse. Très employé chez les intellos* qui, souvent minés par leur activité (naturellement intense), éprouvent le besoin de revenir à leurs « racines » (dans ce cas : valeurs de base), qui, par opposition, sont simples, claires, vraies, revigorantes, quoi !

REVENDIQUER Assumer*, en plus fort, et avec une notion de défi face aux détracteurs, supposés nombreux et agressifs. « La vulgarité, je ne la nie pas. Mieux, je la *revendique* », écrit Philippe Bouvard dans la préface de son recueil *Les Fous rires du théâtre de Bouvard* (Lattès, 1984). *Je revendique total* mon droit à la différence* (je ne suis pas, pour certains du moins, tout à fait comme tout le monde, et je considère que je n'ai pas à rougir de cet état de fait).

REVISITÉ De l'anglais *revisited*, revu et corrigé. De fait, le langage branché préfère *revisité* à *revu et corrigé* (par les mœurs, par la mode, par ce qu'on voudra). Témoin cet (excellent) article de *Libération* sur le retour en force du bon vieux slip (par rapport à la mode bidon du caleçon), le 5 juillet 1986, avec cette légende sous une photo ô combien rétro : « Les années cinquante *revisitées* par Jil » (marque de sous-vêtements).

RIC-RAC De justesse. Expression d'origine argotique. « Ric-rac », titrait tout simplement à la une *Le Quotidien de Paris* au lendemain des élections législatives du 16 mars 1986.

RINGARD Mot d'ancienne origine turfiste (un cheval *ringard* ou *tocard*) qui s'est répandu d'abord dans le spectacle, puis dans le journalisme. Personne médiocre ou nulle* qui ne sait et ne peut s'assumer* en tant que telle. Nom et adjectif se rapportant à tous ceux qui se croient branchés dans quelque domaine que ce soit et qui ne sont, en réalité, que des minables. Être punk* ou hippie* en 1986, c'est *hyperringard (ou hyperringardos).* « On a toujours besoin d'un plus *ringard* que soi », aurait pu dire le bon La Fontaine. « Le off rafraîchit les couleurs usées du festival [d'Avignon] avant de se dégrader, avant de devenir cette foire à la ferraille, cette poubelle à *ringards* qu'il est aujourd'hui » (Colette Godard, *Le Théâtre depuis 1968*, Lattès, 1980). « Lui, vedette *ringarde* du petit écran ; elle, ex-taularde vulgos » (article de présentation du film *Nuit d'ivresse,* de B. Nauer, dans *Première,* de juillet 1986).

RIPOU Verlan* de *pourri*. Ce mot a été popularisé par le film de Claude Zidi, avec Thierry Lhermitte et Philippe Noiret, ayant pour titre *Les Ripoux* (1983) ; il désigne toute personne bassement (ou hautement ?) corrompue.

ROCKABILLY Désigne tout ce qui (musique, mode, etc.) est ou peut être considéré comme « rétro-américain » du début ou du milieu des années cinquante. On peut donc en déduire que *le fifties* est, au fond, assez rockabilly.*

ROCKIE ou **ROCKER** Amateur de rock un peu baston* sur les bords, qui ne cache pas – c'est le moins que l'on puisse dire – ses tendances. « Comment j'm'appelle ? » demande le *rocker* de quartier à son souffre-douleur dans *Ginette Lacaze, 1960*, de Coluche (1972 puis 1976). « Rocky ! répond l'autre. – Rocky comment ? reprend le premier. – Rocky-Rocker, Rocky ! »

S

SADO Sadique. Voir *maso**.

SAFER-SEX Sécurité dans les rapports sexuels. L'apparition du Sida au début des années quatre-vingt, additionnée à la recrudescence des maladies sexuellement transmissibles classiques, a provoqué ce *réflexe safer-sex* qu'on peut globalement traduire par « utilisation quasi systématique de la capote en toute circonstance et quel que soit le sexe ou les origines sociales de la (ou du) partenaire ».

SANTIAGS ou **SANTIAGOS** ou encore **TIAGS** Bottes mexicaines pointues, aux talons taillés en biais, qu'affectionnent rockers*, loubs* et zonards de banlieue. « Qu'est-ce que j'mets, les tennis ou les mocassins ? Oh non, les mocassins, ça fait trop branché. Les *santiags*, peut-être ! » (extrait de *La Drague*, une pièce d'Alain Krief, d'après sa bande dessinée, jouée au théâtre *Le Grand Edgar* en septembre 1986).

SAPE Du vieil argot *se saper*, se vêtir (1920). Vêtements. Syn. *fringues*.

SCATO Origine intello-psy*. Abréviation de *scatologique.* Caractérise toute personne qu'on juge (car l'intello-psy juge) pas encore sortie de la phase « caca-boudin » de la petite enfance.

SCIENTIFICITÉ Terme particulièrement prisé des intellos* discursifs qui veulent parler du caractère scientifique de quelque chose.

SHIT En anglais : merde. Haschich. S'emploie toujours au masculin : *T'as pas du shit ?* Utilisé à l'origine pour brouiller les pistes dans la conversation courante, en présence d'oreilles non initiées.

SHOOTER (SE) Se faire une injection d'héroïne. Par extension : se faire plaisir. *Il se shoote à la Bourse* (son plaisir, c'est de jouer en Bourse). À noter cette troublante identité entre la une de *Libération* et celle du *Figaro Magazine*, qui titraient tous deux, le 31 mai 1986, pour le début de la Coupe du monde de football : « Le monde *se shoote.* » Il y a vraiment des moments où c'est à se demander si le jeu de mots n'est pas le facteur de cohabitation et de compréhension idéal et universel !

SHOOTEUSE Seringue (drogue).

SIDATEUX Personne atteinte du SIDA, ou présumée telle (légèrement péjoratif). NB : En termes médicaux, on a dit *sidaïque*, puis *sidatique*, puis *sidéen*, puis *sidien…*

SIXTIES De l'anglais *sixty*, soixante. Désigne les années soixante (entre 1960 et 1969 incluse), leurs modes, leur cinéma, leurs mœurs, leur art, leur littérature, leur musique, bref, leur impact (les *sixties*, c'est, disent les sociologues, l'« avant-crise », donc les années dorées-béates ou présentées comme telles, du moins jusqu'à l'explosion de Mai 1968). « Les Beatles, John Lennon, Ringo Starr, Paul McCartney, George Harrison incarnent les *sixties*, explique *Le Figaro Magazine* du 31 mai 1986, dans un cahier spécial consacré aux années soixante. Avons-nous vécu, en ces temps-là, une "décennie triomphante" ? » s'interroge l'hebdomadaire...

SKIN En anglais : peau. Abréviation de *skinhead* (crâne rasé). Désigne les néofascistes post-punk* anglais (et continentaux par la suite) portant treillis, rangers militaires aux pieds, crâne rasé, n'ayant pas lu entièrement Platon ni vraiment assimilé Descartes et Kant.

SNIFFER De l'anglais to *sniff*, renifler. Action de prendre de la poudre (héroïne), de la cocaïne ou autre chose (éther ou colle à rustines pour ceux qui n'ont pas les moyens) par inspiration nasale. Voir la une d'*Actuel* en juin 1984 : « Freud, cet inconscient qui sniffait trop. »

SOFT En anglais : doux. S'applique d'abord à l'érotisme (par opposition à ce qui est *hard**, « dur », c'est-à-dire « présumé très cochon ».). « Bien que destinée à être diffusée assez tard dans la soirée, la série reste quand même assez *soft* » (*Télé-Journal* du 5 avril 1986, dans un article sur le tournage d'une série télévisée gentiment érotique). Par extension, *soft* tend à désigner, surtout dans le vocabulaire minet*, tout ce qui est, dans quelque domaine que ce soit, assez léger et relativement gentillet.

SOMATISER Du grec *soma*, corps. Terme très prisé des branchés psy*. Parler intello* de gauche. Théorie, vérifiable dans bien des cas en effet, selon laquelle les difficultés psychologiques rejaillissent sur la condition physique, entraînant parfois de véritables maladies. Le cor au pied est-il le résultat d'un *processus de somatisation* précis et défini, ou bien une résultante de *somatisations inconscientes* et multiples ? La question est posée. « Alors, évidemment, je fantasme*, je *somatise*, j'ai des spasmes ! » (extrait des *Frustrés*, BD* de Claire Bretécher).

SPÉCIAL Abréviation de *spécialement ciblé sur...* (avec un gros clin d'œil à *numéro spécial*). Le branché voit du *spécial-quelque-chose* partout. Un *trip* spécial-cul** désignera quelque chose de spécialement cochon, un *plan* spécial-beauf**, une réunion de beaufs ou présumés tels, etc.

SPEEDÉ De l'anglais *speed*, vitesse. En argot-drogue, désigne celui qui est sous l'effet d'un *speed* (trip* aux amphétamines). Par extension : agité, fiévreux. « Branchés, show-biz et jet-set ont communiqué leur enthousiasme et leurs valeurs à toute la population jeune, *speedée*, hyperactive, dansante » (*Le Nouvel Observateur*, 22 août 1986).

SPERMISSIF Néologisme gag lancé par Jacques Cellard, dans une interview au magazine *Lire* en septembre 1982 : « Sur la base de *permissif*, je propose *spermissif* : qui a trait à un trop grand laxisme sexuel. »

SPONSORISER De l'anglais *to sponsor*, commanditer. Un mécène, dans les années quatre-vingt, ne fait plus du mécénat : il *sponsorise*. NB : Si on y tenait, on pourrait dire *patronner* ou, plus clairement, *financer*, à la place de cet anglicisme incongru. Branché familier : *Il me sponsorise à mort* ! (il ne me lâche pas, il me colle).

SQUARE Ringard*, nul*, sans intérêt. (En anglais, *a square* désignait, dès 1960, une personne rétrograde, vieux jeu, un « vieux croûton ».) Dans la terminologie baba*, le *square* est celui qui se contente de la routine quotidienne (« métro-boulot-dodo », disait-on après 1968), totalement incapable (ou présumé tel) de s'ouvrir au monde. À la différence du baba*, le *square* s'intéresse à son métier. Inutile de le préciser, le *square* est souvent un beauf* qui s'ignore, en puissance ou encore en devenir. Syn. *straight* (droit, rigide). Ant. *cool**.

SQUATTER De l'anglais *to squat*, occuper un appartement, généralement abandonné, sans aucune autorisation de personne. Par extension : habiter chez quelqu'un, temporairement ou non. *Télé-Poche* du 7 juin 1986, dans un reportage sur la chanteuse Jeanne Mas : « Elle *squatte* chez les copains quatre jours par semaine et vit les trois autres jours chez elle, à Rome. » Syn. *taper l'incruste*.

STAL Abréviation de *stalinien*. Désigne un communiste.

STARITÉ Vedettariat.

STRESSÉ En proie au *stress* (tension usante et mortelle due aux agressions de la vie moderne). *Stressé à mort* : sujet à une incontournable* tension.

SUPERBLIME *Super*, plus *sublime*, car on découvre, dans les années quatre-vingt, que l'un ne va pas sans l'autre. En tout cas, *Pariscope* se fait un devoir de signaler l'apparition de ce nouveau mot dans un article consacré au langage câblé* (16 octobre 1985). Syn. *survolta*.

SYNDROME « Ensemble de symptômes d'une maladie », comme on dit chez Larousse. Mais, surtout depuis la sortie du film *Le Syndrome chinois* (1979), on retrouve un tas de *syndromes* un peu partout. *Globe* de juillet 1986 évoque le *syndrome Berlusconi* à propos des éventuels pièges de la privatisation d'une chaîne de télé ; *Libération* du 19 juillet 1986 parle de *syndrome de Tchernobyl* lorsqu'on retrouve des traces de radioactivité dans le thym de Haute-Provence, etc.

SYSTÈME Pêle-mêle, le *système* c'est la société, le pouvoir (politique ou non), le monde, Big Brother, les traditions, les usages, la hiérarchie, que sais-je encore ?... NB : Le *système* a toujours bon dos et est naturellement responsable de tous nos maux. Parce que si ça ne tenait qu'à nous, on verrait ce qu'on verrait !

T

TABOU Comme disent les néocyniques, « les *tabous*, c'est comme les feux rouges : c'est fait pour les pauvres »...

TAXER Emprunter. *Il m'a taxé mon pépin* (il m'a emprunté mon parapluie sans vraiment me le demander). NB : N'est pas aussi fort que *tirer* (carrément : voler).

TÉLÉPHAGE Qui consomme abondamment de la télé (on peut dire aussi *téléphile*, encore que *téléphage* introduise une nuance plus fruste). « Les enfants de 1985 moins *téléphages* que leurs aînés », titre *Télé-Journal* le 9 mars 1985. Ant. *téléphobe*.

T'INQUIÈTE ! Abréviation hyperfréquente de *ne t'inquiète pas ! T'inquiète, j'assure* ! (ne te fais aucun souci, je m'en charge).

TOILE Dans l'expression *se faire, se payer une toile* : aller au cinéma. En usage depuis le début des années soixante-dix.

T'OIS ou **T'VOIS** Saisissant raccourci de *tu vois*, qu'on peut semer un peu partout dans le discours*.

TOO MUCH En anglais : trop. (On dit *trop* ou *too much*, indifféremment.) Se dit de quelque chose qui va vraiment un peu trop loin et sur lequel on préfère réserver son jugement global et définitif. *Il est trop, lui !* (non, là, vraiment, je ne sais s'il ne va pas un peu loin). « Ce mec est *too much*, ce mec est *trop* », le célèbre refrain (en 1985-1986) de la non moins célèbre émission gros-gags-gros-budget de Stéphane Collaro, *Cocoricocoboy*, sur TF1.

TOP-NIVEAU Nouvelle manière de dire que quelque chose est un sommet (*top*, « sommet » en anglais), une quintessence, du jamais vu, de l'inégalable, du sensationnel, de l'inédit, etc. *Être au top-niveau* dans un domaine quelconque, c'est donc cartonner* à mort* et dominer de la tête et des épaules.

TOTAL Entièrement, complètement*. Bien noter la place de ce mot quasi omniprésent dans le parler branché : *C'est totale folie, ton plan** (et non *« une » totale folie*, l'article indéfini disparaissant souvent, comme semble l'indiquer l'usage).

TOUT FAUX ! Expression lancée par Coluche dans un de ses sketches. *Ah ! t'as tout faux, là* !* (tu t'es trompé).

TOUZEPAR Verlan* assez utilisé de *partouze*. Remarque : en argot, on dit *zetoupar* (François Caradec, *Dictionnaire du français argotique et populaire*, Larousse).

TRANSF Abréviation de *transformiste*. Désigne, dans les années quatre-vingt, tous ceux qui s'adonnent au travestissement en dehors des périodes de carnaval, qu'il s'agisse de travestis, de transsexuels, hormonés ou non, de simples fétichistes du vêtement féminin, de « professionnels » ou non.

Voir *Libération* du 10 décembre 1985, dans un article consacré à la fermeture du Carrousel, un célèbre cabaret de travestis à Paris : « *Transf* : la dernière parade du Carrousel. » NB : Ne jamais employer *travelot (travelo)* ou même *trav*, mots jugés, de nos jours, fort ringards*.

TRAUMATISER Blesser, heurter, froisser (dans le sens moral), vexer, humilier, choquer, ébranler, secouer (encore dans le sens moral, bien évidemment), peiner, affliger, etc. *Traumatiser*, derrière des allures vaguement scientifiques, masque l'infinité de nuances que renferment tous ces verbes. « À partir du moment où l'on a mis dans la tête d'un enfant qu'il a été *traumatisé* par une gifle, écrit Pierre Daninos dans *La France prise aux mots* (Calmann-Lévy), il en devient beaucoup plus frappé. »

TRÈS Désigne ceux qui sont *très quelque chose*. Mais pas *trop*. *Il est très, ce mec* (c'est un type bien, il assure*).

TRÈS CHOUETTE ou **TRÈS TRÈS CHOUETTE** Encore un tic de langage envahissant. Vient évidemment de la bonne vieille expression familière *chouette* (jadis, on pouvait aussi dire *bath*) et qui peut se traduire par... *super* ou, pour rester plus classicos, *magnifique*. « Ça vous chiffonne vraiment le fait que TF1 passe au privé ? Moi, je trouve ça *très chouette !* » explique avec un bon vieux clin d'œil des familles la journaliste Claude Sarraute, dans sa chronique du *Monde* « Sur le vif » (17 mai 1986).

TRICARD De l'argot classique *tricard*, interdit de séjour. *Persona non grata*. S'utilise beaucoup dans le milieu journalistique et dans le spectacle pour signifier qu'on est « brûlé » auprès de telle personne ou indésirable dans tel endroit (ce qui n'est pas nécessairement désagréable).

TRINGLETTE De *tringler*, faire l'amour. Un poil vulgaire, *tringlette* sera pourtant toujours préféré à *fourrette*, franchement inadmissible.

TRIP En anglais : voyage. Désigne à l'origine, en jargon-drogue, l'état d'onirisme dans lequel on doit en principe se trouver après absorption de substances idoines. Par extension : dépaysement intense ou, plus exactement, sorte de délire ou de fantasme* ayant pour but de se duper soi-même, et accessoirement les autres. *C'est pas mon trip* (ou *c'est pas mon truc*, ou, plus baba*, *c'est pas mon karma*) : ce n'est pas mon genre, ça ne m'intéresse pas. « Nana cherche keum* *trip* skin* keupon psycho 24-28 » (petite annonce extraite de *Libération* du 14 juin 1986). Traduction : jeune femme cherche jeune homme d'apparence moderne (crâne rasé, punk*), concerné par la psychologie et âgé de 24-28 ans. « Ouais, la méditation transcendantale, c'est son *trip*, il dit que ça aide à se trouver » (Frédéric Lasaygues, *Vache noire, Hannetons et Autres Insectes*, Éd. Barrault).

TU MEURS ! *Plus beau que moi, tu meurs !* était le titre d'un film de Philippe Clair (1982) avec le fantaisiste Aldo Maccione. Si le film était d'une qualité discutable, l'expression *plus quelque chose que moi* (ou *que lui*), *tu meurs* ! a fait une belle carrière. *Tu meurs !* est donc l'équivalent de *c'est pas humainement possible !* NB : Si on peut le sortir avec l'accent pied-noir, c'est encore mieux !

TU SAIS QUOI ? Tu connais la nouvelle ?

U

UBUESQUE Officiellement : qui est digne d'Ubu. Par extension : surréaliste. Mot qu'on dégaine assez facilement dès qu'on ne « suit » pas une démonstration.

V

VÉCU Vie, mais en version psy*, c'est-à-dire la vie telle qu'elle est ressentie. *Assumer* son vécu* : vivre sa vie. *Au niveau* de mon vécu, l'approche* de l'autre génère l'angoisse* (je suis vaguement misanthrope).

VÉGÉTAL Personnage mou, sans âme, sans intérêt, sans rien ! Syn. *légume.*

VÉHICULER Origine intello*. Porter, transporter, proposer une idée, un thème : *Ce film véhicule une idéologie suspecte* (ce film reflète un point de vue conservateur). « Quand on *véhicule* une image, et que cette image touche des adolescents, il faut être très prudent » (Bernard Tapie, le 26 mai 1986, au journal de 13 heures sur TF1).

VERLAN *L'envers...* en verlan ! Langage basé sur l'inversion de syllabes, plus particulièrement, et pour des raisons de commodité, dans les mots à deux syllabes. Ainsi *laisse tomber* devient *laisse béton, branché* se dit *chébran*, etc. Connaît une vogue certaine chez les jeunes.

VIBE Abréviation de *vibration*, mot qui connut une vogue certaine à l'époque hippie*. *J'ai de bonnes vibrations* ! (je sens le sujet).

W

Warnographie De l'anglais *war*, guerre, ce mot est naturellement bâti sur le modèle de *pornographie*. C'est le nom que la presse soviétique a donné aux nombreux films de guerre américains des années 1985-1986 plus ou moins ouvertement antirusses. Les défenseurs de l'idéologie véhiculée* par ces films font toutefois remarquer, en jouant sur le mot et sur la façon de le décomposer, que *warnographie* devrait en réalité recouvrir une notion d'avertissement solennel (en anglais *to warn*) à ceux qui se sentent visés.

Wouaouh ! Onomatopée servant à exprimer un sentiment d'enthousiasme, de jubilation, d'admiration. Particulièrement employée par Coluche (dans les tons suraigus-glapissants) : « *Wouaouh*, la crise, eh ! »

X

XÉNO Abréviation de *xénophobe*. Un *xéno* est considéré comme plus dangereux parce que vraisemblablement plus atteint dans sa santé mentale qu'un vulgaire raciste premier degré.

X-ER (prononcer *ixer*) Censurer. *Se faire x-er d'un débat* : se faire sortir sans ménagement.

Y

YUPPIE (pluriel : *yuppies*) Abréviation de *young (upwardly mobile) urban professional* (jeune professionnel à ascension verticale). Désigne, aux États-Unis d'abord (depuis 1980-1981) mais aussi ailleurs, une nouvelle race de jeunes cadres dynamiques, snobs et opérationnels qui, contrairement aux hippies*, croient aux vertus de la société de compétition et entendent bien s'y tailler la part du lion. Par extension, peuvent être considérés comme *yuppies* tous les jeunes minets* stakhanovistes, bûcheurs et arrivistes qui savent garder l'apparence branchée et ne pas ressembler à un premier de la classe.

Z

ZAPPER De l'anglais *to zap*, donner un coup sec et violent (mais aussi onomatopée très employée correspondant, en français, à *toc* ou *paf*). En français actuel, *zapper* c'est changer de chaîne de télé brutalement, dès l'apparition des spots publicitaires, afin de leur échapper. « La pub* vous agace ? Eh bien *zappez !* » titre *Le Quotidien de Paris* du 17 juin 1986, à propos de ce nouveau sport, largement pratiqué aux États-Unis, et qui commence à toucher la France. *Avoir envie de zapper quelqu'un ou quelque chose* : avoir envie de le faire disparaître de son champ de vision ou de préoccupation. • ZAPPING : acte qui consiste à *zapper (faire du zapping)*.

ZONE Proche banlieue désenchantée célébrée par des chanteurs français néopopulistes post-seventies comme Renaud.

> Sœur de la *zone* à la peau douce
> Dans ta solitude farouche,
> Insoumise aux yeux rieurs
> Qui réinventent le bonheur
> Qui improvisent un équilibre
> Entre le couteau et la cible...

chante pour sa part le farouche Bernard Lavilliers. • ZONER : littéralement évoluer dans la *zone* (géographique ou psychologique), donc sans but précis, à la dérive, en traînant son blues*. Syn. *glander*.

ZONGA Évident verlan* de *gazon*, terme plus sophistiqué que *herbe** pour désigner la marijuana.

ZUPIEN Habitant d'une *ZUP* (zone à urbaniser en priorité). Il ne devrait y avoir, entre le *zonard* traditionnel et le *zupien*, qu'une différence de degré et non de nature. Or il apparaît évident qu'il y a dans *zupien* une notion laborieuse qu'on ne trouve pas dans *zonard*, plus souvent assimilé à un glandeur ou à un traîne-savates.

TROISIÈME PARTIE

GUIDE DU FRANÇAIS TIC ET TOC

Changement et continuité

C'est le lot de toutes les modes : à peine sont-elles sorties qu'on s'emploie, qu'on s'échine même, à les démoder. Il en va de même pour les langages, et plus particulièrement pour les langages « de surface », affectés, hétéroclites, transitoires. Le « branché », fait d'un peu tout ce qui se dit et se répète chez les artisans de l'éphémère, et relayé par des médias de plus en plus présents et nombreux, ne devrait pas échapper à cette règle. Pourtant, il n'est que de prêter l'oreille pour se rendre compte que la plupart des termes « héroïques » des années « branchados » (1980-1986), comme *à la limite, c'est pas évident, ça baigne, classieux, quelque part, zapper* et tant d'autres (voir *Dictionnaire du français branché*), courent encore dans les rues. C'est ce qui s'appelle (au-delà de la durée) la continuité, vertu que d'aucuns refusaient à ces mots volontiers qualifiés, lors de leur apparition, de « mots courants d'air ». Déjà, des livres scolaires ont décidé d'intégrer certains de ces mots « branchés » dans les exercices proposés à leurs élèves, comme par exemple *Le Français second cycle*, par Darcos et Tartayre (Hachette), ou le *Français, division prégymnasiale* (Département de l'instruction publique et des cultes du canton de Vaud, 1987). Les dictionnaires « officiels », eux, se jettent dessus (*Le Dictionnaire de notre temps*, Hachette, 1989, *Le Petit Larousse illustré, 1989*). Le changement, puisque bien sûr changement il y a, c'est l'arrivée en masse, dans l'ère post-branchée (ou néo-branchée, ou branchée post-moderne si l'on veut), d'une nouvelle langue de bois issue pour partie du langage des pubeux (publicitaires) largement répandu « hors ghetto » et pour partie de celui de l'informatique. Sans oublier, outre les incontournables « intellectualismes », les résurgences des bonnes vieilles expressions populaires ou argotiques qu'on croit parfois nouvelles, phénomène déjà présent lors de l'apparition du langage dit « branché ». Ce dernier est par définition très *tic*, et parfois *toc*. Et voilà qu'il prend, avec les années, des allures aussi *toc* que *tic*. Quelquefois davantage !

Bref, le branché post-moderne intègre la présentification relookée de la sabirisation du langage. Il s'agit là, en fait, d'un non-événement pourtant hyper-porteur, qu'il faut gérer. C'est ça, le caméléonisme du branché-en-devenir. Carrément adrénalitique comme talk, pas yaourt mais complètement holistique. Et tout cela sans décontextualiser. Giga ! À vous décalquer un brancheman basic !

PIERRE MERLE

PS : Pour tout problème de compréhension, consulter le *Guide du français tic et toc* (pages suivantes)…

A

ADRÉNALITIQUE Capable de faire monter de manière spectaculaire le taux d'adrénaline d'un citoyen lambda, et cela pour quelque raison que ce soit. « Sur le trottoir, je mets dans la boîte [je photographie] la façade de cette cantine* paradisiaquement *adrénalitique* » (Moulinot, *L'Écho des savanes*, décembre 1987). Syn. *super, hyper, flashant*, etc.

ANTAGONISER Opposer, dresser l'un contre l'autre. L'ancien président de la République Valéry Giscard d'Estaing avertit, dans l'émission « Questions à domicile » du 27 mars 1988, qu'il faut « *antagoniser* le moins possible l'autre moitié de la France ». NB : On est alors en période préélectorale et loin de rassembler « deux Français sur trois », vieux rêve giscardien !

ANTILOOK *Faire de l'antilook*, c'est être adepte de l'antimode*.

ANTIMODE *Être antimode*, c'est évidemment tout faire pour ne pas avoir l'air d'être mode (voir *melting-mode*). Pour être *antimode*, explique *Paris-Match* du 6 novembre 1987, « on se contente de prendre quelques éléments de basic*, genre duffel-coat, redingote, blazer écossais, on en fait un patchwork de préférence sobre, voire un peu tristounet, et on saupoudre de quelques accessoires discrets (chaussettes hautes, bretelles), qui font toute la différence ».

ANTRISME *Faire de l'antrisme*, c'est se terrer dans son *antre* ou, comme l'expliquent Maya Nahum-Valensi et Corinne Atlas dans leur livre *Les Ados* (Mazarine, 1987), essayer de pénétrer dans l'*antre* (ici : le vécu) d'autrui. En l'occurrence : intrusion, souvent fort mal vécue par les assiégés, du monde des adu(ltes) dans le monde des ado(lescents).

ASOCIALISER (S') Dériver, se marginaliser, devenir « décalé » (voir *Français branché*). Jacques Chirac, en campagne pour l'élection présidentielle de 1988, affirme sur Antenne 2, dans l'émission « L'Heure de vérité » : « Je pense à ceux qui sont en train de *s'asocialiser.* » On a rarement entendu un candidat, quel qu'il soit, dire le contraire en période électorale, il faut bien le constater...

ATOMISER Vaporiser, pulvériser, certes, mais à prendre dans un sens de plus en plus large, comme en témoigne cet exemple emprunté au domaine du commentaire sportif, qui n'a jamais vraiment fait dans la nuance : « Anziani *atomise* le gardien marseillais ! » (résumé télé du match Marseille-Nantes de septembre 1987). Jadis, on se serait contenté, pour parler d'un but spectaculaire laissant le goal littéralement pétrifié, de l'expression *effacer le gardien*, mais peut-être cette dernière est-elle trop « effacée », précisément, pour décrire l'univers sportif de la fin des années quatre-vingt. Littérature : « Te fâche pas ! on peut en parler, tout de même...

– Je me fâche pas, j'explose. *J'atomise* » (Marie-Thérèse Cuny, *Une garce*, Éd. Bernard Fixot, 1987).

AUTOMÉCÉNER *S'automécéner*, c'est évidemment s'autofinancer. Gonzague Saint-Bris, sur FR3, expliquait un jour que le général La Fayette avait « *mécéné* sa propre entreprise de liberté ». Plus prosaïquement, contentons-nous de retenir qu'il vaut mieux dire *qu'on automécène ses loisirs* plutôt qu'employer l'expression *foutre son fric en l'air*. À noter, et c'est là un syndrome masturbatoire typique eighties, que les « auto-quelque chose » fleurissent largement, par les temps qui courent. Ainsi, on peut *s'autoréguler*, bien entendu, mais aussi *s'autoréférencer* (la *logique de l'autoréférence* pouvant, pour faire plus simple, être appelée *narcissisme*) comme le rappelle *Libération* du 17 décembre 1987, et même *s'autobonimenter* (*Le Monde* du 14 mars 1988), ou encore *s'automotiver* (*Médias* du 13 novembre 1987). Voir *égotraining*.

AUTREMENT (L') Adverbe substantivé tout à fait délicieux. On utilise bien déjà *l'ailleurs* (Hervé Bazin, cité par le *Petit Robert 1987*, n'évoque-t-il pas « le parfum des *ailleurs* » ?), alors pourquoi pas *l'autrement* ? C'est sans doute ce que s'est dit le journaliste Jean-Louis Mingalon, qui, dans un article paru dans *Le Monde* du 4 octobre 1987 consacré à la Maison des cultures du monde, évoque précisément *l'ailleurs et l'autrement*.

B

BALISER Terme familier particulièrement prisé des jeunes, signifiant « flipper, angoisser, chocotter », bref, « avoir peur ». *Le Canard enchaîné* du 30 décembre 1987 (« Le courrier de Jeanne Lacane ») : « Tu n'auras qu'à faire entrer deux copines à toi dans le jeu comme passagères. Avec ton carnet d'adresses, pas de quoi *baliser* ! »

BARRIÈRE DES MENTALITÉS Vieille expression tarte à la crème et relativement passe-partout qui fonctionne encore très bien au niveau quotidienneté du langage. La preuve : « La *barrière des mentalités* est encore solide », remarque, en guise de conclusion bien sentie, une journaliste d'Antenne 2 commentant le 28 mars 1988, les problèmes de différence de niveau entre les enfants d'immigrés (supposés défavorisés) et les autres (supposés – mais qu'y peut-on ? – favorisés).

BARTERING Terme initialement pubeux (de l'univers de la pub) signifiant « échange » (en anglais), mais présentant l'immense avantage de nous éviter de recourir au mot *troc*. « Le sponsoring peut parfois aboutir au *bartering* – (création d'émissions clés en main par des annonceurs en échange d'espace publicitaire) », explique *Télé-Journal* du 19 mars 1988.

BASIC (s'écrit impérativement avec un *c*, à l'anglaise) De base. Fondamental. Mais aussi : « qui ne vole pas très haut », « qui ne décolle pas du plancher des vaches », comme l'explique le magazine *20 Ans* de novembre 1987 dans un article intitulé « Le jargon interdit aux parents ».

BÉTON *C'est béton* remplace, de fait, *c'est du béton*, pour insister sur la solidité d'un raisonnement, d'une analyse, d'un plan ou d'un projet. Très en vogue depuis que Francis Bouygues, le roi… du béton, s'est porté acquéreur de TF1, en 1987.

BIKER (prononcer *baïkeur)* En anglais familier : loubard-motard-« hardeux » (voir *Français branché*). « Oh sûrement elle avait connu de ces compagnons, les petits loubs, des *bikers*, comme disait le petit garçon du rez-de-chaussée avec fascination » (Sapho, *Ils préféraient la lune*, Balland, 1987).

BIOTOPE Au-delà du sens classique (milieu biologique déterminé offrant à une population animale et végétale bien déterminée des conditions d'habitat relativement stables), désigne, selon P. Olivier, F. Chauvat et B. Mougin (*Le zappeur se rebiffe*, Belfond, 1988), tout « lieu habituellement fréquenté par un individu ou un groupe d'individus » (bistrots, boîtes, métro, salons de massage, lieux de culte divers et variés).

BIP-BIP Se dit d'un « keum » (voir *Français branché*) plutôt chouettos, beau et cool, comme nous en informe *France-Soir* du 27 octobre 1987 dans une rubrique « Jeunes ».

BOG ou **BOGUE** Vient de *bug*, terme d'informatique désignant l'erreur de programmation qui vous fend le cœur. Donc : erreur, sottise, connerie, micketterie (voir *Français branché*). « Bon, alors, si tu es sur le pli [trad. : si tu n'es pas super] seulement en corde [à grimper], y'a pas de *bog* ! » (Claire Bretécher, « Agrippine », *Le Nouvel Observateur* du 4 mars 1988).
• DÉBOGUER : déconner.

BOOKER Bon vieux franglais venant de *to book*, réserver. Il est bien évident que *booker* est beaucoup plus chic (et *tic*) que *réserver* et plus encore que *mettre de côté*.

C

ÇA CRACHE ! Ça en jette, ça en impose, ça impressionne, ça arrache, « ça cartonne » (voir *Français branché*). Syn. *ça disjoncte !*

CAMÉLÉONISME Rien à voir avec une quelconque étude de ce reptile saurien « à crête dorsale et queue prenante », comme dit *Le Robert*, mais plutôt avec sa faculté de changer de couleur en accord avec celle de son environnement immédiat, qui est aussi, souvent, une « vertu » typiquement humaine. « Le *caméléonisme* de De Niro brouille les pistes au point qu'il est la star la moins abordée dans la rue », s'émeuvent en chœur Ève Mavrakis et Stéphane Benamou dans le mensuel (toujours) chicos *Globe* d'octobre 1987.

ÇA M'LAMENTE ! Expression salonnardo-faubourienne (ça existe) tendant à exprimer un légitime et probablement sincère désarroi. « Quand je vois des Palestiniens se faire écraser la gueule sur des murs, *ça m'lamente* ! », s'indigne un lecteur dans la page « Courrier » de *Libération* du 12 février 1988. • ÇA M'TROUE : même idée, en plus dramatisé. Syn. *ça m'a esquinté* !

CANNIBALISER Phagocyter plus « dévorer » quelqu'un. « L'action politique ne lui a pas donné, à l'évidence, tout ce qu'il en attendait. Maintenant qu'elle l'a dévoré, et *cannibalisé*, est-il capable de voir plus haut et plus loin ? », s'interroge le journaliste Franz-Olivier Giesbert dans son livre *Jacques Chirac* (Éd. du Seuil, 1987).

CANTINE En BCBG désinvolte : endroit où l'on a ses petites habitudes (restau, wine-bar*, boîte, bistrot, etc.) et, symboliquement, ses « pantoufles ».

CASHER Payer cash. « Coût de l'opération ? Un certain nombre de zéros, précédés d'un chiffre, qui doivent faire sortir de leur trou les économies si durement planquées par Simon le comptable. Hubert *cashe*. Et Simon ne marmonne plus » (Marie-Thérèse Cuny, *Une garce*, Éd. Bernard Fixot, 1987).

CASSÉ *Il est raide cassé (ou raide défoncé, ou raide def)* : il est sonné, out, défait à la suite – par exemple – de l'absorption de substances diverses. C'est le type même de l'expression qui « boucle la boucle ». Dans les années 1982-1985, on employait un tas de mots (*déchiqueté, déchiré, épavé*, etc., et même le mathusalémien *naze* revenu à la mode par la grâce d'on ne sait qui) pour dire que quelqu'un était « brisé », « cassé », et voici qu'à présent, ô perversion superbe, *cassé* se donne des allures de néologisme pour dire… ce qu'il veut dire ! La preuve : dans son « Nouveau lexique » (interdit aux parents), le magazine *20 Ans* de novembre 1987 livre à ses jeunes lecteurs la définition suivante : « On est *cassé* quand on est très, très fatigué. » Merci.

CÉDÉTHÈQUE *Bibliothèque*, c'est pour les livres, *discothèque*, c'est pour les disques. *Cédéthèque* (voir *Télérama* du 20 avril 1988), c'est donc pour les *CD* ou *cédés (compact discs)*.

CENTRE DÉCISIONNEL Abstraite, obscure, générale, vaguement ésotérique, et en tout cas mystérieuse, donc attirante, cette expression ! Lumière : « L'individu est devenu un *centre décisionnel* permanent, un sujet mobile et ouvert au travers du kaléidoscope de la marchandise » (*Le Monde* du 13 novembre 1987).

CHAMP DU POSSIBLE En bon français : possibilités. *Libération* du 3 novembre 1987, dans un article consacré au marathon de New York : « Peter Maher, canado-irlandais, a choisi comme bien d'autres le marathon pour élargir le *champ du possible.* »

CIMENT DE SOCIÉTÉ Tout ce qui peut réunir trois personnes ou plus dans une atmosphère joyeusement conviviale en est un. La journaliste Martine Allain-Regnault à *Télé-Journal*, en septembre 1988 : « Le flipper, c'est un véritable *ciment de société* ! »

COACHER (prononcer *côtché*) De l'anglais *coach*, dont l'un des sens (celui qui nous intéresse, en tout cas) est « professeur donnant des leçons particulières ». « Disons qu'on a été *coaché* sur beaucoup de choses », explique le jeune comédien Christian Vadim (fils de Roger) dans l'émission de variétés « À la folie » du 6 mars 1988, à propos de son rôle de pilote de chasse dans le feuilleton *Les Chevaliers du ciel.* Gageons qu'après cette lumineuse explication, tout est en effet devenu limpide pour le téléspectateur moyen.

COCOONING Vient de *cocoon* (en anglais : cocon). « La tendance de cette époque postyuppie est de rester souvent à la maison », découvre *Glamour* de mai 1988. Donc : rien de nouveau sous le soleil par rapport à *être casanier*.

COHABITATEUR Personne qui cohabite avec une autre (spécialité politique hexagonale, mais pas seulement hexagonale, à ce qu'on dit), d'après le regretté Coluche. *Cohabitant* reconnaissons-le, serait sans doute plus approprié, bien que peut-être moins croustillant.

COLORISER Quand on colorie (colore) un film, on le *colorise*. Cet américanisme plutôt mal venu a fait irruption dans notre langage parlé (et écrit) en juin 1988, quand une chaîne de télé (en l'occurrence la Cinq) déclencha une polémique en passant une version coloriée du film en noir et blanc *Asphalt Jungle*. *Le Monde* du 19 juin 1988 : « En programmant *Quand la ville dort* de John Huston en version *colorisée*, la Cinq a déclenché une tempête en France. »

COMMUNICATEUR Mot qui ne se contente plus d'être un simple adjectif et tend à devenir un nom. Les *communicateurs* sont les journalistes, les animateurs, bref, les « gens des médias », comme on le remarque au cours de l'émission « Apostrophes » du 13 février 1987.

CONCEPT Mot carrément envahissant à partir de la mi-1987 jusqu'à nos jours ! En effet, les *concepts*, sous l'influence du langage pubeux, pleuvent : 1° « Un *concept* tout à fait nouveau, le déboucheur de nez ! », explique-t-on sans rire à l'émission d'Antenne 2 « Télématin », le 19 novembre 1987. 2° « L'industrie redécouvre l'habitat avec un *concept* branché : la domotique », renseigne de son côté *Le Nouvel Observateur* du 15 janvier 1988. 3° « Une émission d'humour, de délires, une émission où les gens se sentent bien, voilà le *concept* que souhaite faire passer Géraldine », informe *Paris Nuit* de février 1988. 4° « C'est un *concept* fédérateur évolutif réversible », souligne, le 20 janvier 1988, le présentateur du journal télévisé de 20 heures d'Antenne 2, Henri Sannier, à propos de l'affiche de précampagne de François Mitterrand, « Génération Mitterrand ». Décidément, en France, on a de la suite dans les *concepts*...

CONCEPTUALISATION ATYPIQUE Idée nouvelle.

CONSENSUS Accord, consentement, mais nettement préféré à ces deux derniers termes, tout au moins en ce qui concerne certains points de politique de 1987-1988.

CONSTANTE D'EXÉCUTION Comme le signale le mensuel *Actuel* de novembre 1987, la phrase « J'ai un style efficace » peut se traduire, en néo-précieux, par « Mes *constantes d'exécution* sont méta-communicantes ».

CONVIVIAL Équivalent *tic* de *sympathique et chaleureux* (réunion, personne, etc.).

CORBEAUX Jeunes gens au look tout-noirceur, vaguement vampiresque, avec toute une ferblanterie pendouillante à base de crucifix, chaînes, etc. Lèvres noires indispensables. Comme le dévoile le spécialiste rock Philippe Barbot dans *Télérama* du 4 novembre 1987 : « C'est le groupe [Dead Can Dance] typique pour *corbeaux* branchés, mixage de babas gothiques et de psycho-bilieux. » Savoureux, non ? Syn. *corback, bat cave* (équivalent d'outre-Manche). NB : Dans son *Dictionnaire de l'argot parisien* (1872), Loredan Larchey signale que *corbeau* signifie « croquemort ».

CRAINTEUX Semble bien devoir remplacer *craignos* (voir *Français branché*) vers la fin 1988-début 1989. À suivre...

CRÉPUSCULAIRE A été too much employé voici une dizaine d'années, lors du grand retour des films noirs américains de série B (on parlait alors volontiers de « westerns des villes aux atmosphères *crépusculaires* », etc.). Maintenant, le *crépusculaire* court les rues, et court le rock ! « Avec leur rock *crépusculaire* et leur discrétion légendaire, leur inspiration torturée et le charisme de Robert Smith, leur leader, The Cure, peu à peu, ont su s'imposer comme l'un des groupes des eighties » (Thierry Delcourt, *Paroles et Musique* de novembre 1987).

CREUX D'IMAGE Jargon télé exprimant une idée de handicap : « Placées depuis un an dans un rapport de force inégal (trois chaînes privées contre deux publiques), Antenne 2 et FR3 sont *en creux d'image* » (*Le Monde* du 14 mars 1988).

CUIROPHILE Qui aime le cuir, mais pas forcément comme le bourrelier, le sellier ou le cordonnier. « Elle enregistre en français, enfile trois albums et une collection de 45 tours à fleurettes, et libère la femme, milite pour le ciné hardcore, tourne d'ailleurs dans un porno soft *cuirophile, La Motocyclette* » (*Libération* du 26 juillet 1987, à propos de la chanteuse Marianne Faithfull).

CULTE Il y a des livres, des films, des disques, des clips, etc., qui sont objets d'un véritable culte. Alors, on dira des *livres cultes*, des *films cultes*, des *disques cultes*, des *clips cultes. Actuel*, mai 1987 : « Marcello Mastroianni et Anita Ekberg sous les jets d'eau, c'est maintenant une des scènes *cultes* de l'histoire du cinéma. » NB : Juste sous le *culte*, il y a le *phare*, bien entendu. Et cela, souvent jusqu'à l'absurde : « 19 janvier, manifestation pacifiste : les *intellectuels phares* sont interpellés directement » (*L'Événement du jeudi*, février

1988). Question : ces derniers seraient-ils, d'une manière ou d'une autre, de lointains héritiers du siècle des Lumières ?

CULTURE VÉCUE « En voilà une culture qu'elle est belle ! », aurait sans doute pu s'exclamer Coluche en entendant cette singulière expression employée par Jacques Pilet, directeur de la rédaction du mensuel *Émois*, lors du premier Festival européen des écrivains en octobre 1987 à Strasbourg. Faut-il l'opposer à une supposée culture invivable ? On s'interroge...

[illegible] d'une [illegible] dans [illegible] des [illegible]

[illegible] En voilà une [illegible] belle [illegible] toute [illegible] exactement [illegible] entend dans cette singulière expression employée par Jacques Pilet, directeur de la rédaction du [illegible], lors du premier Festival [illegible] [illegible] [illegible] [illegible]

D

DÉCALQUÉ Anciennement, on disait *déjanté* (voir *Français branché*), *épavé, pas clair*. « Au bar Florida, Babé attend Pierrot, toujours décalé. Moi, plutôt *décalqué*, j'observe les colonnes de granit du Capitole » (Moulinot, *L'Écho des savanes*, 1987).

DÉCONTEXTUALISER *Là, tu décontextualises !* peut-on toujours sortir lorsque, au cours d'une discussion tardive et acharnée, on se retrouve à bout d'argument. On l'aura compris, la stratégie consiste dans ce cas précis à faire remarquer sur un ton péremptoire à son contradicteur qu'il « sort les choses de leur contexte » et qu'en conséquence on ne joue plus, parce que ce n'est pas de jeu. Alain Finkielkraut, dans *La Défaite de la pensée* (Gallimard, 1987) : « *Décontextualiser* les œuvres humaines, les extraire du lieu où elles ont été produites et les juger ensuite selon les critères intemporels du Bien, du Vrai ou du Beau, Herder veut mettre fin à cette erreur séculaire de l'intelligence. »

DÉCRUTEMENT *Le Monde* du 28 mai 1988 titre : « Les *décrutements* en douceur de Renault » (l'entreprise pratique les départs en souplesse). Mot indispensable par les temps qui courent.

DÉSÉROTISANT « C'est très *désérotisant* d'érotiser les autres », affirme, en 1987, l'animateur de l'émission coquine de France-Inter « À la nuit, la nuit », Daniel Mermet. Pourquoi ne pas le croire ?

DESSOIFFER Néologisme créé par la pub pour une boisson gazeuse (Force 4), bâti sur l'expression branchée *ça décoiffe* (ou *ça arrache*, voir *Français branché*). Tend, de fait, à remplacer le verbe *désaltérer* dans le langage populaire de la fin des eighties.

DEUX DU ou **TROIS, QUATRE, CINQ DU** Abréviation de *deux (trois, quatre, cinq, etc.) du mat'*, cette dernière expression étant bien évidemment une traduction argotique de *deux heures du matin*.

DIABOLISER Ensorceler. « Impensable pied de nez d'une génération *diabolisée* par les médias envers tous ces pudibonds, tous ces réactionnaires variés qui la chargeaient de tous les maux, de toutes les décadences de la chute finale… », se lance Georges-Marc Benamou dans son édito de *Globe*, en janvier 1988, intitulé « L'autre krach », traitant de la supposée fin du star-system.

DIALECTIQUE BIPOLAIRE Conception posthégélienne de la dialectique.

DICHOTOMISER Pratiquer des dichotomies (qui procèdent par divisions et subdivisions binaires) en-veux-tu-en-voilà. Ah ! combien sommes-nous donc à *dichotomiser* sans le savoir ?

DIFFRACTION DE LA RÉALITÉ On se contentera de citer, si possible sans en diffracter ni en déformer le sens, cette belle envolée de Robert Maggiori, dans *Libération* du 8 octobre 1987, judicieusement titrée « Quand le second degré devient primaire » : « Lorsque ces analyses de surface, plus exactement des surfaces, étaient faites au second degré, c'est-à-dire avec la conscience ironique du jeu que cela représentait et du jeu de miroirs dans lequel il était effectivement intéressant de chercher la *diffraction de la réalité*, les analystes eux-mêmes – éditorialistes, publicistes, mass-médiologues – revenaient de temps à autre, en bons sémiologues, du signe à ce qui était désigné, de l'image au projecteur et du projecteur à la réalité projetée – quitte, d'ailleurs, à laisser l'examen de cette réalité au sociologue, au philosophe, à l'économiste, au physicien. » On ne peut, franchement, qu'avoir le souffle coupé !

DINK Acronyme de *double income no kids* (en français : *double revenu pas d'enfants)*. Si l'on doit en croire *Le Journal du dimanche* du 5 juillet 1987, *dink* devrait un jour remplacer *yuppie* (voir *Français branché*). Patientons...

DISSEMBLER Présenter une dissemblance. « Règle d'or du noctambulisme 1988 : qui se *dissemble* s'assemble », décrète Sylvie Véran dans *Le Nouvel Observateur* du 12 février 1988. NB : Au XIIe siècle, on parlait de *dessemblance* et de *dessembler*.

DONNER Équivaut à *cartonner, arracher, déménager* (voir *Français branché*). La tenniswoman française Catherine

Tanvier à Antenne 2 le 27 mai 1988, à propos du tennisman américain Agassi, nouvelle coqueluche de Roland-Garros : « Il a un look d'enfer, et une coupe de cheveux qui *donne* ! »

DUCKY BOY Black (Noir) à banane frontale.

E

ÉGO-TRAINING *Faire de l'égo-training*, c'est savoir se prendre en main dans le but de se rendre plus performant. *Médias* du 13 novembre 1987 : « Philippe Gabillet a mis au point une méthode d'automotivation, l'*égo-training*, combinant plusieurs techniques d'autogestion, par l'individu, de son propre potentiel énergétique et mental. »

ENGAGER UN PROCESSUS RELATIONNEL Engager la conversation.

EUHISME Mot nouveau désignant un phénomène langagier qui l'est beaucoup moins et qui plonge ses racines dans l'accent parisien « revisité seventies » : rajouter des *e* vocaux partout où la nature et la grammaire n'en ont pas mis. « Bonjoureuh, salueuh… mystéreuh et boule de gommeuh… C'est quoieuh, ce stresseuh ? » (Marie-Thérèse Cuny, *Une garce*, Éd. Bernard Fixot, 1987).

F

FAIRE DU PEOPLE Être spécialisé dans le journalisme mondain-potins-chichi-gratin. « Maintenant, sous prétexte de *faire du people*, ils se ruent à Cannes ou à Roland-Garros pour s'afficher », se lamente, dans les colonnes de *L'Événement du jeudi* du 8 octobre 1987, l'orfèvre en la matière Yves Mourousi.

FAIS BRILLER ! Version 1987-1988 de *fais voir !*, mais aussi de *donne !*, comme ne manque pas de le remarquer l'astucieux *Journal du dimanche* du 5 juillet 1987.

FAXER Reproduire exactement et à distance une lettre ou un document quelconque au moyen... du fax.

FENDARD Vieil argot de *rigolo*, qui semble remonter à la surface dans les conversations « comme il faut ». Adjectif synonyme : *roulant*.

FIELFRANCE La *fielfrance*, c'est la France fielleuse. Mot employé apparemment avec délices par l'écrivain Georges-

Emmanuel Clancier lors du Festival européen des écrivains en octobre 1987, à Strasbourg.

FLOT Fric, au sens global et générique. « En plus, elle a du *flot !* » (Claire Bretécher, « Agrippine », *Le Nouvel Observateur* du 19 février 1988). Viendrait de l'expression business *capitaux flottants* (ô combien, parfois...).

FONB' (avec l'apostrophe) Verlan abrégé de *bouffon*. C'est ainsi que les zonards appellent ceux qui ne le sont pas. Syn. *touriste** (avec une nuance encore plus plouc) ou *toss* (verlan de *sot*).

FRITER (SE) AVEC « Se frotter à », en version argotique classique redécouverte par le monde ado dans la seconde moitié des années quatre-vingt, comme en témoigne cet édifiant extrait tiré de *Tam-tam pour une Betacam* de Patrice Drevet (Carrère, 1986) : « Léo *se fritait* avec un douanier à propos du carnet ATA. Le carnet sert à dédouaner le matos des globe-trotters. »

G

GARAGE En langue rock ordinaire : tout ce qui peut rappeler le son (ou le look) des *groupes garages* des années soixante, The Seeds par exemple. Les *groupes garages* étaient ainsi nommés parce que la volontaire rusticité de leur son laissait penser qu'ils enregistraient dans des locaux genre garage. *Libération* du 14 mai 1988 : « Au moment où se saborde *Nineteen*, le fanzine des *groupes garages*, trois d'entre eux passent à l'abordage. »

GÉRER Sous l'influence décidément omniprésente du langage pubeux, il se trouve qu'en 1987-1988 tout le monde *gère* quelque chose. Ainsi, l'auteur de *Je t'ai trouvé au bout du monde*, Dominique Grange, *gère une attente* (« Apostrophes », juillet 1987) ; Harlem Désir, président de SOS Racisme, *gère un avenir*, celui des enfants de l'immigration (Antenne 2, novembre 1987) ; la journaliste Martine Allain-Regnault *gère son corps* (TF1, février 1988) ; *L'Événement du jeudi* s'inquiète de savoir comment TF1 va *gérer la concurrence* (4 février 1988) ; *Libération* parle de la capacité d'un directeur d'antenne à *gérer une éviction*, celle du présentateur-star Yves Mourousi (18 février 1988), etc.

GESTIQUE Façon de bouger, de se mouvoir, d'occuper l'espace (d'une scène par exemple), voire, pour être désobligeant, de gesticuler (encore que la *gestique* soit à la gesticulation ce que le pas de danse est au pas de l'oie). *Le Nouvel Observateur* du 31 juillet 1987, à propos de Karlheinz Stockhausen : « Inutile de dire qu'il a tout fait : chorégraphie, *gestique*, costumes, texte, tout. » Syn. officiel : *gestuelle*.

GHETTOÏSATION Mise en ghetto. Le journaliste Pierre Bouteiller, sur France-Musique (le 2 mai 1987), évoque avec horreur une « *ghettoïsation* des musiques ».

GIGA Abréviation de *gigantesque*. Semble, en 1988, en passe de remplacer le pourtant inusable *géant*, le tenace *hyper* et le toujours présent *super,* si chers aux ados. Claire Bretécher (« Agrippine », *Le Nouvel Observateur* du 4 mars 1988) : « Il paraît que tu es *giga* forte en anglais et en dessin ? » NB : L'antédiluvien *méga* fait, au cours de l'année 1988, un spectaculaire retour.

GLASNOST Pluc *tic* que *toc*, ce mot russe qu'on traduit généralement par « transparence » (très en vogue pendant l'ère Gorbatchev) est probablement en passe d'intégrer* le Larousse, tant il est utilisé à tort et à travers, et la plupart du temps pour des questions relativement éloignées des bords de la Volga. Exemple : « Aide au tiers monde : la *glasnost* des évêques », titre *Le Figaro* du 10 novembre 1987 à propos d'un débat, à Lourdes, sur la transparence des aides dispensées par les organismes caritatifs.

GOLDEN BOY Le krach de 1987 a propulsé sur le devant de la scène ces fameux *golden boys* (littéralement : « garçons en or », en anglais) qui sont, ni plus ni moins, ce qu'on a toujours appelé, en France, des courtiers et autres heureux habitués des places boursières. *Libération* du 9 avril 1988 : « Le *golden boy* français inculpé de fraude par les Norvégiens. » NB : *Le Quotidien de Paris* du 10 février de la même année n'hésite pas, à propos du film *Wall Street*, à évoquer carrément la *goldenboymania* qui, constate le quotidien, « aura décidément fait long feu ».

GRAFFITER Faire des graffitis sur divers murs et autres cloisons d'édicules de toute nature : « Ils avaient *graffité* les murs, le plafond, les fenêtres, les bureaux, et même l'immense frigo. La chapelle eightine, quoi ! » (Patrice Drevet, *Tam-tam pour une Betacam*, Éd. Carrère, 1986).

GRAVE « Qui se comporte, agit avec réserve et dignité », dit le dictionnaire, mais aussi : « Susceptible de conséquences sérieuses. *Situation grave, grave affaire.* » Il est clair que, dans son acception *tic et toc, grave* se rapprocherait plutôt de la seconde définition. *Il est grave (*ou *il est planté grave)* signifie tout bonnement, de nos jours, « il est gravement atteint », et se réduit donc à une vulgaire abréviation. Ainsi, dire de quelqu'un qu'il est *grave des chevilles* peut tout aussi bien signifier que cette personne a un léger problème ligamentaire à cet endroit, mais aussi qu'il a « les chevilles qui enflent terriblement » (ce qui, comme chacun sait, veut dire qu'on a « la grosse tête » !). La chanteuse Dani, se confessant à *Libération* (19 mars 1988) : « Quand je sniffais [voir *Français branché]* – je ne me suis jamais piquée, mais j'étais à trois, quatre grammes par jour, *grave* –, je pensais sincèrement que ça me faisait du bien ! » Commentaire courant (parler jeune) : *Grave, le brother !* (dans ce cas, prononcer *brozer*) : il est dans un sale état.

GROULE Mot occitan signifiant, dans certaines régions du moins, « vagabond, traîne-savate, zonard ». Explication : *groule* désigne au départ la chaussure. C'est d'ailleurs une déformation de ce mot qui aurait donné l'argot *grole (ou grolle).*

H

HARICOT En 1988 : ringard, has been. C'est d'ailleurs de *has been* que – curieusement – vient *haricot*. En voici la démonstration, qui mérite qu'on s'y arrête un instant : dans un premier temps, on prend le *been* de *has been* (qui « a été », en anglais), qu'on transforme par erreur, ou par inculture, ou encore par mauvais esprit, en *bean* (avec un *a* à la place du second *e*), ce qui signifie bien « haricot » en anglais. Et ensuite, on ose traduire en français et l'on obtient effectivement *haricot*, qu'on n'a plus qu'à servir chaud dans toute soirée cool !

HÉTÉROPHOBIE Non pas « l'attitude d'un homosexuel ne pouvant pas supporter ceux qui n'abondent pas dans son sens », mais « peur de celui qui est différent en général ». Albert Memmi, dans *Le Monde* du 23 juin 1988 : « Ce rejet d'autrui, par peur du différent, que j'ai proposé de nommer *hétérophobie*, n'est pas encore du racisme. »

HIGH CULTURE Haute culture. « Le développement technologique fait que les gens ont des exigences accrues. De la *high technology* des années quatre-vingt va naître la *high culture* des années quatre-vingt-dix » (Lothar Späth, l'homme fort du Bade-Wurtemberg, cité par *Émois* en octobre 1987).

HOLISTIQUE « Concept clé du new age* », explique *Glamour* de mai 1988 : « Tout est lié : santé, régime, écosystème, bien-être individuel. » Terme emprunté au domaine philosophique.

HOMOTÉLÉMATICUS ou **HOMO TÉLÉMATICUS** « Les Français vont-ils tous finir en *homotélématicus*, rivés aux touches de leur minitel ? », se demande, sans se répondre, *Paris-Match* du 30 octobre 1987.

HYPERMORALISME Moralisme exacerbé. François-Bernard Huyghe, auteur, avec Pierre Barbès, de *La Soft-Idéologie* (Laffont, 1987), à « Apostrophes » en novembre 1987 : « La soft-idéologie a besoin d'un *hypermoralisme.* »

HYPPÉ De l'anglais *hype*, « camé », mais aussi « qui a bénéficié d'un gros coup de pub ». « *Hyppé* à mort, il tient une petite partie de ses promesses tant qu'il maîtrise son hystérie et n'abuse pas des références à Kurt Weill » (commentaire du journaliste Yves Bigot, dans *Libération* du 5 avril 1988, à propos de l'un des participants au festival du Printemps de Bourges).

I

IMAGER (S') Se montrer.

IMAGINAIRE EN CONTINU S'oppose, c'est évident pour tout le monde, au *réel en pointillé*. En tout cas, le publicitaire-star Jacques Séguéla, évoquant (dans l'hebdomadaire *Télérama* du 20 février 1988) la possibilité d'intercaler des messages publicitaires entre les nouvelles du journal télévisé, assène cette puissante vérité : « Un journal télévisé, ce n'est pas un *imaginaire en continu.* »

IMPULSER DES IDÉES Version *toc* et typiquement audiovisuelle de *animer*. La journaliste Florence Schaal à *Télé-Journal* en octobre 1987 : « Si le côté rivé aux dépêches me gêne un peu, le fait de me retrouver en position de pivot de la rédaction et *d'impulser des idées* est plutôt motivant. »

INTÉGRER De même que tout le monde *gère*, tout le monde *intègre* (comme n'importe quel vulgaire ordinateur), en 1988. Et on *intègre*... à l'infini ! Nous nous limiterons à quelques cas :

1° Sport : « Éric arrive très bien à analyser et à *intégrer* le jeu de son adversaire » (commentaire des Championnats du monde d'escrime en 1987). Éric Srecki donnait en effet l'impression d'avoir *saisi* la tactique de son adversaire.
2° Intelligentsia-spectacle : « J'intègre complètement ce point de vue », répéta à plusieurs reprises le président de la CNCL, Gabriel de Broglie, à l'émission « Apostrophes » du 23 janvier 1987, pour signifier qu'il *était d'accord* avec ce qui venait d'être dit.
3° Cinéma : « Il suffisait que les enfants du village se mettent à chanter pour qu'on l'*intègre* [la scène] au film », explique en janvier 1988, à un hebdomadaire de télé, le réalisateur Laurent Heynemann à propos d'un tournage en Afrique. Et, de fait, il a bien *utilisé* ces scènes.
4° Vie quotidienne : « Il y en a qui n'ont pas encore *intégré* qu'on pouvait monter sans billet dans un wagon de première à 6 heures du soir ! » (entendu dans le métro). Il y en a, en effet, qui *comprennent* difficilement…

J

JÉRÉMIER Se répandre en jérémiades. « Fayotez, gueulez, *jérémiez*. C'est minable, mais ça marche », conseille le magazine *Cosmo* en février 1988.

JEUNISME Comportement tendant à s'aligner à tout prix sur les jeunes (mode, musique, look, langage, etc.) quand on ne l'est plus vraiment. Louis Pauwels, dans *Le Figaro Magazine* du 14 février 1987 : « D'où nous vient ce mythe récent du "jeune" ? Ce "nous les jeunes" dominateur et presque terrorisant ? Je vais scandaliser encore une fois. Il nous vient des totalitarismes, communisme et fascisme, qui ont inventé le *jeunisme* comme arme d'assaut contre les sociétés qu'il s'agissait de détruire. » NB : Le *jeunisme* ne doit en aucun cas être considéré comme la maladie infantile du *vieillisme**.

K

KEUF Verlan de *flic*, qui s'écrivait *queuf* – mais c'était peut-être trop compliqué – vers la fin 1986, lors de la révolte des étudiants (voir *Français branché*). En tout cas, Josiane Balasko délaisse le *q* pour le *k* quand, en 1987, elle réalise un film portant ce titre.

KLUDGE (prononcer *kleudge*) À l'origine : méli-mélo inextricable de fils électriques et de puces à l'intérieur d'un ordinateur. Par extension : pagaille, souk, bordel. « Qu'est-ce que c'est que ce *kludge* ! »

KNOW-HOW En anglais (et en « business ») : savoir-faire. Mais il vaut mieux dire qu'on a *intégré son know-how* plutôt que l'on a *acquis du savoir-faire* !

L

Laisser-parler Il y a bien le *laisser-dire* et le *laisser-faire*, sans parler du *laisser-aller !* Alors, pourquoi pas, surtout à la fin des « eighties » (voir *Français branché*), le *laisser-parler* ? *Le Monde* du 13 avril 1988 évoque d'ailleurs, de façon quasi officielle, cette nouvelle notion : « Même *laisser-parler* [sans guillemets] chez IBM, où la maintenance se plonge avec délices dans *Inspection IBM* et les vendeurs dans *Marketing Actualités.* »

Latino (nom et adjectif) Désigne toute activité culturelle au sens – très – large (et toute personne) ayant pour racines la péninsule Ibérique ou au-delà (Amérique centrale ou latine). « L'irruption du kitsch et des *Latinos* [...] est à la mode en cet hiver 1987-1988 », note *Globe* de janvier 1988. *Viva la movida* parisinissima* !

Lézard Inconvénient, défaut, problème. L'expression zonarde *y'a pas d'lézard* signifie donc « il n'y a aucun problème » ou, comme le disaient plus volontiers les branchés de 1986, « ça baigne ! » (voir *Français branché*) : « Je les laisse ensemble. Ça va tchatcher*, *y'a pas de lézard*, pas vrai ? » (Sapho, *Ils préféraient la lune*, Balland, 1987). Origine la plus vraisemblable de ce *lézard* : la déformation parigote de *hasard* (dans le sens de « incertitude, aléa »), comme l'expression *et vice versa* a donné *et lycée de Versailles*. Autre explication à l'usage de ceux qui pensent que les cheveux ne peuvent se couper qu'en quatre : dans son *Dictionnaire de l'argot parisien* (1872), Lorédan Larchey explique que le *lézard* est au départ la « personne sur laquelle on ne peut compter », la personne qui met la pagaille. Par extension, sera désigné comme *lézard* tout ce qui pose problème. D'autres encore ne veulent voir dans ce *lézard* que la déformation du mot *lézarde* (fissure, crevasse, faille). Syn. *loup*. Lorédan Larchey : Loup = sottise, erreur. (Les néo-branchés, parfois, prennent ces termes pour des nouveautés, ce qui est naturellement un… gros *loup* !)

LOBBYISTE ou **LOBBYMAN** Les *lobbyistes* sont une poignée en France et sont chargés de faire pression sur les pouvoirs en place. Vaste programme !

LONG-COURT Version « claire-obscure » 1988 de *mi-long*. Cette expression, comme le confirme *Le Journal du dimanche* du 10 avril, sort tout droit des salons de coiffure.

LOOKOLOGIE Science du look dans toute sa splendeur, dont les chercheurs s'appellent les *lookeurs*. *Globe* de novembre 1987 explique que « les conseillers en communication ne laissent rien au hasard. Pas un acte, une attitude, un détail qui ne constitue un signe. Selon eux, la *lookologie* constituerait une science exacte, une médecine infaillible ». Diable !

LOUCHE *Se prendre la louche* (vocabulaire média-show-biz), c'est se prendre la grosse tête ou, si l'on préfère, se surestimer de manière éhontée et le plus souvent sans mobile apparent.

LUSS ! Gentil verlan très « sortie du lycée » de *salut !* De même, on entend beaucoup, en 1988, *j'ai fait as* pour *j'ai fait ça*. Adorable !

M

Magique Remplaçant néo-classique de *génial, génia-loïde, superblime*, etc. *L'Écho des savanes* de décembre 1987 : « Ici, il y a des groupes qui bougent [...] Gold après quinze ans de galère, Jean-Pierre Mader l'informaticien [...] et Image avec Mario, un chanteur black *magique.* »

Maître à vivre Désigne tout faiseur de mode (coiffeurs, cuisiniers, etc.) qui a un impact médiatique. Le journaliste-animateur Pierre Bouteiller explique au journal *Le Monde* du 18 octobre 1987 : « Je suis simplement journaliste. Et je constate [dans un livre écrit avec Alain de Sédouy, en 1987, intitulé *Les Voix de la France*, Calmann-Lévy] ce qui se passe : le public préfère se raccrocher à des gens dont le métier n'est plus "la vie avec la pensée". Les maîtres à penser ont disparu et ont été remplacés par des *maîtres à vivre* (Coluche, Montand, les gens de médias). »

Méfiance culturelle Méfiance héréditaire et traditionnelle qui ne veut pas dire son nom. Et cela donne, par exemple, ce joyeux commentaire entendu dans l'émission

« Télématin » d'Antenne 2 le 13 octobre 1987 : « Les Français ont fait preuve d'une *méfiance culturelle* à l'égard du crédit. »

MELTING-MODE Mot qui apparaît pour la première fois dans *Libération* en décembre 1986 et qui signifie que le fin du fin (toujours valable en 1988), c'est de faire un joyeux patchwork improvisé de toutes les modes qui ont fleuri dans les eighties. Suggérons – arbitrairement – une coupe de cheveux « iroquois » (voir *Français branché*), un pantalon « kiki » (revoir *Français branché*), une cravate BCBG sur une chemise « novo » (voir encore *Français branché*) avec, peut-être, des palmes aux pieds pour innover un peu ! Voir *antimode*. NB : Ce mot est évidemment bâti sur le fameux schéma de *melting-pot* (voir toujours *Français branché*).

MÉTÉORIQUE À la vitesse du météore. *Le Nouvel Observateur* du 31 juillet 1987 : « Le succès *météorique* de ce trio de jolis garçons [le groupe A-ha] tient à une seule chanson. »

ME TOO COMMUNICATION « Dès qu'un nouveau produit apparaît », écrivent P. Olivier, F. Chauvat et B. Mougin dans leur livre *Le zappeur se rebiffe* (Belfond, 1988), « des concurrents s'empressent de le copier et font des produits *moi aussi* (en anglais : *me too*). » Indiscutablement plus *tic* que *toc*, par les temps qui courent.

MIEUX-DISANT CULTUREL Lancée par le « ministre mieux-disant de la Culture » François Léotard à la veille de la privatisation de TF1, pour signifier, en gros, « meilleure qualité possible » (devant être décelée dans les projets des candidats repreneurs), cette expression fut fort utilisée par la suite, fort raillée et fort détournée ! Il faut bien reconnaître que c'était assez tentant... Quelques exemples : *Le Parisien* du 24 septembre 1987 évoque un « moins-disant culturel » ; *Le Quotidien*, en octobre, découvre qu'on peut aussi parler (toujours à propos de la télévision) d'un « mieux-nuisant culturel ». Quant à Serge July, directeur de *Libération*, il avait déjà lancé dans son éditorial du 23 avril de la même année un fielleux « mieux-disant franchouillard ». Remarque : Cioran, quant à lui, s'était contenté d'évoquer (à propos de tout autre chose il est vrai) « le souci du bien-dire » dans ses *Syllogismes de l'amertume* (Gallimard, 1952).

MODE DE PRODUCTION IMMÉDIAT Façon de produire immédiate. Quand Sonny Rollins improvise sur un standard de jazz, ne fait-il pas de *la production immédiate* ? Sans doute. Mais on peut dire aussi... qu'il *improvise*. Orlando de Rudder, dans *Le français qui se cause* (Balland, 1986) : « Les procédures de production d'un texte sont, certes, éloignées de la parole quotidienne. Cependant, ce que nous disons participe d'un *mode de production immédiat* qui comprend des formes analogues à celles que le travail de l'écriture instaure. »

MOINS-IMAGE (avec le trait d'union) Traduction *toc*, mais déjà (pour combien de temps ?) un peu *tic*, de « image négative et par conséquent dévalorisante ». L'origine business-pub de cet époustouflant raccourci n'est pas douteuse. Attention : donner de soi une *moins-image* est pire que de donner une *non-image*. Soyez vigilants !

MOTIVATIONNEL Bien plus chic (et *toc*) que *motivant*, dans le langage courant où il tend à se répandre. Origine : langage des affaires, comme l'explique Didier Pourquery dans son livre *Parlez-vous business ?* (Lattès, 1987).

MOVIDA PARISIENNE *Movida* : mouvance mode espagnole considérée comme l'une des conséquences du récent changement de régime dans ce pays. La *movida parisienne*, c'est en gros les néo-branchés d'ici ne jurant subitement plus que par l'Espagne devenue très à la mode en 1988. *Globe* de novembre 1987 : « Les Gypsy Kings [un groupe gitan] embrasent, avec leur dernier album, la *movida parisienne.* »

MULTICONFORMISME Néologisme aux allures vaguement paradoxales que l'on doit à Gérard Demuth, directeur de la Compagnie française d'études de marchés et conjectures appliquées, si l'on en croit *Le Journal du dimanche* du 6 décembre 1987. Le *multiconformisme* est une nouvelle tendance incitant chacun à chercher à se singulariser, chaque individu appartenant au bout du compte à plusieurs groupes. Voir *melting-mode* et *antimode.*

MUPPY ou **MUPPIE**, pluriel **MUPPIES** De *mature upscale post professional* (professionnel haut de gamme d'âge mûr). Bâti sur le schéma de *yuppie* (voir *Français branché*). Désigne, comme le rappelle *Le Nouvel Observateur* du 15 avril 1988, le groupe des citoyens âgés mais aisés et pas prêts du tout à « raccrocher » ! Voir *vieillisme.*

N

NÉOPATHE Personne souffrant, selon Lucas Fournier (*C'est nouveau, ça vient de sortir*, Éd. du Seuil, 1987), d'une véritable douleur physique et psychologique face au nouveau. Le *néopathe* « vit avec le sentiment pathologique que, quoi qu'il fasse, il sera toujours déphasé, décalé, en retard ».

NEW AGE En anglais, « nouvel âge », mais aussi « nouvelle époque ». « Être *new age* [ou être *un new-ager*], est-ce être "nouveau baba" [voir *Français branché*] ? », s'interroge le magazine *Glamour* de mai 1988. Et de répondre : « Pas tout à fait. Yuppies repentis, hippies huppés, branchés partis loin des Halles chercher leur idéal, ils sont déjà des millions à gober du paranormal – réincarnation, astrologie, voyance, tarots – et à déployer leurs énergies positives pour leur bien-être personnel et celui du cosmos. » Vaste programme, en effet, que celui du *new-ager*. • NEW-AGERIE : caractère de ce qui est *new age* ou supposé tel. • NEW-AGER OU NEW AGER : personne recherchant souvent épanouissement et sérénité en pratiquant le yoga des cadres*.

NOMINÉ Nommé pour l'obtention éventuelle d'un prix. Plus tellement *toc* depuis que, malgré bien des contestations, on le trouve dans les dictionnaires, mais de toute façon très *tic*, puisqu'on *nomine* un peu n'importe qui pour un peu n'importe quoi, et que de nos jours tout « prétendant » à quelque chose, pour peu qu'il ait été vaguement « pressenti » ou « contacté », se dit facilement *nominé*.

NON-EFFICACITÉ Sans doute beaucoup plus subtil que la bonne vieille *inefficacité*, bien qu'on ait le droit de ne pas en être persuadé. Cette expression dans le droit-fil de la novlangue orwellienne en tout cas « cartonne sec » (voir *Français branché*) chez les adeptes (de plus en plus nombreux) de la langue de bois. *Actuel* de novembre 1987, auquel le phénomène n'a pas échappé, cite la revue *Matra-Racing* d'octobre 1987 où l'on évoque l'urgence de « trouver la parade à la *non-efficacité* parisienne ». Remarque : les *non-quelque chose* remplaçant, sans que l'on sache vraiment pourquoi, des mots tout à fait fréquentables, sont aujourd'hui légion. Quelques exemples, au-delà du fameux *non-dit*, entré dans les mœurs depuis bien longtemps déjà : • NON-ÉVÉNEMENT : chose dont on parle comme s'il s'agissait d'un événement, mais dont tout le monde sait qu'il n'y a strictement rien à dire. Peut-être faut-il voir là une retombée du phénomène télévisuel qui transforme tout en « événement », même ce qui n'en est pas un ?... *Globe* de janvier 1988, à propos du fait qu'Yves Montand avait réclamé un cachet pour venir parler politique (on le sollicite souvent...) à la télé : « On voit Montand, l'inénarrable Montand, exiger un million de francs pour finalement céder à 800 000 francs pour parler de politique. 9 000 francs la minute, c'est pas mal pour un *non-événement.* » • NON-MOI : en langage psy, s'oppose naturellement au *moi*.

La psychologue Patricia Demachy évoque, le 4 novembre 1987 sur Antenne 2, les luttes du *moi* et du *non-moi* chez l'enfant qui s'étonne de voir son ombre ou son image dans un miroir.

• NON-PENSER : *Actuel* de novembre 1987, à propos du langage tarabiscoté des publicitaires : « Plus qu'un mode d'expression, c'est une véritable manière de *(non-)penser.* »

• NON-PRIORITÉ : ce qui est sans grande importance. Michel Rocard, éternel candidat à la candidature à la présidence de la République, déclare le 15 janvier 1988 au *Monde* : « Il importe de définir une gamme de priorités courtes [...] et d'assumer le fait que les autres questions constituent donc une *non-priorité.* »

• NON-STYLE : *Globe* de novembre 1987 : « Le kitsch est né il y a un siècle et, pourtant, il se porte comme un charme. Attention : avec ce *non-style*, la décadence n'est jamais loin. »

• NON-VOTE : Abstention. « Le budget a été acquis grâce au *non-vote* des députés socialistes » (« Télématin », Antenne 2, le 10 décembre 1987).

NOSK Contraction convulsive de *nedski* ou *neski*, lui-même verlan de *skinhead* (voir *Français branché*).

NOYAU DUR Notre époque en voit partout, et cela signifie simplement « centre » (de l'intérêt) ou « l'essentiel » d'un groupe, d'une démonstration, avec, en plus, un côté « univers impitoyable ». Un communiqué de presse sur le festival de Cannes de 1988 évoque « les grands cinéastes qui ont souvent été le *noyau dur* du programme ». Dur pour eux ! Simple remarque au passage : on rencontre rarement des *noyaux mous...*

O

Objectiver l'arbitraire Chercher à se rassurer en tirant à tout prix des lois générales de faits qui ne le méritent pas. Les plus hardis vont même jusqu'à l'*objectiviser*, ce pauvre arbitraire !

Opéable Susceptible d'être l'objet d'une OPA (offre publique d'achat). *Le Monde* du 8 mai 1988 : « Tout est *opéable*, nous déclara sans ambages un banquier de la place. Il faut s'habituer à ça pour les années qui viennent. » Dans la pratique, *être opéable*, c'est être fragilisé.

Ouverture alimentaire Traduction *toc* et vaguement écœurante d'« aliment » ou, à la rigueur, de « façon de se nourrir ». Entendu à « Télématin » (Antenne 2), en septembre 1987, dans… la bouche d'une journaliste : « Le lait de soja est une nouvelle *ouverture alimentaire*. »

P

PAF Acronyme de « paysage audiovisuel français », dont on nous a surabreuvés dans les médias pendant et après l'arrivée de la privatisation à la télévision. Un exemple au hasard, mais qui a au moins le mérite de souligner un contresens à éviter à tout prix : « En fait, le brassage superficiel qui a secoué le PAF n'a amené aucun bouleversement profond », constate, rigolard, *Le Canard enchaîné* du 7 octobre 1987.

PARISIANISER Rendre parisien, mais, surtout, transformer quelque chose ou quelqu'un en événement bien parisien, voire salonnard. « Africa Bambaata [funky-arabic] se *parisianise* », annonce *Actuel* en mai 1987.

PAVLOVISER Conditionner quelqu'un à la manière du fameux chien de Pavlov. • PAVLOVISÉ : « Les *pavlovisés* du conformisme, les coincés [voir *Français branché*] qu'un courant d'air perturbe, au fond, sont assez rigolos », explique Bruno Frappat dans *Le Monde* du 4 octobre 1987. Simple remarque : les *pavlovisés* de l'anticonformisme ne sont vraisemblablement pas mal non plus !

PEANUTS En anglais : arachide. « *Working for* peanuts *is all very fine, but I can show you a better time* », dit une célèbre chanson des Beatles de 1965 (traduction : « C'est sans doute très bien de travailler pour des prunes, mais moi je peux t'ouvrir d'autres voies »). Il se trouve qu'une fraction de la population française, n'aimant sans doute pas les prunes, préfère parler de *peanuts*, mais sans traduire (car alors cela perdrait son sel). Le 15 février 1988, sur Antenne 2, le publicitaire Thierry Saussez constate avec amertume : « Nous, on est *peanuts*, on n'a pas beaucoup d'importance ! »

PLACARDISER Mettre quelqu'un au *placard* (surtout en jargon télé), c'est-à-dire à l'écart. Quand, en octobre 1987, un quart des effectifs quitte la rédaction de TF1, *Le Monde* (du 6 octobre) explique qu'il y a parmi les partants « des jeunes et des moins jeunes, des soutiers et des stars, des actifs et des *placardisés*, des représentants de toutes opinions politiques ».

PORTEUR « En plein développement », renseigne le dictionnaire. Le phénomène nouveau réside en ceci que, sous l'influence du langage « pubeux », tout est devenu, de nos jours, *porteur*. L'animateur télé Christian Morin à *France-Soir* (1er août 1987) : « Des après-midi, je passe à un créneau *porteur* dans une émission qui mélange jeux et talk-shows » (voir *créneau* dans le *Français branché*). Le journaliste René Tendron (TF1), le 13 avril 1988 : « L'environnement est *porteur*, y compris pour les valeurs étrangères. »

POSITIVER « Avec Carrefour, je *positive* ! » disait une pub à la rentrée 1988. Sans doute faut-il voir là une façon post-moderne* d'« assurer » (voir *Français branché*)…

POSTÉROPODIE Action de flanquer des coups de pied au derrière de quelqu'un dans un but thérapeutique. Le docteur Olievenstein, spécialiste de la lutte antidrogue, explique, sur TF1, le 20 novembre 1987, que « la *postéropodie* est encore le meilleur remède contre ceux qui consomment des joints à l'école ».

POSTMODERNE Entre *avant-garde*, *futuriste*, et le reste... Et il y en a, de nos jours, des choses *postmodernes* ! 1. Des maillots de bain : « Voici la new (over) mode des maillots de bain *post-modernes* 1987, les une-pièce noir et blanc à bretelles des corps post-sexy, post-body, post-glamour des beach boys and girls yuppies de la trendy-génération » (*Globe* de juillet-août 1987). 2. Des arts ménagers : « Habiter 88, les arts ménagers *post-modernes* », titre *Libération* du 11 avril 1988 à propos de la foire-exposition consacrée aux meubles et objets contemporains située à la grande halle de La Villette. 3. Des hommes : « Décrispé, cool, foncièrement allergique à tous les projets totalitaires, le sujet *postmoderne* n'est pas non plus disposé à les combattre » (Alain Finkielkraut, *La Défaite de la pensée*, Gallimard, 1987).

POUFF Évidente abréviation, à l'origine, de *poufiasse*. Désigne, en 1988 – et ce n'est certes pas à la gloire des utilisateurs de ce mot –, toute personne du sexe féminin, sans préjugé aucun sur sa moralité. Pop. : *Y'a rab' de pouffs !* (il y a pas mal de filles !).

PREMIER-MINISTRABLE Toute personne qu'on imagine bien (si l'on est « pour ») ou mal (si l'on est « contre ») en Premier ministre dans un futur proche. « Les *premier-ministrables* de M. Mitterrand », titrait *Le Monde* du 9 mars 1988. NB : Le mot *ministrable* existe, lui, depuis 1894.

PRENDRE LA TÊTE (ou **BOURRER LA TÊTE**) **« À »** et non « de » **QUELQU'UN** Ennuyer, importuner, voire obséder quelqu'un. Cf. *caver la tête* dans le *Français branché.*

PRÉSENTIFICATION DU RÉEL Réalité.

PRÊT-À-MANGER ou encore **PLATS PREP'S** (pour *plats préparés*) Christiane Collange, sur Antenne 2, le 11 avril 1988 : « Après celle du prêt-à-porter, nous arrivons dans l'ère *du prêt-à-manger.* » On ne voit en effet pas pourquoi, nous qui avons connu – et bien connu – le « prêt-à-penser », nous ne serions pas prêts à assimiler (ou prêts à intégrer*) ce nouveau concept* !

PRIME TIME En jargon télé : première partie de la soirée (qui débute à 20 heures 30), celle où il s'agit de « faire de l'écoute » à tout prix, à tous les prix, et bien racoleur si possible (il existe fort heureusement quelques exceptions dans le PAF*). Employé à tout bout de champ depuis 1987. *Médias*, pour sa part, évoque, le 13 novembre 1987, « l'encombrement des écrans du *prime time* ».

PROBLÉMATISER LES RAPPORTS Version *toc* de « compliquer les choses » (ou « la situation », ou « un état de fait », etc.). Employé comme une expression normale et courante, comme si de rien n'était, par une invitée (Michelle Perrot) d'« Apostrophes » en mars 1988.

R

RAÏ Blues arabe, comme l'explique *Actuel* en mars 1988. Musique des « potes » (voir *Français branché*). Très *in* et *tic* en 1987-1988.

RAIDER (prononcer *raider*) au départ : initiateur d'une OPA (offre publique d'achat). Devenu très à la mode après le krach boursier d'octobre 1987. Par extension : « yuppie » (voir *Français branché*) sans scrupule et machiavélique.

RAMEUX Celui qui *rame* ou qui *galère* (voir *Français branché*) en est un. Syn. *galéreux*.

RÉACTIC (s'écrit obligatoirement avec un *c*). Contraction de *réaction rapide* (jargon de l'entreprise). *Le Monde* du 13 avril 1988 : « Soyez *réactics* sur le field ! », que l'on peut traduire par « Ayez la pêche sur le terrain ! »

RECADRER UN DÉBAT Semble, de nos jours, bien plus en cour que *recentrer* ou *resituer un débat*, sans doute *décadré* par quelque chahuteur. *Le Figaro* du 24 février 1988, dans un article sur le soutien discret des francs-maçons à François Mitterrand lors de la campagne pour l'élection présidentielle de 1988, cite le Grand Maître de l'ordre, qui « a insisté sur la nécessité de *recadrer le débat* dans sa véritable dimension ».

RELECTURE Non pas le fait de relire, mais de lire autrement. Se méfier, donc, quand quelqu'un vous annonce qu'il a fait une *relecture de Molière* (par exemple...) ! N. B. : On dit aussi (et depuis un certain temps) *nouvelle lecture* ou *autre lecture.*

REMAKER (prononcer *riméqué*) Faire un *remake*, autrement dit : procéder à la reproduction, avec d'autres acteurs, d'un film à succès. J.-G. Gingembre, coauteur de la série à succès *Maguy* (Antenne 2), à *Télé-Journal* en mars 1988 : « On a décidé de *remaker* la série américaine *Maud* à la française. Et *Maud* est devenue *Maguy.* » Pop. : *remaker* tend à remplacer *recommencer, refaire. Tu peux remaker ça, là ?* (recommence, pour voir).

S

SABIRISATION Action de transformer, par apports nombreux, superflus et anarchiques, une langue en *sabir*. « *Sabirisez, sabirisez*, il en restera toujours quelque chose », pourrait être une sorte de devise des années quatre-vingt, comme en témoigne le présent ouvrage. Pour sa part, Marina Yaguello avertit, dans son livre *Catalogue des idées reçues sur la langue* (Éd. du Seuil, 1988) : « Parler plusieurs langues suppose un travail constant, une vigilance de tous les instants, pour éviter les pièges des interférences, des calques et emprunts plus ou moins inconscients, de la *sabirisation* progressive, dans le cas des plus démunis, qui mène à un appauvrissement de l'expression et donc de la pensée. »

SAMPLER (prononcer *samplé*) « Enregistrez quelques secondes de vos tubes préférés avec un échantillonneur à 1 500 balles, mettez-les bout à bout et vous aurez réalisé un *sampling* », explique le magazine *Rolling Stone* (édition française) du 9 mars 1988. Rappelons à tout hasard que *sample* en anglais signifie « échantillon ». L'intérêt de cette méthode est que, grâce à ce fameux « échantillonneur » (ou *sampler*), on peut, par exemple, « piquer » le son de la caisse claire d'un batteur (si c'est ce qu'on a envie de sélectionner) au moment du morceau qu'on juge le meilleur et le rejouer indéfiniment comme sur une boîte à rythmes. On se fait ainsi un superaccompagnement pour pas cher. Et quand on sait qu'on peut répéter l'opération avec tous les instruments, chœurs inclus, on comprend l'intérêt (y compris économique !) qu'il y a à *sampler* quand on est musicos. Qui a dit « piratage » ? NB : On dit aussi *sampleriser.*

SANS DEC' Petite abréviation jeunette de *sans déconner !*

SAPEUR Rien à voir avec les pompiers, mais bel et bien avec les *sapes*. Ce qui est piquant, c'est que ce mot ne désigne pas, comme on pourrait s'y attendre, celui qui *sape* les autres (mettons : un fripier quelconque), mais bel et bien celui qui *se sape*, donc l'élégant, le... *bien sapé*, quoi !

SCHTARBÉ ou **SCHTARB'**, ou encore **BÉCHTAR** (si on aime le verlan) Toute personne qui a pris un *jeton*, ou *jetard* en argot (prononcer *j'tard* ou *schtar*), sur la tête est *schtarbé.* Syn. *fêlé, épavé, barge* (voir *Français branché*), etc.

SCOPER Abréviation courante de *magnétoscoper*, c'est-à-dire « enregistrer sur magnétoscope ». • SCOPEUR : accro du *scoping.*

SCRATCHER De l'anglais *to scratch*, gratter, rayer. On peut donc *scratcher un disque*. Par extension, via l'informatique, où *scratcher* devient « faire une erreur de manipulation sur son ordinateur préféré » : casser, briser, bousiller. *Libération* du 31 juillet 1987 : « Les juges *scratchent* la grève des pilotes » (la justice avait déclaré illégale la grève des pilotes prévue pour le 31 juillet et le 1er août !).

SIGNER QUELQU'UN Sous l'influence anglaise, on ne signe plus « avec quelqu'un » pour l'engager, mais on *signe quelqu'un* (show-biz).

SOCIALITÉ « Instinct social », confirme *Le Petit Larousse.* « Tout commence par une trilogie devenue emblème des relais de la vie, ou plutôt de la *socialité*, littéraire », renseigne *Le Monde* du 5 août 1988 dans un article consacré à la tournée des bars littéraires.

SOÛLANTE Directement dérivée de l'expression *tu nous soûles !* (de paroles), la *soûlante* c'est, comme le précise le magazine *20 Ans* de novembre 1987, « le bagout hors calibre ». Voir *tchatche.*

STARSTRATÉGIE Stratégie basée sur la présence de stars (de ceci ou de cela) pour attirer le « mickey » (voir *Français branché*). *Médias* du 13 novembre 1987 : « Il sera question de la *starstratégie* de la séduction, de la stratégie d'attitudes et de comportements, autant que de design. »

STRATÉGIE DE MOUVEMENT Bien sûr, on peut, dans certains cas limites, considérer que l'immobilisme, la léthargie ou l'attentisme constituent une forme de stratégie. Mais il faut bien admettre qu'en général la stratégie est plutôt synonyme de mouvement ! *Le Figaro* du 5 novembre 1987 : « Ce plan, précise le conseil d'administration de Radio-France, répond à une *stratégie de mouvement* qui, grâce à une répartition géographique plus équilibrée du potentiel existant, doit permettre d'élargir la présence du service public de radiodiffusion dans des zones jusqu'alors..., etc. » Stratégie de langue potentiellement en bois, peut-être ?...

Street En anglais : rue. Désigne de nos jours, en France, toute personne pratiquant le *skate (ou skateboard* : planche à roulettes) dans la rue. NB : *Street* peut aussi désigner *le fait* de faire du skate dans la rue. Ce qui peut donner la délicieuse phrase suivante : *Mon rep flippait, mais moi j'ai flashé dès que j'ai vu des streets qui streetaient dans la street* (j'ai bien senti que mon père était réticent, mais moi, quand j'ai vu ces jeunes s'élancer dans la rue sur leur planche à roulettes, je me suis senti tout conquis).

Surite « De nos jours, explique Denis Slakta (dans sa rubrique du *Monde*, « La vie du langage », du 1er janvier 1988), la préposition *sur* manifeste une curieuse tendance à marcher sur les brisées de ses rivales *(dans, à, vers, pour, chez...).* Exemple récent : “Avant de *monter sur Paris*, il convient de *se mobiliser sur la fac.*” Vie quotidienne : *Il sature sur toi !* (il ne peut plus te supporter). »

Sur la longueur Manière anglicisée de dire *à la longue.* NB : Les barbares authentiques vont jusqu'à hasarder *sur le long.*

Synchrone Adjectif désespérément officiel, datant de 1743 et signifiant « qui se produit dans le même temps ». Est, en 1988-1989, nettement préféré (si l'on en juge par la fréquence de son emploi) à *sur la même longueur d'ondes.*

Système anti-âge Crème antirides.

T

TAF Travail, boulot (souvent en retard, inachevé). Vient de l'expression argotique *aller au taf* (aller au travail et, plus sûrement, au tapin). NB : Attention, en argot, *taf* signifie également « peur ». Mais il est vrai que le travail peut faire peur, après tout...

TAL Abréviation de *talmé*, lui-même verlan de *métal*, mot de nos jours préféré à *blé, oseille, carbure, thune, fraîche, flouss*, etc., pour évoquer l'argent. Il se trouvera toujours des argotiers ergoteurs pour prétendre que *tal* n'est que le diminutif de *talbin*, « billet de banque », en argot classique.

TALK (prononcer *tôk*) En anglais : discours. *Il a un talk* (il a un discours, une façon de parler bien à lui). Voir *discours* dans le *Français branché*.

TAPSEG D'après *Actuel* de novembre 1987 : « Nouveau sabir fondé sur la sémantique de ses deux maîtres à penser : Tapie [homme d'affaires play-boy] et Séguéla [publicitaire coqueluche]. » Il est vrai que, dans ces eaux-là (1987-1988 et sans doute au-delà), on aime bien, surtout dans le monde de la pub et du marketing, inventer et réinventer sans cesse une nouvelle « langue de bois » (voir *Français branché*). Exemples ? Mettons le *surfacing* pour *surface*, *finaliser* pour *terminer*, le *field* pour le *champ* (*d'action*, bien sûr), la *communication de recrutement* pour *petite annonce* (!) ou encore ces omniprésents *redéploiements*.

TCHATCHE Bavardage étourdissant et souvent inconsistant. « À vrai dire, on a rarement autant bavardé sur le petit écran. La grande trouvaille de la nouvelle télé, c'est le talk-show. Autrement dit : la *tchatche* en pilules » (*L'Événement* du 8 octobre 1987). *Tchatche* (très employé dans le Midi et outre-Méditerranée depuis longtemps) viendrait, selon Roland Bacri (*Trésors des racines pataouètes*, Belin, 1983) de l'espagnol *chacharear* (bavarder, babiller), et, d'après Robert Bouvier (*Le Parler marseillais*, Éd. J. Laffitte, 1987), du provençal *tcha-tcha*, qui signifie « cri des cigales ». Un débat qui va sans doute faire *tchatcher* dans les chaumières ! À toutes fins utiles, le mot *caquet*, en français classique, n'est pas mal non plus.

TECHNOBANDIT Pirate ou fraudeur exerçant ses talents dans l'informatique. *Le Monde* du 26 avril 1988 : « Sicob 1988 : chasse ouverte aux *technobandits*. »

TECHNOPOLE (UNE) ou **UN TECHNOPÔLE** Ville tendant à devenir une source et un centre de développement (entre autres technologique) et de prestige. Dans un article intitulé « La mode des technopoles », *Le Monde* du 26 avril 1988 explique que c'est Sophia-Antipolis, ville créée près de Nice au début des années soixante-dix, qui a lancé le mouvement. Aujourd'hui, chaque région a, dit le quotidien, sa technopole.

TÉLÉCRATE Le *télécrate* est à l'homme de télévision ce que l'acteur est au vulgaire comédien : il tire à lui ! *Le Monde* du 14 mars 1988 : « Mourousi détrôné, les *télécrates* survivants continuent de s'autodésigner sujets majeurs du discours télévisuel. »

TÉLÉMATEUR Non pas « voyeur se tenant à distance respectable », mais « personne se servant – abondamment – de son minitel ». « Le *télémateur*, c'est vous dès que vous pianotez sur l'instrument » (*Télérama*, 13 mai 1987).

TÉLÉOLOGISTE « Incontournable » (voir *Français branché*) spécialiste de la télé et du monde télévisuel. « Michel Rdyé, *téléologiste*, concepteur et commissaire de l'exposition "Les allumés de la télé" » (note de présentation du livre de M. Rdyé, J. Mougenot et J. Royer, *La Télé des allumés* [voir ce mot dans le *Français branché*], INA-Aubier, 1988).

TÉLÉVANGÉLISTE Prédicateur fou pas si fou que cela puisque proposant ses services aux télévisions pour un cachet de 250 000 francs l'heure. *Le Journal du dimanche* du 6 mars 1988 : « Y'en a qu'une, c'est la Une, pour avoir entamé des pourparlers avec un *télévangéliste américain.* »

TENTATION GLOBALISANTE *Je globalise, tu globalises, il globalise*... à tout bout de champ, dans la seconde moitié des années quatre-vingt : donc *tic*. Roland Dumas, ministre socialiste, à Antenne 2, en février 1988 : « Il faut veiller à *globaliser* cette négociation » (sommet de Bruxelles de février 1988). Attention à la *tentation globalisante* qui, donc, nous guette tous !

TÉTANISER « Mettre en état de tétanos », dit le dictionnaire (*tétanos* : contracture des muscles). Par extension : rendre extrêmement nerveux, à la limite de l'apoplexie. *Le Monde* du 14 mars 1988 : « Fascinées par la montée de la Une, *tétanisées* par les Audimat, elles [les autres chaînes télé] semblent plus préoccupées de reconquérir un auditoire en perte de vitesse que de définir une stratégie offensive. » Pop. : *Ça m'tétanise !* (ça m'excite, ça m'énerve).

TIMER (prononcer *taïmer)* De l'anglais *time*, le temps, l'heure. Signifie donc (d'abord dans le milieu radios locales, puis ailleurs) « chronométrer ».

TOGETHER Version *toc*, de provenance slang américaine, de être « cool » (voir *Français branché*), être peinard. Très utilisé par les new-agers* (voir *new age*). *Glamour* de mai 1988 : « On était tellement *together* (être bien dans sa tête) que j'ai ressenti une énergie inconnue ! » En somme, contrairement à ce que certains souvenirs scolaires pourraient nous faire croire, *together*, ce n'est pas forcément « ensemble ».

TONIQUE Qu'est-ce qui, de nos jours, n'est pas susceptible d'être considéré comme *tonique* ? Réponse : rien. Le critique de cinéma Michel Pascal au journal d'Antenne 2 du 7 avril 1988 évoque « une jeune comédienne *tonique*, Laura Favali », ce qui ne cesse d'être ambigu quand on sait qu'un des sens que le dictionnaire donne à *tonique* est : « qui stimule les forces vitales » ! Origine théâtrale, il est vrai.

TOTALITARISME DES MOTS Sans aucun doute, le moins grave des totalitarismes ! Un des (nombreux) utilisateurs de cette formule toute faite, René Han (président de FR3), explique dans sa conférence de presse du 14 septembre 1987 que sa chaîne est « victime depuis un an du *totalitarisme des mots* ». Si ce n'est que cela...

TOURISTE Tend à remplacer *blaireau* (voir *Français branché*)... en attendant, probablement, un retour en force de ce dernier, ne serait-ce que parce qu'il y a dans ce pays (comme dans les autres, d'ailleurs) plus de *blaireaux* que de *touristes*, y compris en période estivale...

TRAQUENARD Dans le langage « jeune » (*20 Ans*, novembre 1987), *traquenard* devient synonyme *d'appart'* (ou *appartement*). Sans doute parce que, la plupart du temps, l'antre d'autrui révèle, à bien des égards, pas mal de surprises (agréables ou non).

TRICK De l'anglais *trick*, « truc », mais aussi « passe ». En langage *tic* : rencontre (sexuelle) de hasard. Trique conseillée...

TROIS B ou **3 B** Employé pour *Belleville-Beaubourg-Bastille* : on nous promet le premier comme futur lieu à la mode, on cherche à nous convaincre que le deuxième ne l'est plus vraiment (mais encore un peu) et on nous dit que le troisième a déjà pris la relève de la « branchette » depuis 1987. *Trois B*, comme d'ailleurs l'affirme *Le Journal du dimanche* du 5 juillet 1987, signifie donc « super-codé-mode-néo-branché-classe » et tout et tout.

U

UN PETIT PEU Tic de langage typiquement 1988 (au même titre que *tout à fait*, qui tend à remplacer *complètement*), si omniprésent qu'il fait grincer des dents à plus d'un. Un exemple parmi des milliards : « Vous partez *un petit peu* du principe qu'à l'âge de dix-huit ans les étudiants se trouvent *un petit peu* à la rue ? », demande une journaliste au rédacteur en chef de la revue *L'Étudiant* dans l'émission « Bonjour la France » du 26 octobre 1987 ! Un petit peu superflu, un petit peu énervant, non ?

U

V

VAMPETTE Jadis, on aurait dit *lolita. Vampette* désigne en effet ces petites chanteuses charmantes et gentiment aguicheuses dont le show-biz nous abreuve depuis quelque temps. Claude Sarraute (*Le Monde* du 16 avril 1988) : « Elle a seize ans et dix mois, l'âge d'Elsa, de Charlotte., de Vanessa, de toutes ces *vampettes* qui sucent leur stylo, leur pouce, leur micro en couverture de *Paris-Match.* »

VANDALISEUR De *vandale*, utilisé par dérision pure. Peut être considéré comme *vandaliseur* tout ce qui sert à bomber, à graffiter*, à *taguer* les murs (dessiner des *tags*, sortes de hiéroglyphes urbains fleurissant particulièrement dans le métro).

VIEILLISME Phénomène plus important, en tout cas par le nombre de ses représentants, que le *jeunisme**. Un concept d'avenir, si l'on en croit les études démographiques en cours ! Dès le 15 avril 1988, *Le Nouvel Observateur*, toujours à l'affût du neuf, propose à ses lecteurs, qui ne sont d'ailleurs pas vraiment des ados, un article sur le « papy-boom ». Et on y lit ceci : « Les *vieillistes* réclament le droit à s'autodéterminer, dénoncent la ségrégation par l'âge, exigent qu'on leur rende la liberté des adultes dont hier encore ils jouissaient. Ils ne veulent plus être respectables, mais respectés. » Ah, mais !...

VIOLENT Remplace, vers la fin 1988, des adjectifs comme *dur, hard*, etc. *Là, j'te trouve un peu violent, là !* (ta critique est sévère), s'exclamera le post-branché 1988.

VISAGE-MARQUE Désigne, dans le monde pubeux, quelqu'un qui a un visage associé à une marque, comme l'explique le livre *Modernissimots* (paru chez Lattès, 1987). Un exemple : le fantaisiste Patrick Sébastien et le saucisson Justin Bridou, pour lequel il a réalisé plusieurs spots publicitaires. Un cas de conscience : la comédienne Catherine Lachens, qui avait fait un spot très drôle, voici quelques années, pour du papier hygiénique, confiait en 1985 à un hebdomadaire de télé : « On ne sait pas toujours à l'avance si accepter une pub "de plus" sera bénéfique ou si ce sera une grosse sottise. Moi, en tout cas, je n'en ferai pas d'autre pour le moment ! » Fort heureusement, elle s'en est sortie, merci pour elle.

VISUALISATION DE L'IMAGE *Visualiser* : « rendre visuel un phénomène qui ne l'est pas » (Petit Robert, 1987). Partant du principe que l'image est – semble-t-il – un phénomène visuel par définition, on ne peut que s'interroger sur la signification de cette expression assez largement répandue, comme en témoigne le magazine *Médias* du 13 novembre 1987 : « Une centaine d'exposants vanteront les charmes de la micrographie, des systèmes de disques optiques, de numérisation et de *visualisation de l'image*. »

VIVRE UNE RELATION FORTE En dépit des apparences, cela peut vraiment arriver à n'importe qui, puisque cette expression hyper-toc signifie tout bonnement « être amoureux » ou bien encore « nourrir et entretenir une amitié suspecte ». Exemple : « J'aime une femme extraordinaire, *on vit une relation très forte* », s'exclame Michel Blanc sur la scène du Splendid en 1985, dans la pièce de Josiane Balasko, *Nuit d'ivresse.*

VJ (ne pas prononcer *véji*, à la française, mais *vidjé*, à l'anglaise) Initiales de *video-jockey* (comme il y a des DJ, c'est-à-dire des *disc-jockeys*).

V-NET (prononcer *vi-net*, ou *vinette* si l'on y tient) Petite missive informatique et sympathique, comme l'explique *Le Monde* du 13 avril 1988 : « Chez IBM, on s'envoie des *V-nets*, missives informatiques. » (Pour les curieux, signalons enfin que *V-net* n'est pas autre chose que l'abréviation de *virtual network.*) Question : les *V-nets* seraient-ils les *poulets* de demain ? Relecture : « Il porte les *poulets*, il abouche les jeunes cœurs » (Th. Gautier) deviendrait, traduit en langue *tic* contemporaine : « Il télémate les *V-nets*, il interconnecte les néorelationnels. »

VRAI-FAUX Oxymore archi-tic de 1987-1988, à la suite de la fameuse affaire du « *vrai-faux* passeport d'Yves Chalier », qu'il serait un peu long et fastidieux de rapporter. Disons seulement que, dans cette affaire (voir la presse de fin 1986/début 1987), le passeport était vrai et l'identité fausse, à moins que cette explication soit une *vraie-fausse* explication. Bref, depuis, les *vrais-faux* machins et trucs pleuvent à longueur de colonnes dans les journaux. Quelques exemples ramassés avec *vraie-fausse* peine : *L'Événement* du 4 février 1988, dans l'article « Chirac en héros stendhalien » : « Sûr qu'il y a du Julien Sorel chez ce *vrai-faux* séminariste. » Dans

Le Monde du 27 février 1987, Denis Slakta intitule sa chronique « La vie du langage » : « Le parler *vrai-faux.* » Le ministre socialiste-dandy Jack Lang qualifie à la télévision, en mars 1988, le ministre de l'Intérieur alors en exercice (et pas dandy du tout), Charles Pasqua, de « *vrai-faux* Fernandel ». *Le Monde* du 9 avril 1988 publie « La véridique histoire du *vrai-faux* Duconnaud » (Duconnaud, candidat malheureux aux élections législatives des 22 et 29 avril 1928 à Paris, qui proposait le prolongement de la rue Champollion jusqu'à la mer, a-t-il existé ?). Etc.

VRILLE Vieux mot d'argot presque oublié, au point qu'on le croit nouveau, signifiant ironiquement « lesbienne ». Et pourtant, Charles Virmaitre écrit, dans son *Dictionnaire d'argot fin de siècle* (le XIXe) : « *Vrille* : femme pour femme. Pourquoi *vrille* ? Elle ne perce rien (argot des souteneurs). »

W

WINE-BAR Bar à vin. Mais il se trouve qu'en 1988-1989, au pays du beaujolais, cela fait mieux d'angliciser, et sans guillemets, en plus. *Paris-Match* du 11 décembre 1987 : « À l'heure angoissante du SIDA, les obsédés de la "ligne minceur" se mettent à rêver d'embonpoints rassurants et Paris se couvre de *wine-bars* où l'on noie de bordeaux ou de bourgogne d'énormes sandwiches Poilâne au jambon de pays. »

WORKSHOP En anglais : atelier. Désigne, pour les newagers (adeptes du new age*), « tout stage ou thérapie où l'on travaille son développement personnel », explique le mensuel *Glamour* de mai 1988, dans un article consacré à ces « cryptobabas » d'un deuxième type.

Y

YAOURT Selon le magazine *20 Ans* de novembre 1987, qui s'est longuement penché sur le langage de la jeunesse contemporaine, lorsque votre conversation « sera pâteuse et incompréhensible, comme celle de tout alcoolo qui se respecte, on dira que vous faites du *yaourt* ». Terme assez réconfortant, finalement, quand on sait qu'on disait jadis *de la bouillie*, et que donc on change de degré mais pas de nature dans la façon d'apprécier l'ânonnement aviné.

YES-MAN (ne pas oublier le trait d'union) Équivalent anglais de *béni-oui-oui*, mais (peut-être sous l'influence de la langue québécoise) beaucoup plus prisé que *béni-oui-oui*. Dramatisation : lèche-cul. NB : Les *yes-men* vivotent souvent aux dépens de ceux qui les écoutent (comme on écoute l'écho). C'est pourquoi, parfois, ils finissent par ourdir quelque complot contre leur maître. Les exemples abondent, et pas seulement dans la littérature.

YOGA DES CADRES N'est pas tout à fait un yoga comme les autres puisque réservé aux yuppies stressés. Appelé aussi *rebirthing* (de *birth*, naissance, et *rebirth*, renaissance, dans la langue de Shakespeare), ce *yoga des cadres* désigne une « technique de respiration consciente » (une new-agerie* typique) sous la direction d'un guide compétent ou supposé tel, appelé *rebirtheur*. C'est en effet lui qui vous aidera à déployer – par cette méthode – votre mental, et à attendre, dans la sérénité, le « nouvel âge ». Il ne faut jamais oublier que pratiquer le *yoga des cadres*, c'est d'abord témoigner du fait que l'on est fondamentalement *amélioriste* (mot employé par Clotilde Luce dans son article sur le new age* dans *Glamour*, auquel il a été déjà fait allusion). *L'améliorisme* est-il une vertu exclusivement new age ? La question est posée…

Z

ZAPPING CULTUREL Le « zapping » (voir *Français branché*) étant largement entré dans nos mœurs, il n'était que normal qu'il se diversifiât. Ainsi naquit ce concept* un peu abstrait, voire complètement abscons : le *zapping culturel. Le Monde* du 13 novembre 1987, à propos du livre de Gilles Lipovetsky, *L'Empire de l'éphémère* : « Trouver un intellectuel qui succombe au charme futile de la mode, qui s'ébroue dans la séduction de l'éphémère et qui se gausse des croisades des belles âmes contre le rock, la télévision ou le *zapping culturel*, n'est pas chose aisée. Cet oiseau rare, ce chantre de la post-modernité [voir *post-moderne*], nous l'avons rencontré. »

Bibliographies

LE BRANCHÉ FIN DE SIÈCLE

Ouvrages disponibles à consulter si l'on aime la langue d'aujourd'hui, telle qu'elle vit et bouge…

Lexique du français tabou (1993), *Le Dico de l'argot fin de siècle* (1996), par Pierre Merle, Éd. du Seuil. Du même auteur : *Argot, verlan et tchatches*, Milan, 1997 ; *L'Argus des mots*, L'Archipel, 1997 ; *Le Dico du français qui se cause*, Milan, 1998 ; *Le Prêt-à-parler*, Plon, 1999.

Comment tu tchatches !, par Jean-Pierre Goudaillier, Maisonneuve et Larose, 1997.

Dictionnaire de l'argot, par Jean-Paul Colin, Jean-Pierre Mével et Christian Leclère, Larousse, 1990.

Las adventures des inspector Cabillot – le premier livre en europanto –, par Diego Marani, Mazarine, 1999.

La Téci à Panam', par Pascal Aguillou et Nasser Saïki, Michel Lafon, 1996.

Le Bouquet des expression imagées (1990) et *Le Guide du français familier* (1998), par Claude Duneton, Éd. du Seuil.

Le Dico du multimédia, par Jérôme Colombain, Milan, 1998.

Le Vrai Langage des jeunes expliqué aux parents, par Éliane Girard et Brigitte Kernel, Albin Michel, 1996.

Tchatche de banlieue, par Philippe Pierre-Adolphe, Max Mamoud et Georges-Olivier Tzanos, Mille et une nuits, 1998.

LE FRANÇAIS BRANCHÉ

Dictionnaire des anglicismes, par Manfred Höfler, Larousse, 1982.

Dictionnaire du français argotique et populaire, par François Caradec, Larousse, 1977.

Les Mouvements de mode expliqués aux parents, par Hector Obalk, Alain Soral, Alexandre Pasche, Laffont, 1984.
La France prise aux mots, par Pierre Daninos, Calmann-Lévy, 1986.
Vache noire, Hannetons et Autres Insectes, par Frédéric Lasaygues, Barrault, 1985.

À consulter

Dictionnaire du français non conventionnel, par Jacques Cellard et Alain Rey, Hachette (1980).
Dictionnaire des néologismes officiels, par Alain Fantapie et Marcel Brulé, Franterm, 1984.

Et toujours...

Parlez-vous franglais ? par Étiemble, Gallimard, 1964.

Principales revues

Le Figaro Magazine, 11 janvier 1986.
Lire, n° 85, septembre 1982.
Le Nouvel Observateur, n° 943, décembre 1982.
Pariscope, n° 908, 16 octobre 1985.
Sans oublier...
Médias et Langage.

LE FRANÇAIS TIC ET TOC

C'est nouveau, ça vient de sortir, par Lucas Fournier, Éd. du Seuil, 1987.
Ils préféraient la lune, par Sapho, Balland, 1987 (roman).
La Défaite de la pensée, par Alain Finkielkraut, Gallimard, 1987.
La Soft-idéologie, par François-Bernard Huyghe et Pierre Barbès, Laffont, 1987.
Tam-tam pour une Betacam, par Patrice Drevet, Éd. Carrère, 1986 (roman).

Une garce, par Marie-Thérèse Cuny, Éd. Bernard Fixot, 1987 (roman).

À consulter

Catalogue des idées reçues sur la langue, par Marina Yaguello, Éd. du Seuil, 1988.
Le français dans tous les sens, par Henriette Walter, Laffont, 1988.
Le français qui se cause, par Orlando de Rudder, Balland, 1986.
Les Ados, peuple extraordinaire, par Maya NahumValensi et Corinne Atlas, Mazarine, 1987.
Le zappeur se rebiffe, par Philippe Olivier, François Chauvat et Brice Mougin, Belfond, 1988.
Modernissimots, par Alain Dupas et José Frèches, Lattès, 1987.
Parlez-vous business ?, par Didier Pourquery, Lattès, 1987.
Petit Guide de conversation usuelle pour changer le monde sans fatigue, par Jean Epstein, Éditions universitaires, 1987.

Sans oublier…

Dictionnaire d'argot fin de siècle (1894), par Charles Virmaitre.
Dictionnaire de l'argot parisien (1872), par Lorédan Larchey.
Dictionnaire de la langue verte (1866), par Alfred Delvau.
La Puce à l'oreille, par Claude Duneton, Stock, 1978 (Balland, 1985, pour la nouvelle édition).

Principales revues (citées pour leurs articles sur le langage actuel ou pour leurs travaux pratiques en la matière)

Actuel, novembre 1987.
L'Écho des savanes, décembre 1987.
Le Figaro Magazine, 14 février 1987.
Glamour, mai 1988.
Globe, juillet 1987-novembre 1987.
Le Journal du dimanche, 5 juillet 1987.
20 Ans, novembre 1987.

Table

Table

Du même auteur

Les Sombres exploits d'un sergent de l'armée britannique
Régine Deforges, 1978

Le Café-Théâtre
PUF, coll. « Que sais-je ? » n° 2260, 1985

Dictionnaire du français branché
Seuil, 1986

Les Beatles
(en collaboration avec Jacques Volcouve)
Solar, 1987

Dictionnaire du français branché
suivi du Guide du français tic et toc
2e éd., Seuil, coll. « Point-Virgule », 1989

Le Blues de l'argot
Seuil, coll. « Point-Virgule », 1990

Le Yaourt mode d'emploi
Seuil, coll. « Petit Point », 1991

Le Déchiros
roman
Seuil, coll. « Point-Virgule », 1991

L'Assassinat de John Lennon
Fleuve Noir, 1993

Lexique du français tabou
Seuil, coll. « Point-Virgule », 1993

Les Drôlesses
Seuil, coll. « Point-Virgule », 1995

L'Argot
Hachette, coll. « Qui, Quand, Quoi ? », 1996

Le Dico de l'argot fin de siècle
Seuil, coll. « Les dicos de Point-Virgule », 1996

Argot, verlan et tchatches
Milan, coll. « Les Essentiels », 1997

L'Argus des mots
L'Archipel, 1997

Révolution… Les Beatles
(en collaboration avec Jacques Volcouve)
Fayard, 1998

L'Argot du foot
Mona Lisait, 1998

Le Dico du français qui se cause
Milan, coll. « Les dicos essentiels », 1998

Le Prêt-à-parler
Plon, 1999

DANS LA MÊME COLLECTION

Le Dico de l'amour et de la sexualité
Anne Débarède et Jean-Jacques Santiveri

Le Dico de l'argot fin de siècle
Pierre Merle

Le Dico des musiques
Jean-Marie Leduc

Le Dico des mots-caresses
Marie Treps

Le Dico de la contrepèterie
Joël Martin

Le Dico des mots croisés
Michel Laclos

Le Dico des mots de la couleur
d'Abricot à Zoulou
Colette Guillemard

Le Guide du français familier
Claude Duneton

Réalisation P. A. O. Éditions du Seuil
Impression : Bussière Camedan Imprimeries
à Saint-Amand (Cher)
Dépôt légal : mai 1999. N° 36684 (991766/1)